高等职业教育经管类专业平台课精品教材
"互联网+"新形态立体化教学资源特色教材

国际市场营销

主　编　刘前红　肖必燕
副主编　马玉梅　徐秋杰

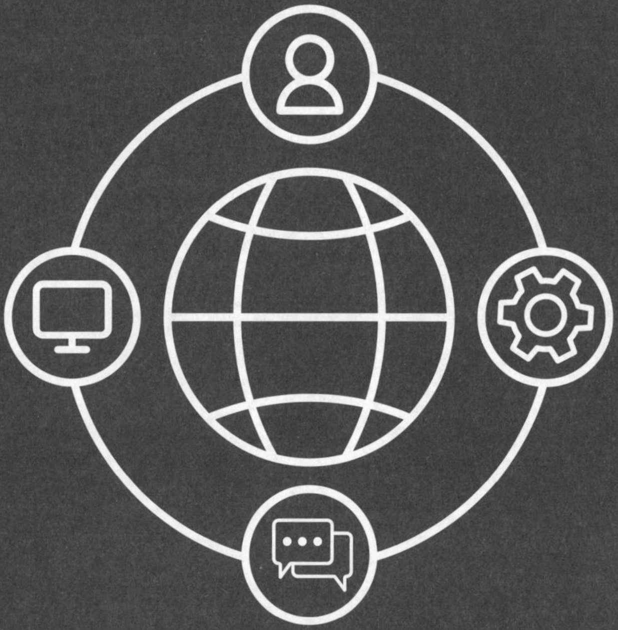

中国轻工业出版社

图书在版编目（CIP）数据

国际市场营销 / 刘前红，肖必燕主编. —北京：中国轻工业出版社，2022.8

高等职业教育经管类专业平台课精品教材

ISBN 978-7-5184-3978-2

Ⅰ. ①国… Ⅱ. ①刘… ②肖… Ⅲ. ①国际营销—高等职业教育—教材 Ⅳ. ①F740.2

中国版本图书馆CIP数据核字（2022）第068685号

责任编辑：张文佳　　责任终审：李建华

整体设计：锋尚设计　　责任校对：宋绿叶　　责任监印：张　可

出版发行：中国轻工业出版社（北京东长安街6号，邮编：100740）

印　　刷：三河市国英印务有限公司

经　　销：各地新华书店

版　　次：2022年8月第1版第1次印刷

开　　本：787×1092　1/16　印张：16

字　　数：420千字

书　　号：ISBN 978-7-5184-3978-2　定价：49.80元

邮购电话：010-65241695

发行电话：010-85119835　传真：85113293

网　　址：http://www.chlip.com.cn

Email：club@chlip.com.cn

如发现图书残缺请与我社邮购联系调换

200236J2X101ZBW

前言

《国际市场营销》的编写框架以国际营销的基本内容为基础，以国际市场营销的工作流程为指导，内容上覆盖了从事国际市场营销工作岗位所需要的知识和技能，呈现方式符合高职院校学生的认知规律。

本教材阐述了国际市场营销的基本理论、基本知识与操作方法，使学习者能够系统地了解国际市场营销的基本理论框架，把握国际市场营销环境并加以分析，实施国际市场营销战略及策略，实现企业国际营销目标。全书内容共分为10个项目，包含39个任务和10个项目实训。

本教材的编写体现了“理论够用、突出实践”的原则。一方面，在内容的编排上，淡化其学科性，注重理论在具体工作实践运用中的要点、方法和技术操作。在内容侧重点上，突出实践操作，将教材内容与工作岗位对专业人才的知识要求、能力要求结合，构建“理论”—“案例（模仿）”—“实训”—“测评”四位一体的教材组织结构，让学生在完成具体项目的过程中学会完成相应工作任务，并构建相关理论知识，发展职业能力。

本教材具有鲜明特色：在每个项目开始前，了解“项目目标”（分为知识目标、能力目标、素质目标三个部分），通过目标了解该项目学习内容所对应的工作岗位能力；项目思维导图引导学生掌握每个项目的知识框架。每个项目开篇的“导入案例”，对典型企业开展国际营销的“案例背景”进行介绍，通过“案例启示”引导学生思考，通过典型同步实际案例的逐层分析、总结，使学生在案例分析（模仿）中掌握企业国际营销的要领、操作流程、技能要点。每个“项目知识”设计包含该项目的任务，同时“思政点滴”将思政元素导入课程。每个任务均包含了“同步案例（含同步思考）”“知识拓展”、二维码视频、二维码文本链接等内容丰富的教学环节。每个项目结束时以“国货之光 · 品牌出海营销实践”引导学生重点关注我国企业和品牌开展国际营销活动，引导学生的开放性思维和创新性思考。“项目要点”为本项目主要内容小结；最后的“项目实训与测评”给学生充足的发挥创造空间，培养学生的创造性思维和创新能力。“项目实训”，包括实训目的、实训内容、实训步骤等；通过“项目测评”检验学生对本项目知识点、技能点的掌握情况。将“案例、理论、实训、测评”四位结合，促进学生对专业知识和职业技能的掌握。

本教材由刘前红、肖必燕、马玉梅、徐秋杰等老师共同编写。在撰写的过程中，参考并引用了市场营销、国际贸易、国际物流、电子商务等学科的研究成果和文献资料，有些在相关章节中予以注释，有些在参考文献中列出。书中还列举了大量最新的国际营销案例，大部分来源于网络，有些标明了出处，有些因无处查证而没有一一列出。在此，谨向相关文献的原作者、译者一并致谢！同时，由于编者学识和教学经验有限，教材中疏漏之处，敬请指正！

编　者

目录

项目一　国际市场营销导论 …… 1

项目目标 …… 1
项目思维导图 …… 1
导入案例　华为迎难而上的国际化战略 …… 2
项目知识 …… 3
　任务 1　认识国际市场营销 …… 3
　任务 2　国际市场营销观念的变革 …… 9
　任务 3　国际市场营销的发展与现状 …… 11
国货之光 · 品牌出海营销实践 …… 13
项目要点 …… 14
项目实训与测评 …… 15

项目二　国际市场营销环境分析 …… 18

项目目标 …… 18
项目思维导图 …… 18
导入案例　格力的国际化经营之路 …… 19
项目知识 …… 20
　任务 1　国际市场营销环境 …… 20
　任务 2　国际市场营销经济环境 …… 22
　任务 3　国际市场营销人口环境 …… 25
　任务 4　国际市场营销社会文化环境 …… 27
　任务 5　国际市场营销政治法律环境 …… 32
　任务 6　国际市场营销科技自然环境 …… 37
国货之光 · 品牌出海营销实践 …… 40
项目要点 …… 42
项目实训与测评 …… 43

项目三　国际市场营销调研 ······ 46

项目目标 ······ 46
项目思维导图 ······ 46
导入案例　传音手机如何俘获非洲用户 ······ 47
项目知识 ······ 49
　　任务 1　国际市场营销调研概述 ······ 49
　　任务 2　国际市场营销调研的程序与方法 ······ 54
　　任务 3　国际市场营销调研信息系统 ······ 60
国货之光 · 品牌出海营销实践 ······ 61
项目要点 ······ 63
项目实训与测评 ······ 63

项目四　国际目标市场选择与国际市场进入战略 ······ 67

项目目标 ······ 67
项目思维导图 ······ 67
导入案例　海尔品牌国际化营销历程 ······ 68
项目知识 ······ 69
　　任务 1　国际市场细分 ······ 70
　　任务 2　国际目标市场选择 ······ 77
　　任务 3　国际目标市场定位 ······ 81
　　任务 4　国际目标市场进入模式选择 ······ 85
国货之光 · 品牌出海营销实践 ······ 88
项目要点 ······ 90
项目实训与测评 ······ 90

项目五　国际市场营销竞争战略 ······ 94

项目目标 ······ 94
项目思维导图 ······ 94
导入案例　华为公司的竞争力分析 ······ 95
项目知识 ······ 96
　　任务 1　国际市场竞争分析 ······ 96
　　任务 2　国际市场营销竞争战略 ······ 101
　　任务 3　国际战略联盟 ······ 107
国货之光 · 品牌出海营销实践 ······ 112

项目要点 …… 114
项目实训与测评 …… 114

项目六 国际市场产品策略 …… 117

项目目标 …… 117
项目思维导图 …… 117
导入案例 美的凝心聚力“中国智造”闪耀冰雪赛事 …… 118
项目知识 …… 119
任务 1 国际产品及国际产品整体概念 …… 119
任务 2 国际产品生命周期策略 …… 125
任务 3 国际市场新产品开发策略 …… 130
任务 4 国际市场产品的标准化与差异化策略 …… 133
任务 5 国际市场产品品牌与包装策略 …… 138
国货之光 · 品牌出海营销实践 …… 142
项目要点 …… 144
项目实训与测评 …… 144

项目七 国际市场营销价格策略 …… 147

项目目标 …… 147
项目思维导图 …… 147
导入案例 小米手机在印度市场的营销策略 …… 148
项目知识 …… 149
任务 1 国际市场定价依据与定价目标 …… 149
任务 2 国际市场定价方法 …… 153
任务 3 国际市场定价策略 …… 158
任务 4 国际市场价格调整策略 …… 163
国货之光 · 品牌出海营销实践 …… 166
项目要点 …… 167
项目实训与测评 …… 168

项目八 国际分销渠道策略 …… 171

项目目标 …… 171
项目思维导图 …… 171

导入案例　渠道变革背景下奥克斯营销策略改进 …… 172
项目知识 …… 173
任务 1　国际分销渠道概述 …… 174
任务 2　国际分销渠道成员类型 …… 178
任务 3　国际分销渠道管理 …… 185
国货之光 · 品牌出海营销实践 …… 191
项目要点 …… 192
项目实训与测评 …… 193

项目九　国际市场促销策略 …… 195

项目目标 …… 195
项目思维导图 …… 195
导入案例　华为“走出去”过程中的国际市场促销策略 …… 196
项目知识 …… 197
任务 1　促销与促销组合 …… 198
任务 2　国际市场人员推销策略 …… 200
任务 3　国际市场广告策略 …… 205
任务 4　国际市场营业推广策略 …… 211
任务 5　国际市场公共关系策略 …… 217
国货之光 · 品牌出海营销实践 …… 222
项目要点 …… 224
项目实训与测评 …… 224

项目十　国际市场营销管理 …… 227

项目目标 …… 227
项目思维导图 …… 227
导入案例　快时尚电商 SHEIN 的海外“脱颖而出”之路 …… 228
项目知识 …… 229
任务 1　国际市场营销计划 …… 230
任务 2　国际市场营销组织 …… 233
任务 3　国际市场营销控制 …… 237
国货之光 · 品牌出海营销实践 …… 241
项目要点 …… 242
项目实训与测评 …… 243

参考文献 …… 247

项目一　国际市场营销导论

项目目标

◎ 知识目标

1. 了解国际市场营销的概念；掌握国际市场营销与国际贸易的关系
2. 理解企业开展国际市场营销的动因

◎ 能力目标

1. 能简单应用国际市场营销思维分析实际问题
2. 树立国际市场营销观念

◎ 素养目标

1. 坚定社会主义核心价值观
2. 树立正确的营销观念

项目思维导图

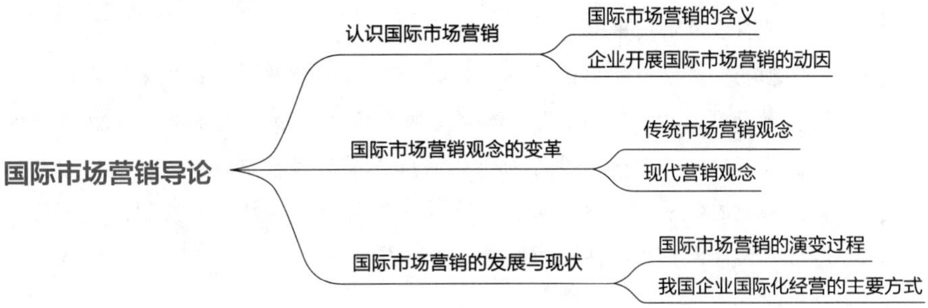

导入案例

华为迎难而上的国际化战略

◎ 案例背景

2020年，在新冠肺炎疫情肆虐全球以及美国政府的连续打压下，华为依然登上了Interbrand“2020全球最佳品牌”排行榜，位列第80位，成为连续7年进入全球品牌100强的唯一一个中国品牌。

华为自1996年正式实施国际化品牌战略，经历了以下四个阶段：

第一阶段：艰难求生，奠定品牌发展基础。

1987年，成立伊始的华为只是香港一家企业的模拟交换机的代理商，但其已经开始将微薄的利润投入产品研发当中，为以后的品牌国际化战略打下了坚实的基础。

第二阶段：市场扩张，成功销往海外市场。

1995年，华为开始了拓展海外市场的艰苦旅程，起点是非洲和亚洲的一些第三世界国家。到2001年，华为的产品已经进入了非洲和亚洲的十几个国家，年销售额超过3亿美元，华为的品牌也开始在这些国家和地区逐步叫响。

第三阶段：步步为营，整合布局全球资源。

1998年，华为进入莫斯科，开始了俄罗斯市场的开拓。到2003年，华为在独联体国家的销售额超过3亿美元，位居独联体市场国际大型设备供应商的前列。东欧和南欧相继打开市场后，华为开始向西欧、北美挺进，并逐渐在全球市场站稳了脚跟。

第四阶段：因地制宜，开始输出品牌文化。

2020年，华为推出的系列宣传短片《如果世界没有路?》《如果世界没有联接?》《如果世界没有算力?》引起了不俗的反响。短片由道路、联接、算力三个方面层层递进，不但清晰地把华为如何迎难而上的品牌发展历程呈现在世人眼前，也让IT从业者、科技从业者、通信从业者的艰辛付出得以直观展现，唤起了无数如你我一般身怀梦想与奋斗热情的大众，在情感共鸣的触动上十分强烈。

◎ 案例启示

一、注重品牌文化的传递

华为在为其产品取名时借助母体文化的独特视角，发挥母体文化的文化渗透力，以增强影响力实现自身传播诉求。华为几乎注册了整本《山海经》中的神兽名称，将其用于研发产品的命名上。将操作系统取名“鸿蒙”、手机芯片取名“麒麟”、服务器芯片取名“鲲鹏”……作为一种高语境文化，华为产品中的每个名字都有其寓意。这也体现出华为作为中国品牌的文化自信，也是华为讲好品牌故事的具体表现。

二、化危机为机遇的硬实力

2019年，美国发动与中国的贸易摩擦、修防护墙、清理移民等，还特别针对华为，联合欧洲组成了抵制小组，试图依靠政治力量来遏制中国品牌的发展。而因为禁令事件，全球的媒体和消费者都在关注着华为，知道了华为的5G芯片、5G专利、通信设备，也知道了华为的5G手机。

最新数据显示，2019年华为研发费用达到1317亿元人民币，占全年销售收入的15.3%，在近10年投入的研发费用已经超过了4800亿人民币，可见华为对科学技术的重视程度。

此外，华为还针对Android系统的不确定性，开发了自己的操作系统，而5G设备的生产基地更是早有准备，完全不受联合抵制的影响。总的来说，面对种种超越科技、企业层面的压力，华为因其周密的前瞻规划，把危势转化为胜势，现如今，全世界的人民都知道：美国都控制不了华为，足以证明华为的实力。

资料来源：https://www.sohu.com/a/470855348_537342，有删改。

项目知识

随着国家不断推动对产业结构的调整，中国曾经作为“世界工厂”的地位开始下降，但“中国制造”依然在全球占据很高地位。对于与国际接轨的国际性企业来说，充分利用国内外两种资源、两个市场，进一步发展开放型经济，已经成为紧迫而现实的问题。我国企业在开展国际市场营销活动过程中，面临的挑战越来越多，这就需要企业把国内市场营销与跨国界的国际市场营销结合起来，不断创新、突破原有的营销观念，学习新的营销理念，引进高素质的营销人才，以全球化的视角打造国际化的一流营销队伍。

任务 1 认识国际市场营销

国际市场营销学是在市场营销的基础上产生和发展起来的，要全面系统地认识和学习国际市场营销，首先应从市场营销学入手。理解基本的市场营销理论，掌握基本的市场营销技术，并与国际市场的特点相结合，才能更好地去开展国际市场营销活动。

一、国际市场营销的含义

（一）市场营销（Marketing）

美国市场营销学会（AMA）对市场营销的定义：市场营销是计划和执行关于商品、服务和创意的构思、定价、促销和分销，以创造符合个人和组织目标的交换过程。

市场营销之父菲利普·科特勒对市场营销的定义：市场营销是个人和集体通过创造并同他人交换产品和价值，以满足需求和欲望的一种企业管理过程。

知识拓展

菲利普·科特勒

菲利普·科特勒（1931—），出生于美国，经济学教授，现代营销集大成者，被誉为“现代营销学之父”，美国西北大学凯洛格管理学院终身教授，美国西北大学凯洛格管理学院国际市场学S.C.强生荣誉教授，美国管理科学联合市场营销学会主席，美国市场营销协会理事，营销科学学会托管人，管理分析中心主任，杨克罗维奇咨询委员会成员，哥白尼咨询委员会成员，中国GMC制造商联盟国际营销专家顾问。

（二）国际市场营销（International Marketing）

进入20世纪90年代以来，世界经济全球化的进程大大加快。企业的经济活动跨越国界，通过对外贸易、资本流通、技术转移等方式形成了相互依存、相互联系的全球范围的有机经济整体。

美国市场营销学会（AMA）认为国际市场营销是对各种产品和服务实行整合、定价、促销和分销等活动，使其通过交换实现满足个人和组织的目的，并在多个国家进行的全部策划和实施过程。菲利普·科特勒定义国际市场营销为在一国以上把企业生产的商品和服务引导到消费者或用户中去的营销活动。

由于国际市场营销是在国内市场营销的基础上产生的，因此我们可以将国际市场营销定义为：国际市场营销是指企业根据目标市场国消费者的消费习惯和需求，把生产的产品和服务提供给国外消费者的跨国界的营销行为。

知识拓展

美国市场营销学会（AMA）

美国市场营销协会（American Marketing Association，简称AMA）于1937年由市场营销企业界及学术界具有远见卓识的人士发起成立。如今，该协会已发展成为世界上规模最大的市场营销协会，拥有30000多名会员，他们在世界各地从事着市场营销方面的工作，以及营销领域的教学与研究。作为面向营销人员的领先机构，美国市场营销协会被视为市场营销从业者和学术研究人员的可信赖的主要资源平台。美国市场营销协会始终坚持着创新和发展，紧跟不断变化的全球市场来调整发展方向，从而使协会会员能在其职业生涯中更加出类拔萃。

（三）国际市场营销与国内市场营销的区别

虽然国际市场营销与国内市场营销无本质上的区别，但也不能简单地将二者等同看待，相对于国内市场营销活动，国际市场营销更具有差异性、复杂性、确定性等特征。

1. 营销环境的差异性

国际市场营销是企业在国际市场进行，由于各国在政治、经济、社会文化等方面都存在一定程度的差异，因此市场需求也会不同。

2. 营销系统的复杂性

国际市场营销的范围是本国以外一国乃至全球市场，其环境必然复杂多变。例如，国际市场交易对象多样，商品标准、度量衡制度、货币制度、贸易法规等都各不相同。

3. 营销过程的不确定性

由于各国市场环境的差异，国际营销人员无法确切地把握国外市场的各种情况，难以开展有效的营销活动。例如，国际市场营销在政治、运输、价格及汇兑等方面的风险都比在国内市场的要大。

4. 营销管理的困难性

国际市场地域广阔，各国条件千差万别，因此企业在收集国际市场的信息、经营决策的制定和项目实施上都较国内市场困难。

（四）国际市场营销与国际贸易的区别

1. 经营的主体不同

国际市场营销活动的主体是企业，企业将产品或劳务跨国界进行交换。购买者可能是政府、企业或个人，也可能是企业的子公司或分支机构。而国际贸易活动的主体是国家，国家主持和组织国际贸易活动，完成商品或劳务在国家之间的交换。

2. 业务范围不同

国际贸易的主要任务包括购进和售出两个主要方面，而国际市场营销的主要任务是生产和销售能够满足国际市场需求的产品和服务，其业务范围不仅涉及产品购销、产品定价、实体分配等，还涉及市场营销调研、产品研发、分销渠道管理等营销活动，并且包含国际市场营销的管理。

3. 商品流通的形态不同

国际市场营销中的商品流通形态多种多样，商品可以在本国生产，销往国外市场；也可以是在外国生产，向目标市场国销售；抑或是在目标市场国生产后，就地销售。而国际贸易的商品流通形态是跨越国界的，即一国的贸易公司把产品或劳务转移到另一国的市场。

4. 经营动力不同

国际贸易立足点是比较利益，只要存在比较利益，就可以考虑将货物从一国销往另一国，但国际市场营销的动力源于追求利润最大化。

5. 国际营销活动的作业流程比国际贸易更复杂

国际市场营销活动涉及市场调研、新产品开发、渠道管理、产品定价、物流、促销等一系列活动。而企业开展国际贸易活动是被动地等待国外客户上门求购，出口作业从接到订单开始，到负责将商品送达国外顾客指定港口或地点结束，整个过程仅仅涉及产品购销、定价和物流等。

国际市场营销与国际贸易的区别如表1-1所示。

表1-1 国际市场营销与国际贸易的区别

对比内容		国际市场营销	国际贸易
行为主体		企业	国家
商品是否跨越国界		不一定	是
经营动力或行为动机		企业利润	比较利益
评价经济效益的信息来源		企业内部记录	国际收支平衡表
市场营销活动	仓储与运输	有	有
	买卖行为	有	有
	产品开发	有	一般没有
	产品定价	有	有
	产品促销	有	一般没有
	产品渠道管理	有	没有
	市场调研	有	一般没有

二、企业开展国际市场营销的动因

国际市场环境复杂多变，国际市场营销要获得成功也比国内市场营销困难得多。那么，为什么企业还要开展国际营销呢？概括起来，企业开展国际营销的原因主要有以下几个方面。

1. 延长产品生命周期，增加销售收入

某些产品在国内市场已进入生命周期的成熟期甚至衰退期，但在其他国家市场可能尚处于生命周期的投入期或成长期。产品能进入这些国家的市场，意味着产品生命周期被延长了，由此企业可以获得更多收益。例如，我国某家电制造商生产的传统CRT技术的彩色电视机在国内市场已经度过成熟期，销量快速下降，但该企业却在2004年、2005年两年的时间里把100多万台这样的电视机卖到了独联体市场，大大延长了这些产品的生命周期。

2. 扩大产销量，实现规模效应

企业进入国际市场后，为企业进一步扩大产量和销量提供了一种可能，由此企业可以实现规模经济效应，降低产品成本，增加利润。例如，我国的格兰仕公司凭借劳动力价格优势，通过贴牌方式在很短的时间里打开了国际微波炉市场；随着产销量的扩大，该公司又获得了规模经济的好处，经营成本进一步下降，成本优势得到加强，这又进一步增强了企业在国际市场上的竞争力。目前，该公司生产的微波炉产品在国际市场的占有率已达到40%左右。

3. 国际市场比国内市场竞争激烈程度低

在某些情况下，国际市场竞争激烈程度远比国内市场低，因而进入国际市场不仅有助于增加销量，而且扩大了企业的生存空间。例如，对于我国家电、鞋革、服装等行业企业来说，非洲市场、独联体市场的竞争激烈程度就比国内市场低。这是因为，西方国家的著名跨国公司往往并不看重这些国际市场。一方面，这些国际市场容量不够大，开展大规模的市场营销活动往往不划算；另一方面，利用它们的先进技术生产的产品销售价格往往较高，因此在这些市场上并不受欢迎。但是，对于我国企业来说，这些海外市场恰恰是能够发挥成本优势的市场。我国企业生产的产品物美价廉，在这些市场非常受欢迎，所以，这些市场也成为我国企业目前主要的国际目标市场。

4. 通过开展国际营销，增强企业竞争力

由于本土企业比外国企业更熟悉当地市场环境，加上还有可能从政府那里得到一些优惠政策或保护，因此，在本土市场开展营销活动更容易成功。但如果企业仅仅把眼光局限于本土市场，并不利于企业的成长和壮大。企业要想做大做强，要想成为世界知名企业，必须敢于走出国门，去跟强大的竞争对手“过招”。

思政点滴

全球化经济贸易摩擦加剧：国内品牌出海如何应对国际化挑战？

2021年3月24日共青团中央在官方微博点名H&M“一边造谣抵制新疆棉花，一边又想在中国赚钱？痴心妄想”引发全网关注。随后，H&M、耐克、新百伦、优衣库、巴宝莉等造谣抵制新疆棉花的中国品牌代言人纷纷终止与其合作，相关品牌产品遭到中国消费者抵制。当天，京东、拼多多、天猫等多个电商平台均已经下架H&M相关产品……

H&M、耐克、阿迪等海外企业的这种两面做派，其背后实质上是从未停止的国外势力对国内产业的打压。在全球化经济贸易摩擦加剧的大背景下，这种海外势力打压本质上是“经济战”的延续，未来中国企业出海也可能将迎来更多挑战。因此，国内品牌出海可借鉴以下几点意见。

一、企业出海需要合规与尊重

H&M、耐克等企业造谣、抵制新疆棉花，本质上说明了一件事情：全球化的贸易规则下，一些海外企业过去在国内市场发展虽然收获颇丰，但本质上始终缺乏一种文化与价值观层面的认同感。

正是由于这样的认同感缺失，很多海外品牌并不真正重视中国市场。其实相比于口头“尊重多元化价值观”，却始终秉承“双重标准”的海外企业，中国企业在海外反而很守规矩，始终尊重文化的多样性与市场的多元化。

H&M、耐克“两面派”遭中国消费者抵制与中国企业在海外的蓬勃发展的差异清晰地表明：合规与尊重是出海成功的前提。这也进一步反衬出传音、百世等中国企业坚守合规经营与尊重多元化的难能可贵。

二、国货“走出去”要不卑不亢，但也要力抗不公

海外企业诋毁新疆棉的背后，是海外势力对国内优势产业的打压，本质上与华为、抖音在海外遭遇不公平对待本质上没有区别。中国消费者抵制H&M的背后，我们更应该清醒地认识到，海外势力对于国内优势产业的打压从未停止。

这样的现实下，国内企业与海外企业的竞争，就不能够用“企业竞争”的认知框架来分析，对于一些优势产业中的企业，无论是在出海业务上还是国内业务与海外品牌的竞争中，都需要完成“企业竞争思维”到“产业竞争思维”的认知框架迭代。因此，在这样的“产业竞争”中，只有把自身根基扎牢，才能够不畏竞争，直面竞争。

三、出海必先安内

国货品牌出海，修炼品牌“内功”远比迅速扩张跑马圈地来的重要。国货要有真正的文化内涵，卖的是产品背后的消费意向，是一种文化自信。尤其对国货品牌来说要有鲜明的民族性格，不仅要有文化符号意义，更需要有民族精神符号意义。品质是根本，练好内功，身正不怕影子斜。

资料来源：https://baijiahao.baidu.com/s?id=1695267636374637400&wfr=spider&for=pc，有删改。

5. 规避国际贸易壁垒及应对贸易保护主义的需要

随着我国出口贸易的不断攀升，我国遭遇的贸易壁垒也在不断升级，贸易摩擦频繁发生，各种贸易争端已经愈演愈烈。由于金融危机使世界经济低迷，越来越多的国家及地区采取提高关税、支持国内产业的发展政策等对贸易产生影响。例如以劳动保护、环境保护为由，利用产品质量标准、反倾销等手段构筑贸易壁垒。另外，新一轮贸易保护主义正从发达国家蔓延到发展中国家。

中国出口正在遭遇越来越多的贸易壁垒。在国际贸易摩擦加剧的背景下，到国外设立子公司，不失为一个规避贸易摩擦、扩大出口的有效方法。

知识拓展

贸易壁垒（Barrier to trade）

贸易壁垒又称为贸易障碍，是指对国与国之间商品劳务交换所设置的人为限制，主要是指一国对外国商品劳务进口所实行的各种限制措施。一般分为关税壁垒和非关税壁垒两类。从广义上来说，凡使正常贸易受到阻碍，市场竞争机制作用受到干扰的各种人为措施，均属贸易壁垒的范畴。如进口税或起同等作用的其他关税；商品流通的各种数量限制；在生产者之间、购买者之间或使用者之间实行的各种歧视措施或做法（特别是关于价格或交易条件和运费方面）；国家给予的各种补贴或强加的各种特殊负担，以及为划分市场范围或谋取额外利润而实行的各种限制性做法等。

任务❷ 国际市场营销观念的变革

企业营销观念随着营销活动的演进而变化，经历了从“以生产者为中心”到“以顾客为中心”，从“以产定销”到“以销定产”的过程。营销观念大致经历了六个阶段性的重大转变，即生产观念、产品观念、推销观念、市场营销观念、顾客观念和社会营销观念。其中，前三种观念是与卖方市场条件相适应的传统市场营销观念，后三种才是现代营销观念的代表。

一、传统市场营销观念

1. 生产观念（Production Concept）

该观念主张“我们能生产什么就生产什么”，产生于20世纪20年代前，那时社会生产力相对落后，市场关系表现为供不应求的卖方市场。企业经营管理的主要任务是改善生产技术，提高劳动生产率，降低成本，增加销量，正如福特曾宣称“我只生产黑色的T型车”。

2. 产品观念（Product Concept）

此观念主张“我们能生产什么，就努力做好它”，认为消费者喜欢质量高、性能好、功能多的产品，信奉“只要产品好，不怕卖不掉”“酒香不怕巷子深”等产品观念。

3. 推销观念（Selling Concept）

推销观念主张“我们卖什么，消费者就买什么”，且认为消费者都具有惰性，一般不会主动选择和购买商品，企业需要通过强力刺激，采用各种手段和方法来说服和诱导消费者购买。但对于企业提供的商品是否是消费者真正需要的、是否让消费者满意等问题，企业则不关心。

二、现代营销观念

现代营销观念的出现是营销观念的一次重大变革和质的飞跃，有学者甚至将这种变化称为营销观念的一次伟大革命。

1. 市场营销观念

市场营销观念是一种以顾客为中心的经营理念，主张“顾客需要什么，我们就生产和销售什么”，奉行“顾客至上”。这种观念下的企业将关注焦点由原来的企业或产品本身转向顾客的需要，通过提供能满足顾客需求的产品来吸引顾客主动购买。

2. 顾客观念

顾客观念是指对市场中每一位顾客的需求加以区分，并收集不同顾客的历史交易信息、消费习惯和偏好信息等各种相关资料，以此为基础为市场中不同的顾客分别提供其所需的不同的产品或服务。

顾客观念与市场营销观念的共同之处在于它们对“以顾客中心”的认可，而区别在于市场营销观念强调满足整个目标市场的需要不同，而顾客观念则更精确，它强调满足市场中不同顾客的需要。

3. 社会营销观念

此观念是在市场营销观念和顾客观念的基础上，强调企业在生产和提供任何产品或服务时，要兼顾顾客、社会和企业三方面的利益（图1-1），尤其强调企业在追求经济利益的同时，应兼顾社会效益和社会的可持续发展。

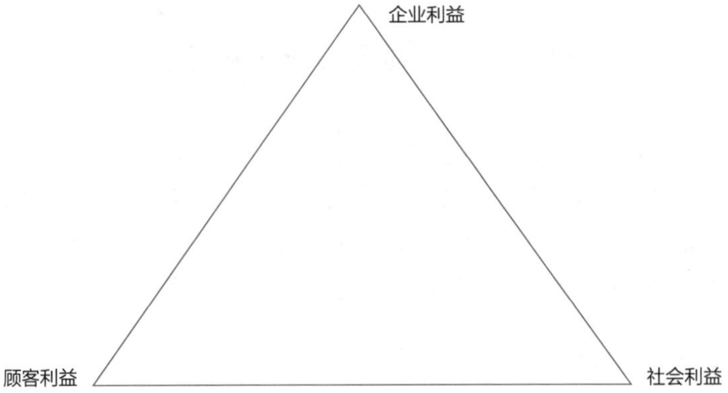

图1-1　社会市场营销观念示意图

思政点滴

社会责任感就是最好的形象广告

2021年7月21日，鸿星尔克宣布向河南灾区捐赠5000万元物资，使得一直不温不火的国产运动品牌鸿星尔克突然爆红。第二天，有关鸿星尔克的话题冲上微博热搜。网友纷纷心疼鸿星尔克，“感觉快倒闭了还捐这么多”。根据电商平台的数据，2021年7月22日晚，鸿星尔克直播间有超过200万人参与扫货，上架一款抢空一款，一时之间成了“国货之光”。7月23日凌晨1点，鸿星尔克董事长吴荣照甚至赶到直播间，向网友致谢并呼吁网友理性消费。也许这家企业根本想不到，一次捐款，竟然受到舆论和市场的双重热捧。

鸿星尔克的捐助并没有大张旗鼓地宣传，甚至被网友捧红之后，董事长除了感谢就是劝大家冷静。言行合一，体现出了一个老品牌应有的沉稳素质。

默默做好事的低调民族品牌不只鸿星尔克，还有多家捐出大笔款项的企业并未“声张”，比如总部在郑州需要“自救”的蜜雪冰城也捐了2200万元。这些企业无一例外地收获了网友的点赞。由此可见，企业的眼里不能只有数据，因为构成数据的每个消费者首先是人、是公民，对灾难中的同胞有着天然的共情和义不容辞的热血。故而，鸿星尔克们的作为恰好呼应了这种自发的情感，因此收获消费者的热情也就水到渠成。

资料来源：https://baijiahao.baidu.com/s?id=1695267636374637400&wfr=spider&for=pc，有删改。

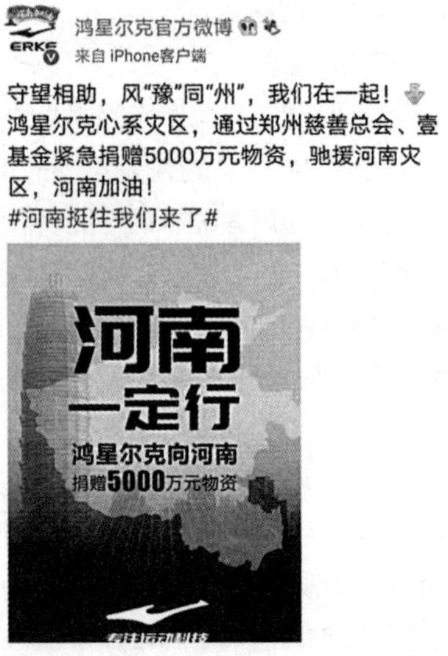

鸿星尔克官方微博发布捐助河南的消息

任务❸　国际市场营销的发展与现状

一、国际市场营销的演变过程

企业开展国际市场营销活动同本国市场经济发展水平以及融入经济全球化的程度密切相关，一般来说，国际市场营销的演变过程分为如下几个阶段（图1-2）。

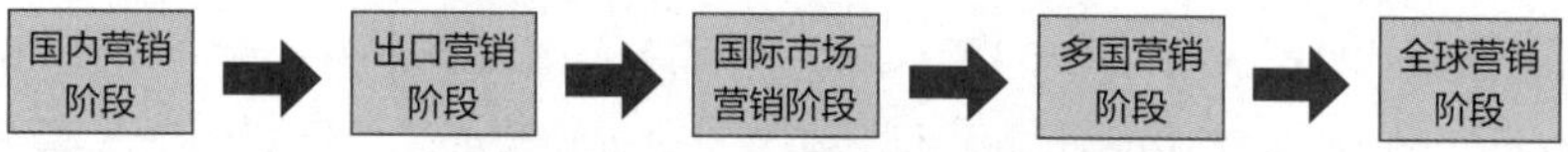

图1-2　国际市场营销观念的演变过程

（一）国内营销（Domestic Marketing）阶段

企业面对国内市场需求，生产产品和服务予以满足。此时企业的生产能力有限，其产品和服务在国内市场供不应求，参与国内市场竞争的只有少数几家企业，市场竞争不激烈。同时从国际上来看，各国市场开放程度低，信息闭塞，企业潜心于满足国内市场需求，争取比竞争对手做得更好，以便生产更多产品，销售得更快。

（二）出口营销（Exporting Marketing）阶段

出口营销阶段一般是指20世纪第二次世界大战后至1960年。随着科技进步、经济发展，国内市场竞争越来越激烈，企业在国内的经营利润开始减少，迫使企业开始将目光投向国际市场，以便寻找其产品和服务的新市场，此时便开始了出口营销阶段。在这一阶段，企业的产品和经销商经验成为出口营销的关键因素，即产品质量和价格都要好，还要凭借经验开辟一条通往国际市场的分销渠道。

（三）国际市场营销（International Marketing）阶段

这是企业进入国际市场的第二个阶段。国际市场营销是企业把国内市场的营销组合策略和计划扩大到了世界范围，并不断总结经验、吸取教训，关注国际市场消费者的需求变化，深入调查，向国际市场提供合适的产品和服务。

知识拓展

市场营销组合策略

市场营销组合是指企业针对目标市场的需求特征、竞争状况，在考虑自身资源条件的基础上，对自身可控制因素进行的系统设计和安排，以实现营销战略目标。企业可以控制的因素主要包括产品（product）、价格（price）、渠道（place）和促销（promotion），简称“4P”。

在市场营销组合中，产品指企业向海外目标市场提供的适销对路的产品和服务。

价格指出售给购买者的商品或服务的价格，其中包括价目表中所列价格、各种价格折扣、支付期限、付款方式和信用条件等。渠道指产品从生产者流转到消费者手中所经过的中间环节的总称，其中包括渠道方式、中间商类型、经销区域和经销条件等。销售促进简称促销，指企业通过各种形式和媒体宣传企业和产品，与目标市场进行沟通的所有活动，包括人员推销、公共关系、广告和营业推广等。

随着营销环境的变迁和市场营销理论研究的不断深入，人们对市场营销组合的认识也在发生着变化。例如，有人认为，市场营销组合应从“4P”发展为“6P”，即在原有4P的基础上增加权力（power）和公众（public）两个要素；还有人提出，市场营销组合应包括“11P”，即在“6P”基础上再增加探查（probe）、细分（partition）、优先（priorition）、定位（position）和员工（people）五个要素。1990年美国学者罗伯特·劳特朋（Robert Lauteborn）提出了“4C”理论，向传统的“4P”理论发起挑战。“4C”理论认为，市场营销应以顾客需要和欲望（consumer）为中心，应关注并满足顾客在成本（cost）、便利（convenience）方面的要求，并加强与顾客的沟通（communication）。

资料来源：https://nuoha.com/book/147655/00001.html，有删减。

（四）多国营销（Multinational Marketing）阶段

多国营销是企业进入国际市场的第三个阶段。在这个阶段，企业逐渐意识到世界各国市场需求千差万别。企业奉行的是以多中心主义和目标市场国的市场为导向，实施差异化策略，并取得了成功。

（五）全球营销（Global Marketing）阶段

全球营销阶段是指20世纪80年代以后。在这一阶段，企业实行以地理为中心导向，产品战略强调适应市场需求和扩大市场需求，并以创新产品来创造市场需求。例如可口可乐占领了全球市场。但须注意的是，全球营销并不意味着进入世界上的每个国家，企业产品进入几个国家市场是由企业拥有的资源条件和目标市场国消费者的需求所决定的。

二、我国企业国际化经营的主要方式

我国企业国际化是中国企业逐步融入国际市场经济的渐进过程。它主要是通过吸收和利用外资、对外商品贸易和对外直接投资等几种方式来实现的。

1. 吸收和利用外资

对于企业来说，吸引和利用外资必须具备一定的条件。

（1）吸引和利用外资与国内经济发展之间存在着内在的联系。若一个国家和地区的收入水平较低，是无法成功吸引到外资的。

（2）良好的投资环境是吸引和利用外资的重要条件。在吸引和利用外资方面，我国西部与东部地区最大的差距就是投资环境差异很大，中西部地区优势较差，吸引力较小。

2. 对外商品贸易

不同国家和地区的经济实体之间进行的跨国界商品交换活动是国际化经营过程中的初级阶段，也是重要的市场进入方式。商品出口可分为直接出口、间接出口和易货贸易三种形式。

3. 许可证贸易

许可证贸易是技术贸易最主要、最基本的形式，主要包括专利技术、商标和专有技术三个方面。许可证贸易给技术出口企业提供了一种低成本、低风险进入国际市场的方式，尤其是在目标国货币贬值，实行进口限制或投资限制时，许可证贸易可能是进入国际市场最为有效的，甚至可以说是唯一的方式。

4. 对外直接投资

企业对外直接投资主要有国际企业并购、合资经营和独资新建企业等几种形式。企业通过并购已成为国际直接投资的主要形式，通常是一家占优势的公司吸收一家或更多的公司来扩大自己的经营规模和经营领域。合资经营适应范围较广，既为绝大多数大型跨国企业采用，也被众多中小型跨国企业采用。国外独资经营是企业国外生产的最高阶段，意味着企业在国外市场上单独控制一个企业的生产和营销活动。独资经营可以为企业带来百分之百的所有权和全部利润，可以使国外子公司的营销战略与企业的总体战略融为一体，但企业投入的资金最多，风险最大。

国货之光·品牌出海营销实践

进入国际市场的比亚迪

在比亚迪新能源汽车的国际化进程中，进入目标市场的模式主要有以下几种：直接出口、战略联盟和投资建厂。一般而言，新能源汽车更倾向于后两者，而传统燃油车则更可能选择直接出口的模式。

比亚迪早在2007年就已经开始着手进入海外市场，截至目前已在美国、巴西、法国等多地投资建厂，其纯电动大巴和叉车在多地的市场占有率远超70%，在海外市场的品牌影响力日益提升。比亚迪采取的进入模式主要是战略联盟与投资建厂，两者并驾齐驱，出口模式作为一个强有力的补充。

1. 出口

从2013年开始，比亚迪多次中标美国、智利、巴西等国的纯电动大巴订单，主要以出口模式进行产品的输送。最早是在2013年5月，比亚迪卖给MTA（美国洛杉矶郡大都会公交公司）25辆纯电动大巴，随后后者又追加采购60辆。

在欧洲，从2012年6月开始，比亚迪先后拿下了荷兰、诺丁汉、利物浦、英国等国家的电动大巴订单，并于2017年包揽英国所有的纯电动大巴项目。WVTA认证（全称为欧盟整车车辆认证）作为欧盟汽车行业最权威的技术认证，可以说为比亚迪深入欧洲市场奠定了坚实的基础，它可以不单独获得欧盟各个国家的批准，直接向各国销售纯电动大巴。

2. 国际战略联盟

2018年，比亚迪引进了全球知名的战略投资者伯克希尔哈撒韦能源公司（Berkshire

Hathaway Energy)，这是它首次尝试战略联盟的进入模式。截至2018年3月31日，该公司为比亚迪第四大股东，持股8.25%。这大大提升了比亚迪在资本市场的地位，同时公司的产品形象和在全球市场的知名度也有了很大提升。

就欧洲市场而言，比亚迪与戴姆勒在2010年共同设立合资公司，以腾势为主推品牌，这是另一个典型的战略联盟。2015年，比亚迪与英国最大的大巴制造商Alexander Dennis Limited（ADL）达成战略合作，其中比亚迪提供动力电池技术等，ADL提供工厂和资金等硬性条件。截至2018年，比亚迪和ADL联合生产的纯电动大巴在英国的市场份额超过50%，在伦敦甚至高达90%，未来有望实现100%的全垄断。

比亚迪在亚太市场主要以出口贸易为主，但在2019年11月，比亚迪宣布与日本丰田合资成立纯电动车研发公司，两者共享技术，共担成本，比亚迪有望在整车开发、安全、品控等方面不断突破，从而向成为国际高水平汽车制造商的目标更进一步。

3. 投资建厂

比亚迪在美国市场直接采取了投资建厂的模式，同时辐射到周边加拿大和拉丁美洲等其他国家和地区。

2013年，比亚迪投资2.3亿美元，在美国加利福尼亚州建设北美最大的电动大巴和电池工厂，这也是比亚迪自主投资建设的第一个新能源项目工厂。加州工厂生产的电动公共汽车在这一领域占美国市场份额的80%。除此之外，比亚迪还在巴西建设了首家全资太阳能电池板和电动大巴工厂，这意味着比亚迪正式进军拉美市场。

根据上述分析，可以发现比亚迪在美洲市场主要采取的是“跨越式”的进入策略，以直接投资建厂为主，除此之外还涉及出口贸易；与美洲和欧洲市场相比，亚太市场的开拓较晚，一般采取直接出口的方式，但近些年来也开始与其他公司开展战略联盟。

资料来源：https://www.51sjk.com/b1b105374/，有删减。

项目要点

市场营销和国际市场营销既相互联系又有区别。市场营销是企业对现有的和潜在的市场需求进行研究分析，并以满足这些需求为目标而进行的市场调研、目标市场选择、产品与服务开发、产品定价、渠道规划、产品促销等一系列活动，以完成企业设立的经营目标，它贯穿企业经营活动的全部过程。国际市场营销是指在一国以上把企业生产的商品和服务引导到消费者或用户中去的营销活动。

企业开展国际市场营销活动的原因很多，如延长产品生命周期，增加销售收入；扩大产销量，实现规模效应；国际市场比国内市场竞争激烈程度低；通过开展国际营销，增强企业竞争力；规避国际贸易壁垒及应对贸易保护主义的需要等。

国际市场营销与国际贸易不同，二者既有联系又有区别。国际市场营销是在国内市场营销基础上发展起来的，但经营的风险系数、环境的复杂程度和经营的难度等都远远高于国内市场营销。

市场营销观念是指导企业开展营销活动的指导思想、观念、态度、思维方式和商业哲学。营销观念大致经历了生产观念、产品观念、推销观念、市场营销观念、顾客观念和社会营销观念六个阶段性重大转变。

企业开展国际市场营销活动同本国市场经济发展水平以及融入经济全球化的程度密切相关，一般来说，国际市场营销的演变过程分为如下几个阶段：国内营销阶段、出口营销阶段、国际市场营销阶段、多国营销阶段、全球营销阶段。

项目实训与测评

◎ 项目实训

一、实训目的

加深学生对国际市场营销概念的理解。

二、实训内容

学生分组对感兴趣的企业进行调研，可通过网络、报刊或利用学校图书馆等途径收集该企业的国际营销案例，最后形成书面报告并做成果展示（PPT演示），对报告内容进行讲解。

三、实训步骤

1. 按教学班级和学生人数确定若干小组，每组5~6人。
2. 通过图书、报刊、互联网查找各组感兴趣的相关国际营销资料，并以每组为一个课题，谈谈自己的认识，然后进行全班讨论和交流，最后指导老师进行归纳总结。

◎ 项目测评

一、单项选择题

1. 市场营销运行的基本要求是：一切经济活动都要围绕（　　）而进行。

   A. 企业　　B. 市场营销　　C. 等价交换　　D. 市场

2. 下列有关交换的说法哪个是正确的？（　　）

   A. 人们要想获得所需要的产品，必须通过交换

   B. 交换是一个结果而不是一个过程

   C. 交换也就是交易的另一种说法

   D. 交换是人们获得自己所需要的某种产品的一种方式

3. 哪种观念下容易出现“市场营销近视”？（　　）

   A. 生产观念　　B. 推销观念　　C. 产品观念　　D. 社会营销观念

4. 市场营销组合的“4P”是指（　　）。

   A. 价格、权力、地点、促销　　B. 价格、广告、地点、产品

   C. 价格、公关、地点、产品　　D. 价格、产品、地点、促销

5. 在买方市场条件下，一般容易产生（　　）。

A. 推销观念　　B. 生产观念　　C. 市场营销观念　　D. 产品观念

6. 为了适应社会对于环境保护的要求，许多企业主动采取绿色包装以降低白色污染。这种做法反映了企业的（　　）。

A. 社会营销观念　B. 销售观念　　C. 市场观念　　D. 生产观念

7. 下列哪种说法是正确的？（　　）

A. 市场营销者可以通过市场营销活动创造需求

B. 需要就是对某种产品的需求

C. 市场营销者可以通过营销活动影响人们的欲望，进而影响人们的需求

D. 有了欲望，需求自然产生

二、多项选择题

1. 市场营销组合是指企业为满足目标市场的需求加以组合的可控因素。这些可控因素可概括为（　　）。

A. 产品　　B. 价格　　C. 公共关系

D. 地点　　E. 促销

2. 国际市场营销与国际贸易的区别在于（　　）。

A. 主体　　B. 理论基础　　C. 生产经营

D. 商品交换　　E. 利益

3. 国际市场营销的形成与发展大体经历了（　　）。

A. 出口营销阶段　　B. 进口营销阶段　　C. 国际化营销阶段

D. 跨国营销阶段　　E. 全球营销阶段

4. 传统营销观念有（　　）。

A. 产品观念　　B. 市场观念　　C. 推销观念

D. 顾客观念　　E. 社会营销观念

5. 现代营销观念有（　　）。

A. 产品观念　　B. 市场观念　　C. 推销观念

D. 顾客观念　　E. 社会营销观念

三、简答题

1. 简述国际市场营销与国际贸易的异同。
2. 简述企业走向国际市场的主要动力是什么。
3. 简述我国企业国际化经营的主要方式。
4. 国际市场营销的演变过程分哪几个阶段？

四、论述题

结合现代营销理论，分析我国企业成功走向国际市场的营销策略。

五、案例分析题

20世纪70年代初，在美国慢跑热正逐渐兴起，数百万人开始穿运动鞋。当时美国运动鞋市场上占统治地位的是阿迪达斯、彪马和Tiger（虎牌）组成的铁三角，它们并没有意识到运动鞋市场的这一趋势，而耐克紧盯这一市场，并选定以此为目标市场，专门生产适应这一大众化运动趋势的运动鞋，耐克为打进“铁三角”，迅速开发新式跑鞋，并为此花费巨资，开发出风格各异、价格不同和多用途的产品。到1979年，耐克通过策划新产品的上市和强劲的推销，其市场占有率达到33%，终于打进“铁三角”。

然而，到了后来，过去推动耐克成功的青少年消费者纷纷放弃了运动鞋，他们在寻找新颖的、少一点商业气息的产品，此时耐克似已陷入困境，销售额在下降，利润也在下降。于是耐克更新了“外观”技术，推出了一系列新款跑鞋、运动鞋和多种训练用鞋，其户外运动部门则把销售的重点对准了雅皮士一代和新一代未知的顾客。它遵循的信条是：思路新颖。在美国，市场已经饱和，只有不断推陈出新的公司才能得到发展。耐克利用其敏锐的眼光去观察选择市场，放手去干，永远保持领先。

资料来源：http://www.ppkao.com/shiti/6007965/。

问题

1. 耐克选择的目标市场是什么？
2. 耐克是怎样挤进“铁三角”的？
3. 耐克是如何推出新产品，怎样获得成功的？

项目二　国际市场营销环境分析

项目目标

◎ 知识目标

1. 了解国际市场营销环境的含义和内容
2. 理解国际市场营销环境的特征和构成要素

◎ 能力目标

1. 能够应用国际营销环境的相关理论知识分析实践中遇到的问题
2. 能根据国际营销环境的相关理论撰写环境分析报告

◎ 素养目标

1. 增强学生民族自豪感、牢固树立“四个自信”
2. 提升实现中国梦的信心与决心

项目思维导图

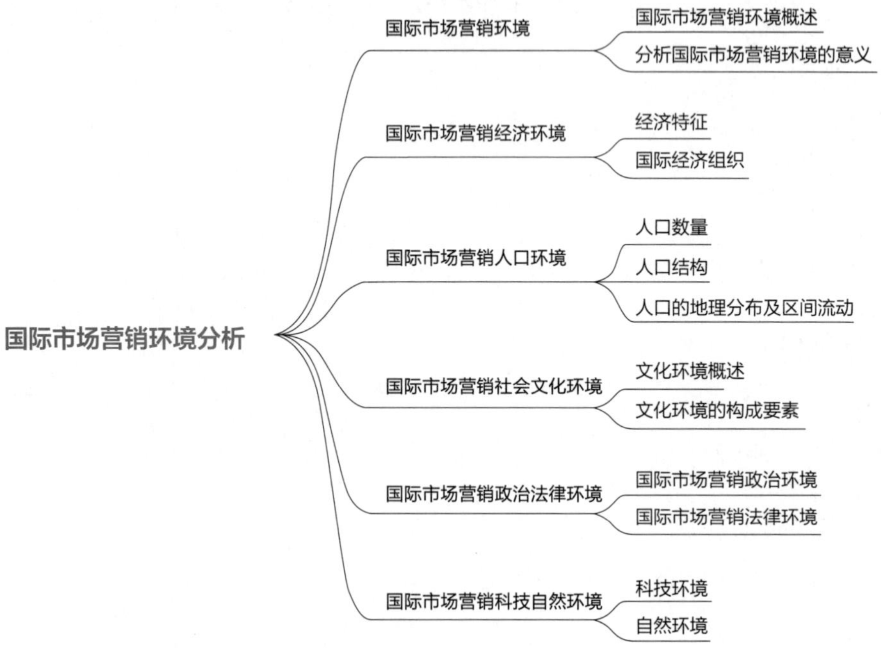

导入案例

格力的国际化经营之路

◎ 案例背景

珠海格力电器股份有限公司是一家多元化、科技型的全球工业集团，产品远销160多个国家和地区，仅空调领域已累计为全球超过4亿用户服务。

格力的品牌国际化发展历程可分为以下四个阶段：

阶段一：品牌创立，初步发展（1991—1993年）。

1991年，珠海格力电器股份有限公司成立。成立初期，企业研发了许多符合市场需求的空调产品，为抢占空调市场先机奠定基础，但其营销模式还是传统的销售模式：生产商—经销商—用户。在此阶段，格力在空调市场中初步树立了品牌形象。

阶段二：营销转型，战略升级阶段（1994—1997年）。

1994年，格力电器在国内外市场开始统一使用“GREE”商标。1995年，格力空调产销量首次跃居全国首位，并连续13年产销量、销售额、市场占有率稳居行业前列。在此阶段，格力持续加强品牌建设和管理，同时实现了从销售到营销的转型，品牌飞速发展，并开始出口海外。

阶段三：放眼国际，迈向世界（1998—2012年）。

1998年，格力决心向国际化企业迈进。同年，格力开始进入巴西市场。2001年，格力电器（巴西）有限公司投产，格力电器的国际化之路迈出了关键性的一步。2003年，格力电器成为全球最大的专业化空调生产基地。2005年，格力电器率先推行全球最高标准的6年免费保修政策，同时格力家用空调产销量跃居全球第一。2006年，格力电器被国家质检总局授予当时空调行业唯一的“世界名牌”。在此阶段，格力正式从中国品牌走向世界品牌，品牌的全球化布局及战略形成。

阶段四：智能制造，产业延伸（2013年至今）。

2013年，格力成为中国首家突破千亿的家电上市企业。同时从2013年起，格力相继进军智能装备、通信设备、模具等领域，已经从专业空调生产延伸至多元化的高端技术产业。

凭借着“顾客至上”“产品至上”的原则，格力以超凡卓越的技术、精益求精的态度，持续为全球用户雕琢出精品家电。

格力集团宣传片

◎ 案例启示

（一）找准品牌价值与定位，创新驱动企业发展

在“走出去”的初期，格力还只是一个名不见经传、刚建立起来的小品牌，便通过“OEM”借助国外著名品牌的销售网络进入国际市场。而当借用贴牌生产的方式为自主品牌奠定了一定的知名度基础之后，格力意识到此方式并不是长久之计，便转为以自有品

牌走向国际，坚持以“先有市场、后有工厂”战略为导向，进行国际化战略布局。在格力发展的每一个阶段，都拥有其清晰的品牌定位。

（二）推动行业国际水平的进步，提升中国品牌话语权

长期以来，格力电器始终以推动行业技术创新及服务升级为己任。通过一系列国际化参与活动，格力不仅更加提升了自己的国际地位，展现了自身的责任感，也抓住了“中国造”制定国际家电品牌标准的机会，提升了中国品牌的话语权。

（三）作为民族企业以国家品牌为背书，相辅相成协同发展

近年来，随着中国的不断崛起，国际地位不断提升，加之“一带一路”倡议的不断深化和“粤港澳大湾区”的持续发展，为中国品牌走出去提供了绝佳的展示舞台，也为格力的发展带来了良好的契机。格力在国际上拥有着较高的行业地位，不管是其品牌口号“让世界爱上中国造”，还是企业领导人在任何场合不忘传播中国精神和民族文化，让民族自豪感深入人心。我们可以看到，格力最近几年一直在使用着中国背书，同时也在建立着民族自信。

资料来源：https://www.sohu.com/a/454070283_120057219，有删改。

项目知识

随着全球化步伐的加快，营销的国际化已成为一个趋势。企业的国际市场营销活动是在一个异常复杂、瞬息万变的国际市场环境中进行的。对于从事国际市场营销的企业来说，会经常面临陌生的国外市场环境。现代营销学认为，市场营销成功的关键取决于企业对自身所处的市场环境的适应程度。因此，从这个层面看，企业充分认识与分析自身所处的市场环境是营销管理的基础和重要内容，而对市场环境的认识和分析过程其实就是不断发现市场机遇、识别市场带来的威胁，以便选择最佳营销策略来达到企业营销目标的过程。

任务1 国际市场营销环境

一、国际市场营销环境概述

（一）国际市场营销环境的内涵和类型

国际市场营销环境是指能够对企业的营销活动、企业目标实现产生影响的各种因素和力量的总和。与国内市场营销环境相比，国际市场营销环境显得更复杂、多元化且难以控制。通常，根据影响力的范围和作用方式，国际市场营销环境可分为微观环境（Micro Environment）和宏观环境（Macro Environment），如图2-1所示。

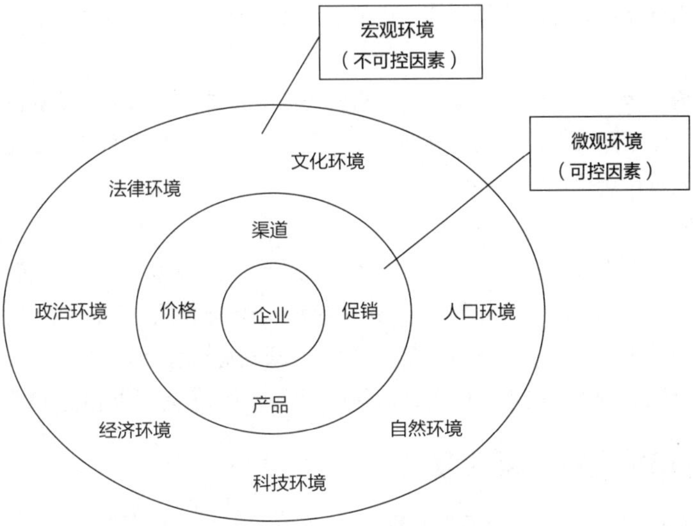

图2-1　国际营销环境分析图

微观环境，又被称为直接环境，是指与企业紧密相连，直接影响、制约企业营销活动过程的外部因素的总和，包括供应商、竞争者、营销中介、顾客、社会公众，影响营销管理决策的企业内部各部门。这些因素与企业有着双向的运作关系，因此企业可以通过自身努力，如通过调整价格、产品、促销和渠道等营销策略来对其进行控制或施加影响。

宏观环境，又被称为间接环境，是指与企业不存在直接的经济联系，是通过微观环境的相关因素间接地影响、制约企业营销活动的外部因素的总合，包括人口、经济、政治、法律、社会文化、科技、自然地理等多方面的因素。企业运营所涉及的国际市场越多，所要处理的国际环境因素种类也就越多、越复杂。这些因素是企业不可控制的。

（二）国际市场营销环境的特点

国际市场营销环境是一个多因素、多层次且不断变化的综合体，其特点主要体现在以下几个方面。

1. 客观性

客观性是市场营销环境的首要特征。营销环境的存在不会以营销者的意志发生转移或改变。若营销者主观臆断某些环境因素及其发展趋势，势必造成企业盲目决策，最终导致企业在市场竞争中惨败。

2. 差异性

不同的国家或地区之间，市场的宏观环境存在着巨大的差异。不仅如此，不同的企业之间，微观环境也千差万别。例如，不同的国家、民族、地区之间在人口、经济、社会文化、政治法律、自然地理等各方面都存在差异。

3. 相关性

市场营销环境是一个系统，在整个系统中，各环境因素相互影响、相互制约，其中某一个因素的变化，往往会带动其他因素的变化，形成新的市场环境。例如，企业开发新产品时，不仅要受到当地市场经济环境因素的影响和制约，也要受到当地社会文化因素的影响和制约。

4. 动态性

市场营销环境不是一成不变，而是一个动态的系统。构成市场营销环境的各因素之间相互影响，每一个环境因素都随社会经济的发展而不断发展和变化。企业必须密切关注市场环境的变化趋势，以便随时发现市场机遇和可能受到的威胁。

5. 可影响性

市场环境的可影响性是指企业可以通过对内部环境因素的调整与控制，从而对外部环境造成影响，最终促使某些环境因素往企业预期的方向转变。市场环境虽然不能被控制，但企业仍可借助科学的营销研究手段认识并预测环境的变化趋势，及时调整其营销计划。同时企业也可通过各种营销手段来创造和引导市场需求，促使某些环境因素向企业预期目标的方向发展变化。

二、分析国际市场营销环境的意义

1. 市场营销环境带给企业的机遇与威胁

市场营销环境给企业营销活动带来双重影响。环境为企业营销活动带来机遇。对企业来讲，环境机遇是开拓企业经营新局面的重要基础。企业在应对市场机遇的吸引力和成功的可能性时应当做出恰当的评价。企业只有结合自身的资源和能力，及时将市场机遇转换为企业机遇，才可真正获利。环境也会给企业营销活动带来威胁，营销环境中会出现很多不利于企业营销活动的因素，由此对企业形成挑战。例如，房贷利率上调，房屋限购令的出台对房地产行业的威胁；低碳标准对传统污染行业的威胁等。营销者应当善于识别所面临的或潜伏的市场环境威胁，并正确评估其严重性及危害性从而制定应变措施。

2. 企业需要能动地适应市场营销环境

市场营销环境是企业营销活动的资源基础，企业各种营销活动也受制于客观环境因素，必须与其所处的市场环境相适应。企业的营销活动离不开市场营销环境，但又不能改变营销环境，这就需要企业根据市场环境的特点来组织生产；需要从市场环境中获取生产所需的各种资源；需要在市场环境中建立营销渠道。因此，分析市场营销环境的意义在于能动地适应营销环境，寻求营销机遇和避免环境威胁。

企业对环境的适应不应是被动地适应，而应是主动地适应。既表现在对环境的依赖，又主动对环境加以改造，通过积极主动的行为去影响营销环境因素。在企业和环境的矛盾关系中，既要承认客观环境对企业的制约作用，但也不可忽视企业的营销活动对环境的反作用。能主动识别、适应和改造环境的企业往往能取得成功。

任务2 国际市场营销经济环境

国际经济环境是指各种直接或间接影响和制约国际市场营销活动的经济因素的集合，是国际市场营销环境的重要组成部分。国际经济环境包括除了本国、东道国和国际的经济形势；经济发展的规模、发展速度、发展水平；经济制度、经济体制；参与国际经济组织及国际经济活动的状况；国际经济地位、经济发展阶段、经济结构的类型外，还包括国家或地区的产业布局，城市化程度，水利、能源、交通、通信等基础设施状况；一国的消费者收入水平、消费水平、消费方式和消费结构，消费倾向和储蓄行为，消费者储蓄和信贷状况；一国的货币供应量、币值、外汇储备量、汇率，物价水平、通货膨胀，税率和关税，外贸和国际收支状况等。

经济环境对国际市场营销的影响最大，它会直接影响企业产品的销售去向、方式以及数量，因此，国际企业对经济环境的分析就显得十分重要。

一、经济特征

（一）经济体制

经济体制有市场经济体制和计划经济体制两种基本形式，绝大多数国家都处于这两者之间，采取混合经济体制。不同的经济体制可反映出该国政府对经济的干预程度的不同，从而影响企业的国际营销活动。计划经济体制为主导的国家，市场机制不健全，垄断现象严重，对外来企业的产品和投资管理会比较严格，不利于国际企业开展营销活动。而市场经济体制为主导的国家，则鼓励市场自由竞争，市场对资源的配置和调解作用可以得到充分地发挥，对外来企业的产品和投资限制较少，企业开展国际营销活动相对容易。

（二）经济发展阶段

根据美国经济史学家华尔特·惠特曼·罗斯托（Walt Whitman Rostow）的观点，经济发展可分为六个阶段：传统社会阶段、起飞酝酿阶段、起飞阶段、成熟阶段、高额群众消费阶段和追求生活质量阶段。处于前三个阶段的国家是发展中国家，其特征为工业品市场偏重于多使用劳动力以及节省资金的劳动密集型生产设备；消费者市场侧重于产品的功能和实用性，推广活动往往受到文化水平低和媒体少的限制，消费者对价格的敏感度高于对产品质量的敏感度。处于后三个阶段的国家则属于发达国家，其特征为工业品侧重于资本密集型和技术密集型设备；消费品市场强调产品的款式、功能、特色，适合进行大规模的广告宣传，消费者对产品价格不敏感。国际企业在进行营销活动时，必须充分考虑该国处于哪一个经济发展阶段，从而制定正确的营销策略。

（三）通货膨胀率

企业的国际市场营销活动也受通货膨胀的影响。在名义收入不变的情况下，高通货膨胀率就意味着实际收入水平和购买力的下降，消费水平会下降。但如果在恶性通货膨胀条件下，人们会疯狂抢购商品，尤其是生活必需品。另外，高通货膨胀率就意味着一国货币将贬值，进口商品的价格相对提高，人们会转向购买国内产品。

（四）经济增长速度

一般而言，一国的经济增长速度快，说明该国的国民生产总值和人均国民收入水平提高，人们的购买力水平也会提高，需求会增加，对从事国际营销活动的企业来说，市场机会也会增多。若是经济持续高速增长，该国的市场规模和市场潜力也将获得持续增长。此外经济增长速度较快往往意味着一国货币将升值，进口商品价格相对下降，消费者转向购买进口商品的趋势增大。

知识拓展

恩格尔系数

恩格尔系数（Engel's Coefficient）是食品支出总额占个人消费支出总额的比重。19世纪德国统计学家恩格尔根据统计资料，对消费结构的变化得出一个规律：一个家庭收入越少，家庭收入中（或总支出中）用来购买食物的支出所占的比例就越大，随着家庭收入的增加，家庭收入中（或总支出中）用来购买食物的支出比例则会下降。推而广之，一个国家越穷，每个国民的平均收入中（或平均支出中）用于购买食物的支出所占比例就越大，随着国家的富裕，这个比例呈下降趋势。恩格尔系数达60%以上为贫穷，50%~60%为温饱，40%~50%为小康，30%~40%为相对富裕，低于30%为富裕。

资料来源：https://baike.baidu.com/item/528483?fr=aladdin，有删减。

（五）居民储蓄与消费信贷

通常企业可以通过考察一国的储蓄额、储蓄率、储蓄增长率来掌握该国居民的储蓄状况。若是储蓄额和储蓄率较大，表明居民现时支出少，购买力小，企业的市场机会就少；相反的情况下，则表明企业当下的市场机会较多。

思政点滴

2020年全面建成小康社会

“小康”一词最早出自《诗经》中的《诗·大雅·民劳》，“民亦劳止，汔可小康。惠此中国，以绥四方”。古人将“小康”和“大同”并列为两种不同的社会秩序或社会理想，“大同”是天下为公，路不拾遗，井然有序的理想社会；“小康”则寄托了普通百姓对丰衣足食，安居乐业美好生活的朴素向往。

随着中国步入现代化建设进程，“小康”概念的内涵也在发生变化。1979年12月6日，邓小平同志提出：“中国现代化所要达到的是小康状态。国民生产总值人均达到八百美元，到本世纪末在中国建立一个小康社会。这个小康社会，叫作中国式的现代化。”2019年12月31日，习主席在新年贺词中提出，2020年将全面建成小康社会，实现第一个百年奋斗目标。

联合国对世界各国生活水平的划分标准：一个国家平均家庭恩格尔系数大于60%为贫穷；50%～60%为温饱；40%～50%为小康；30%～40%为相对富裕；低于30%为富裕。根据国家发改委数据，2018年，中国居民恩格尔系数为28.4%，已达到富足水平。

资料来源：https://www.163.com/dy/article/F315H1GA05457EW8.html，有删减。

二、国际经济组织

国际经济组织是指两个或两个以上的国家政府或民间团体为了实现共同的经济目标，通过缔结或加入国际条约或协定而成立的组织。

（一）国际经济组织的分类

（1）根据参加范围，可将国际经济组织分为世界性和区域性两种。世界性国际经济组织是指参加者包括世界各洲或多数洲的国家或民间团体的国际经济组织，主要有国际货币基金组织、世界银行集团、世界贸易组织、联合国贸易和发展会议等。区域性国际经济组织是指参加者局限于某一洲或某一地区的国家或民间团体，全球具有代表性的区域性经济组织有欧洲经济共同体、东南亚联盟、加勒比共同市场、北美自由贸易区、亚洲开发银行等。

（2）根据商品结构，可分为各种根据某项特定商品的特征而建立的国际经济组织，因此此类国际经济组织也被称为专业性国际经济组织，其参加者大多是某项特定商品的生产国或出口国。该国际经济组织的特点是以协调各成员国的出口政策（包括出口数量和价格）、对商品的生产和销售做出统一安排为宗旨，维护各成员国有关商品的国际贸易中的共同经济利益。目前，几乎所有的原料和初级产品都有自己的国际经济组织，如石油输出国组织、国际小麦理事会、国际茶业委员会、国际食糖组织、国际咖啡组织等。

（二）国际经济组织的法律地位

国际经济组织的法律地位是指国际经济组织的法律人格，没有法律人格就不能成为国际经济活动的参与者，也不能直接享有国际经济法上的任何权利以及承担国际经济法上的义务。国际经济组织的法律地位由其成员国在其章程性文件中授予。多数国际经济组织都在其章程文件中规定，该组织具有国际法律人格或法律人格，具有缔约或签约权、取得与处置财产权、拥有法律诉讼权的权力；有的还规定具有特权和豁免权等。政府之间的国际经济组织虽然由主权国家组成，但其法律地位及权力并不凌驾于主权国家之上，也不是“超国家”实体，其法律地位仍受其章程性文件的约束，并且政府之间的国际经济组织不等同于国家，它不具有国家主权，不拥有领土和居民。

任务3　国际市场营销人口环境

人口是构成市场的最基本要素，全球人口环境主要包括人口数量、人口结构、人口的地理分布等因素，这些因素都会影响人们对产品和服务的需求。人口数量是评估潜在消费市场的重要因素，人口越多，市场规模越大。人口数量和人口结构的变化会引起经济上的变化。而年龄是市场细分的重要依据，不同年龄段的人在生产行为、储蓄行为、消费行为和投资行为上都表现出不同的特征，存在很大差异。

一、人口数量

人口数量是决定市场规模的一个基本要素。企业可按照人口数量预测出市场规模。对于企业营销者而言，进入国际市场应首先关注所在国家或地区的人口数量及其变化，尤其需要关注当地人们生活必需品的需求内容和数量。

预计到2050年世界人口将突破94亿，亚洲再增13亿人。而非洲的人口也可能增加一倍，达到21亿人。对于出生率较低的欧洲，将会出现很长一段时间的人口负增长，尤其是东欧和俄罗斯。世界人口的增长呈现极端不平衡的状态。发达国家的人口出生率下降，甚至出现负增长的现象。例如，欧洲儿童数量的减少，会给以儿童市场为目标顾客的企业造成严重威胁。从世界人口的分布来看，80%都来自发展中国家，而且人口增长率最快的往往是经济落后、欠发达的国家。贫穷问题困扰着这些国家的人们，导致消费者购买力低下、市场需求层次较低等现象。世界人口的膨胀在一定程度上会给有限的地球资源带来巨大压力，因此，可持续发展战略的研究给市场营销提出了新的要求。

二、人口结构

人口结构可以按照自然结构（年龄、性别）和社会结构（家庭、文化程度、职业和民族）两方面进行分析。

1. 年龄结构

人口年龄结构是企业分析市场环境的主要内容之一，不同年龄阶段的消费者由于生理和心理特征、人生经历、收入等的不同，其消费需求、消费偏好和消费模式也不同。例如，以老年消费者为目标顾客形成的以保健品、营养品、老年人生活必需品等为主的市场；以年轻人为目标顾客的市场，如运动、休闲产品市场；以儿童为目标顾客的市场，如早教、培训班、亲子体验等。目前，人口老龄化是世界人口年龄结构变化的主要特点，其原因在于许多国家尤其是发达国家的人口死亡率普遍下降，平均寿命延长。这一人口环境特征对市场需求的影响非常深刻。如市场对摩托车、体育用品等的需求将会减少，而老年人的医疗和保健用品、养老生活服务等市场需求会迅速增加。

2. 性别结构

人口的性别构成与市场需求的关系也十分密切。男性和女性在生理、心理和社会角色方面的差异决定了其不同的消费内容和特点。同时男女不同的性别心理和社会角色对他们的消费行为会产生直接影响。一般而言，由于性别心理的差异，男性消费者的需求特征往往表现为粗放型、冒险型、冲动型和事业型，而女性消费者的需求特征则表现为谨慎型、生活型和唯美型。

3. 家庭结构

家庭是某些产品或服务的基本消费单位，例如，住房、成套家具、电视机、厨房用具等产品的消费数量就与家庭单位的数量密切相关，且每个家庭都有自己的需求和消费习惯。家庭人口数量的增加会引起某些产品或服务需求的增长。

4. 文化程度、职业和民族结构

人口的文化程度对市场消费需求的影响亦不容忽视。通常，受教育人数和受教育程度的提高，对优质、高档产品的需求就会增加，且人们的需求会更倾向于追求个性化和多样化。因此，企业应针对目标顾客的受教育程度来制定不同的营销手段。

职业是消费者的社会角色。不同的职业往往和相应的收入水平联系在一起，直接影响和制约消费者的购买能力。另外，不同职业的消费者其生活方式也不同，进而会对消费方式、消费习惯等造成影响。

此外，不同民族的消费者在各自民族传统文化的影响下，消费行为、消费内容会呈现出明显的民族特色。每个民族都有自己特殊的需求和消费习惯，企业营销者应尊重各国民族文化，理解民族文化之间的差异，制定不同的营销策略。

三、人口的地理分布及区间流动

人口的地理分布是指人口在不同的地理区域的密集程度。由于各国的自然条件、经济发展水平、市场开放程度以及社会文化等因素的不同，不同市场区域的人口具有不同的需求特征和消费习惯。例如，我国南北方在食品消费结构和口味上就有很大差异。

人口密度是反映人口分布状况的重要指标。人口的地理分布往往呈现不均匀的状态，各区域人口密度大小不一。企业准确地了解某区域市场的人口密度，有利于制订有效的营销计划。但需注意的是，人口的地理分布不是一成不变的，它是一个动态的概念，需要考虑人口流动的问题。对于企业来说，必须充分考虑人口地理分布及其流动特征对产品需求的影响。

任务4　国际市场营销社会文化环境

进行国际市场营销活动的企业需要与不同文化环境的人打交道。由于处在不同文化环境下的人在语言、宗教信仰、价值观、思维方式、风俗习惯等方面都存在差异，哪怕是对同一句话、同一个动作、同一件事也可能产生不同甚至完全相反的理解，因此对商品和服务的需求也会呈现不同的特征。任何从事国际市场营销活动的企业都应重视文化环境因素的影响，尽量做到“入国问禁、入境问俗、入乡随俗”，避免因文化冲突而造成经济损失。

一、文化环境概述

（一）文化环境的含义

广义的文化是指人类社会历史实践过程中所创造的物质财富和精神财富的总和，包括物质文化、精神文化。狭义的文化主要指精神文化，又称社会文化，是一个特定社会中所有成员共同拥有的、代代相传的各种行为和生活方式的总和。

（二）研究文化环境的意义

对从事国际市场营销的企业来说，研究文化环境的重要意义主要体现在以下几个方面。

1. 有利于开拓国际市场时避免遭受失败

国际企业在东道国开展市场营销活动时，若能适应东道国的文化，其产品就能打开东道国的市场；相反，若是与东道国的文化相冲突，则容易招致失败。

2. 有利于创造消费者的需求偏好

国际企业在东道国市场上参与竞争，若想取得竞争优势，就必须使消费者对其产品产生需求偏好。因此，企业可以通过将东道国的文化元素与其产品设计、包装、促销策略相融合，以此来满足消费者的消费心理，促使消费者产生需求偏好。

3. 有利于抓住市场机会

国际企业可以通过了解东道国消费者，理解东道国文化，从中寻找到商业机会。

思政点滴

“国潮”崛起背后是文化自信

在2019秋冬纽约时装周上，“中国李宁”带着结合复古运动风格以及登山休闲概念的单品，在众人瞩目下正式登上时装周官方日程；太平鸟则与国内首家潮流品牌集成店NPC一起，以“中国青年”主题在“中国日”登台走秀。中国设计师的作品开始在国际舞台建立和传达中国品牌的文化与价值观，“国潮”崛起掀起了新一轮中国制造、中国品牌的话题热议。

国产品牌李宁登上2019秋冬纽约时装周

随着中国文化、中国自信的重新发现，中国的潮牌也随之出现，“国潮”中既有明星、设计师利用个人名气开拓的新兴品牌，也有被赋予了新内涵成功转型的老国货品牌。“国潮”崛起的背后是中国文化自信的提升。而文化力量正是一个国家、一个民族发展更基本、更深沉、更持久的力量。在这个背景下，除了中国李宁之外，故宫博物院开发的系列文创产品、百雀羚等国货化妆品的“复兴”，都曾因给国人耳目一新的品牌感受而一波波地刷屏，引发关注热议。

资料来源：https://www.sohu.com/a/297163127_148781，有删改。

李宁登上2019春夏巴黎时装秀

二、文化环境的构成要素

社会文化环境的构成要素主要包括语言文字、社会结构、宗教信仰、价值观和审美观、风俗习惯和教育等。

（一）语言文字

语言文字是文化的核心组成部分，是经济活动沟通的桥梁和表达思想、传递感情的工具。企业开拓国际市场，必须了解和掌握各国语言文字，这对交流沟通、创造亲和力、掌握市场信息、产品宣传介绍等都起着十分重要的作用。营销人员不仅要懂得东道国的官方语言，还须掌握一定程度的当地方言，这样才能充分了解该国的市场需求、消费偏好和相关禁忌，避免碰壁或失败。

企业在开展国际市场营销活动的过程中，必须注意语言的翻译问题。例如，“Coca-Cola”在我国被译为“可口可乐”，突出了产品给人的感受，起到了很好的促销作用，是品牌译名的典范之作。

人与人之间的沟通方式除了用语言文字外，还可以通过表情、手势、动作等肢体语言来进行沟通。例如，摇头、握手、拥抱、竖大拇指或不同的面部表情等都可以传递出不同的意思。人们的肢体语言非常丰富，不同的国家有不同的肢体语言，就算是同一个国家，不同民族的肢体语言也不尽相同。因此，国际企业的营销人员要了解和熟悉东道国的肢体语言，以免冒犯对方，使双方沟通顺利进行。

（二）社会结构

社会结构指一个国家或地区内的社会阶层，家庭制度，男女地位，种族、民族的特征、构成及各自地位，不同区域人群的特征与地位，不同职业人群的地位等。

社会阶层是指按照一定标准将社会划分为不同的社会群体，每个阶层都有其独立的群体利益。不同社会阶层之间，其价值观、生活方式、消费行为、需求内容、消费结构是完全不同的。

家庭制度在各国不尽相同，女性在家庭中和社会上的地位各国情况也不同。通常情况下，在女性地位比较高的国家，女性在消费品购买中具有较大的决策权，对消费品市场的发展有一定导向作用。从整个市场的性别结构来看，这样的国家市场会比较平衡。而在女性地位偏低的国家，其市场性别结构容易偏向男性。但从全球发展总趋势来看，随着女性地位的不断提高，越来越多的营销者开始关注女性消费者这一巨大的目标群体。

（三）宗教信仰

宗教是一种社会意识形态，人们的宗教信仰会对其社会价值观的形成产生巨大影响，包括风俗习惯、生活态度、价值观念、需求偏好和购物方式等。各种宗教都有自己的节日和禁忌，国际企业如果不了解甚至是违背了宗教禁忌，在经济上和政治上均会遭受损失。

在宗教势力比较大的国家和地区，宗教机构组织对国际企业的营销活动会产生巨大的影响。企业营销应尊重目标市场国宗教徒的生活习俗、了解其宗教信仰和禁忌，利用宗教的假日和大型活动可以寻找创造更多的市场机会。

（四）价值观和审美观

人们的价值观和审美观不同，其消费偏好、消费行为、消费方式也会不同。例如，在时间观念上，西方人的时间观和金钱观是联系在一起的，时间就是金钱的观念根深蒂固，因此他们非常珍惜时间、非常守时。在生活中往往对时间都做了精心的安排和计划，并养成了按时赴约的好习惯。

另外，世界各国在审美观上也表现出很大的差异。

同步案例

“韩流”终究不敌“国潮”？

完美日记实体门店

国货美妆的崛起，给韩妆等海外品牌们都带来了日益增长的压力。在2018—2020年天猫平台彩妆销售TOP20榜单中，上榜的国货品牌数量均超过10个，占据了半壁江山。2020年“双十一”期间，花西子和完美日记两大新锐国货美妆品牌的销售规模突破10亿元，并分别夺得天猫彩妆交易金额的第一名和第二名。

韩妆在中国逐渐不再“吃香”，可以说和中国逐渐实现“文化自信”有很大关系。随着中国经济实力增强、本土品牌的崛起，以及移动互联网的发展，在年轻一代心目中，韩日文化已经不再神秘和令人向往，韩妆产业在中国也逐渐落寞。独立的“中国风”妆容，正取代日妆、韩妆，在亚洲各国风靡。

资料来源：https://weibo.com/ttarticle/p/show?id=2309404724741272633636#related，有删减。

同步思考

为什么消费者不再青睐韩妆？

（五）风俗习惯

不同的国家，不同的文化背景，风俗习惯也会不同，人们的行为方式也会受到风俗习惯的影响。

同步案例

华为：定制虎年专属滤镜提升互动

作为中国制造的代表性品牌，华为在日常的营销中就非常注重融入中国文化，2022年虎年春节，华为也制作了专属的Instagram快拍滤镜来彰显春节特色，邀请粉丝同庆春节。

华为快拍滤镜画面

2022和2021的华为Instagram

1. 以具有中国特色的卡通老虎形象和对联设计突出浓厚的春节氛围

华为快拍滤镜的设计非常具有中国风。使用这个滤镜后，用户像是戴了一个小老虎的帽子，张嘴的时候还能出现横条的新年祝福语。边框也使用了中国传统的祥云设计和充满原汁原味的中国元素。

2. 在华为Instagram主页上设立快拍合集提示活动信息

除了在各个社交媒体平台上发布滤镜链接引导用户参与之外，华为也在其Instagram主页上设置了It's tiger time的快拍合集和#It'sTigerTime的标签，让用户能够轻松找到滤镜并进行尝试。

3. 分时段揭晓五种不同祝福语，提高用户参与度

该滤镜不仅向用户展示了中国春节祝福语，还通过分时段揭晓祝福语的趣味形式，进一步调动用户参与的积极性。滤镜共准备了五个祝福语，分别在不同时期开启，每开启一个祝福语华为Instagram主页便会发布一条帖子介绍这条祝福语。此举不仅延长了营销活动的生命周期，也通过系列帖子扩大了触达人群。

与2021年华为在Instagram主页上仅使用图片与视频形式进行春节营销相比，此次通过定制“快拍滤镜”的方式让更多用户自发地参与进来，也通过更生动的方式向海外用户展示了中国文化。

随着中国影响力的提升，越来越多的人开始关注中国文化，出海品牌也可以运用中国传统节日的营销节点为自己的品牌带来更多流量。

资料来源：https://www.sohu.com/a/522127392_100298852，有删减。

（六）教育

一国教育水平的高低会影响其所持有的价值观，从而影响消费结构和消费行为。在教育水平较高的国家，对知识、技术、文化含量较高的产品需求偏大，对文字、广告的理解和接受能力都较高，且容易接受新产品、新技术、新消费方式，其消费行为常较为理性，而在教育水平偏低的

国家则相反。因此，一国教育水平的高低会影响企业国际营销策略的选择。例如，在国民教育水平较低的国家用广播和电视广告的效果会更好。

此外，在营销活动过程中，国际企业还应充当教育者的角色，对一些高科技产品，通过生动有趣的广告、现场演示、产品展销会、新闻发布会等，提高目标市场国消费者对产品的认知水平、产品操作技能水平等。

任务5 国际市场营销政治法律环境

企业的国际市场营销决策在很大程度上受政治法律环境的影响。政府对环境的影响是通过政府政策、法令规定，以及其他限制性措施而起作用的。企业各项营销活动都必须在东道国的许可下进行，并受到当地执政党的政治势力所左右。政府可以批准或拒绝企业的某个营销项目，也可对其经营范围加以扩充或限制。政府对外商的政策和态度，反映出其改善国家利益的根本想法，因此企业在进入某个目标国市场前应尽可能地评估该国的政治环境和法律环境。

一、国际市场营销政治环境

国际市场营销政治环境是指企业市场营销活动的外部政治形势和状况以及国家方针政策和国际关系的变化对市场营销活动带来的现实或潜在的影响。国际市场营销政治环境包括母国即本国、目标市场国即东道国及世界政治形势，重大或突发性政治事件，政治稳定性和政治风险，政治制度及体制，政党和政府，国家间关系，民族主义，参加国际组织情况等内容。

（一）国际政治环境

1. 政府、政党体制与执政思想

政府是国家的权力机关和执行机关，在国家经济建设中主要扮演参与者和规范者的角色。政府参与国家经济的形式主要有两种：一是以不同份额的形式拥有企业的所有权，可以独享或者部分拥有，因此直接参与企业的生产经营活动；二是以消费者的形式间接影响企业的生产经营活动，政府购买企业的产品或劳务，扶持企业发展壮大。政府也可以通过立法的形式来规范企业的经营行为。政府颁发的法律法规涉及财政、金融和货币政策领域，对企业生产经营行为的影响是刚性的、不可逾越的。企业开展国际市场营销活动，必须关注目标市场国政府在经济活动中的作用大小，以便寻找市场机会。

君主制和共和制是当今世界两种基本的政治制度。政治制度不同的国家，其政策决策方式以及管理方式也有所差异。政党制度是一个国家政党干预政治的各种形式的统称，常分为两党制、多党制和一党制。不同的执政党执政，其执政思想也有所差异。国际市场营销者须考察各目标市场国执政党的思想，因为执政党在国家经济中起着举足轻重的作用，政府对经济方面所持有的态度往往由执政党来决定。

2. 政治环境的稳定性

东道国政治环境的稳定性是企业顺利开展国际市场营销活动的前提和基础，政治和政策的稳

定性会直接影响企业营销政策的长期性。政府颁布的政策不能朝令夕改，而是要保持稳定。若政府突发性地制定新政策，抑或是新政策完全与原政策背道而驰，这样会让企业无所适从，面临巨大的经营风险，造成重大影响。同时东道国的政局动荡会对企业营销活动的顺利进行造成严重影响。

3. 民族主义

任何国家和民族都有民族自豪感、优越感和认同感，即民族主义情结。这种民族主义情结会对国际市场营销活动产生重要影响。民族主义在各个国家不同程度地存在着，且在不同的历史背景下呈现出不同的形式。国与国之间的贸易纠纷、国与国之间的历史问题、国与国之间的政治关系问题等都是引发民族主义爆发的导火线，致使一些人民族主义情绪高涨，使该国国际市场营销活动的政治环境变得糟糕。

4. 国际关系

企业在从事国际市场营销时，不可避免地会被卷入国际关系中。企业除了要重视母国与东道国之间的国际关系外，还应关注东道国与其他国家的关系。如果企业所在的东道国是某一区域性组织成员国，则应认真分析可能受到的影响，然后针对是否进行贸易或投资作出决策。但若某国有特别友好国或敌对国，那么企业应认真研究该国进口贸易的动向和趋势，以便及时调整营销策略。

5. 产品的政治敏感性

企业在东道国的政治风险与其产品性质有关，不同的产品用途会产生不同的政治保护性，这便是政治敏感性。产品的政治敏感性一般取决于政府的政治主张、经济目标与文化差异等因素，但并没有统一的标准来判断一种产品是否具有政治敏感性及其程度的高低。政治敏感性既能成为企业的保护伞，也可能让企业遭受损失。如果东道国政府为了吸引外资，加快发展本国经济，往往制定经济发展规划，规定优先发展的行业，对该行业的投资给予如免税、减免关税、银行融资优先权等多种优惠政策。但若是某项投资不是当地所需，没有市场，政治敏感性就会对企业带来不利影响。

（二）常见的政治风险

政治风险主要来自东道国未来政治变化的不确定性，指因东道国各种政治力量使国际企业商务环境发生很大的变化，致使国际企业经营困难而产生的风险。国际政治风险对从事国际市场营销的企业来说是客观存在的，但东道国不同，其国际政治风险的类型和大小就不同，即便是在同一个东道国，在不同时期也具有不同的国际政治风险，因此，国际政治风险对企业造成的影响程度是不同的。国际政治风险有以下几种类型。

1. 没收、征用和国有化

没收、征用和国有化是企业开展国际市场营销最为严重的政治风险。没收是指东道国政府强迫外国企业交出资产所有权，并且不给外国企业所有者任何形式的经济补偿。征用是指东道国政府以给予一定限度的经济补偿为条件，将外国企业的资产收归国有。国有化是指东道国政府以给予经济补偿为条件，将外国企业的资产收归国有，由政府接管经营。东道国政府考虑某些行业由本国政府或企业控制所有权，比较容易实现其发展目标时会对国外企业采取没收、征用和国有化的行为。

2. 贸易禁运与贸易制裁

贸易禁运是指一国或多国政府，或国际组织禁止对某国输出或从某国输入特定商品或全部商品，以经济手段逼迫某国就范，实现其政治目的。贸易制裁是指一国或多国政府出于自身安全或利益的考虑，通过法令对另一国采取强制措施，以恶化或断绝相互之间的经济和贸易关系为手段，逼迫该国就范，达到其政治或经济目的的手段。

3. 外汇管制

外汇管制是指一国政府对外汇买卖、外汇汇率、外汇汇出及国际结算等进行的管制和限制。外汇管制主要是由一个国家的外汇短缺或国际收支严重失衡引起的，目的在于平衡国际收支和维持本国货币汇价的稳定。

4. 税收控制

税收收入是国家财政和地方财政的重要收入来源，是政府凭借政治权力强制性地、无偿性地参与社会产品分配的一种措施。例如征收关税，实行关税壁垒；或东道国出于限制外资的目的，提高外资企业的税率，企业利润就会减少，企业在市场上的竞争力就会被削弱。

5. 出口管制

当前世界上许多国家设立出口管制系统，对敏感性产品，例如战略资源、商品和技术进行出口管制，防止进入敌对国家或竞争对手国家，以免对出口国构成威胁。通常出口国制定相关法律法规，企业要遵照执行，出口商只有获得出口许可证才能允许出口一些敏感性商品。

6. 进口限制

进口限制是指一个国家或地区出于某种理由限制某些外国商品进入本国市场的行为。进口限制可能是对进口商品质量、数量、品种、规格的限制，也可能是直接禁止某些商品进口。可通过进口关税、进口配额、进口许可证、检验检疫标准、结汇制度等方法来实现。

7. 劳工限制

劳工限制是国际企业必须面对的政治风险。政府立法对本国公民在外资企业工作加以特殊规定，例如禁止临时解雇员工、禁止单方面延长劳动时间等。

8. 政治动荡

政治动荡是指一个国家由于政权更迭、党派斗争等引起的国内工人罢工或学生罢课、市民上街游行示威抗议不断而引起国内政局的动荡不定。由于东道国政局动荡引发的一系列社会问题，从而导致外国企业的营销活动面临巨大的风险。

（三）国际市场营销对政治风险的防范策略

1. 回避

国际企业在准备进入国际市场阶段，可以多选几个备选国家，分别对它们进行整体风险评估，再进行比较。若国际政治风险较大，企业结合自身综合考虑后，若不值得冒险，就最好选择回避，以免带来不利影响。

2. 建立合资企业

国际企业可以通过争取与东道国企业合资、与第三国企业合资，或者联合若干家银行对投资项目提供资金等方式来规避政治风险。

3. 树立良好的企业形象

国际企业在东道国开展生产经营活动，需要与东道国的社会保持良好的公共关系，积极参与和赞助社会公益活动，以此增进彼此了解，提高企业知名度，树立良好的企业形象。

4. 当地化

国际企业当地化策略是指使企业部分当地化。例如培养和挑选当地人才担任企业管理层的重要职务；或将一部分企业股权出售给当地政府和当地居民；优先招聘、雇用当地工人等。

5. 参与东道国经济建设

国际企业积极关注和参与东道国的大型工程和关键项目建设，为东道国经济建设出力。例如为其生产配套设备、零部件；提供技术咨询服务；培训相关人员等。

思政点滴

中国经济在全球疫情下领跑复苏

2020年，中国经济在新冠肺炎疫情冲击下仍增长2.3%，为陷入深度衰退的世界经济带来难能可贵的亮色。中国经济率先复苏，源于中国对疫情的有效防控、精准施策的宏观调控以及维护和践行多边主义。

1. 防疫高效

中国经济领跑复苏，关键在于统筹疫情防控和经济社会发展工作，抓紧恢复生产生活秩序，成效显著。

2. 调控精准

中国经济领跑复苏，得益于宏观政策精准有效对冲疫情影响。疫情下，中国始终强调积极的财政政策和稳健的货币政策，把握好政策时度效，努力保持经济运行在合理区间。

3. 开放加速

中国经济领跑复苏，离不开对多边主义的坚守和促进。2020年中国外资外贸“双

2020年6月23日，满载防疫物资的中欧班列抵达法国巴黎东南郊的瓦朗通

丰收”，正是中国推动更高水平对外开放、实现更大互利共赢的力证。

中国经济的高效治理和多边主义特质，赋予其巨大活力和强大动力，必将继续为世界经济早日复苏发挥重要引领作用。

资料来源：http://news.yunnan.cn/system/2021/03/04/031318424.shtml，有删减。

二、国际市场营销法律环境

国际市场营销法律环境是指企业和外部发生关系时应遵守的各种法律、法规和规章制度，是企业营销活动的准则。企业只有依法进行各种营销活动，才能受到国家法律的有效保护。由于世界各国的法律限制对于国际市场营销的影响程度差异很大，因此企业在从事国际市场营销活动时，不仅要遵守本国的法律制度，同时要了解并遵守目标市场国的法律制度和相关国际法规、国际惯例及准则等。法律是充分体现政治统治的强有力形式，政府部门利用立法及各种法规体现自己的意志，对企业的营销活动行为加以控制。

（一）母国法律

母国法律主要从进口控制、出口控制和外汇管制三个方面对企业国际市场营销活动进行管理。

（二）东道国法律

东道国法律会对企业从事国际市场营销活动造成最直接的影响。这些影响主要体现在对企业制定产品、价格、分销、促销策略时的限制和规定。

1. 产品策略

世界各国在对产品的物理、化学和安全性能上都有法律规定，如产品标签、包装、产品保证和商标等。

2. 价格策略

世界上许多国家对产品价格加以控制，如价格法、反垄断法、反倾销法等。一般来说，各国政府对公共事业产品、日常生活用品、药品等都会实行价格控制。

3. 分销策略

世界各国法律对产品分销策略的影响相对较小，企业在从事国际市场营销时，选择分销渠道时相对自由度较大。但有些国家对某些分销渠道也有一定程度的限制，对当地中间商的经营范围、分销模式可能会做出一些规定，例如法国政府禁止推销员挨家挨户上门推销产品。

4. 促销策略

各国法律对产品促销策略，包括广告、人员推销、公共关系和营业推广都有规定，会对国际企业的促销手段和效果产生直接影响，其中关于广告的控制最多。多数国家都对广告制定了相应的法律规定：如德国不允许使用比较广告和“较好”“最好”等广告词；英国不允许在电视上做烟草或酒类广告；法国不允许对各类商品进行有奖销售，或向顾客赠送礼品等。

（三）国际法律

国际法是国家之间的法律，主要用于调整国与国之间的关系，具有法律约束力的原则、规则和规章的总称，规定国家间的权利和义务。国际企业所面临的国际法律环境，主要涉及国际条约和国际惯例。

1. 国际条约

国际条约是指两个或两个以上的国家和国家组织签订的协议、条例和规范等，目的在于确定、变更或终止它们相互之间的国际商务关系。国际条约仅对签约国具有法律效力。国际条约一旦签订生效，各签约国就拥有了相应的的权利，也需要承担相应的义务。各国之间的商贸活动能有条不紊地进行，主要就是受国际条约的影响，因为国际条约为从事国际营销活动的企业提供商务准则。

2. 国际惯例

国际惯例是指在国际商务实践活动中形成的、具有特定内容的、反复使用的习惯做法和先例。国际惯例不是法律，不具有法律效力，但是在参与国际营销活动的国家中，其法律都会允许当事人具有选用国际惯例的自由。

目前，国际上对营销活动影响较大的相关条约和协定较多，例如《联合国国际货物销售合同公约》《商品名称及编码协调制度的国际公约》《乌拉圭回合多边贸易谈判结果最后文件》《国际货币基金协定》《欧洲专利公约》《建立世界贸易组织协定》等。

（四）国际争端的解决途径

在国际商务中，一般发生法律纠纷的双方有三种情况：政府之间、企业与政府之间、两家企业之间。国际争端的解决方法是可以先由各当事人协商解决；若协商失败，可以选择调解或仲裁；如果这些方法都不能解决问题，最后只能选择通过司法诉讼来解决争端。很多企业不愿意走向诉讼这一环节，因为诉讼除了费用大、耗时长外，企业往往还担心影响声誉，担心外国法院的不公正待遇，甚至有些公司还担心泄密，因此很多企业在发生国际争端时，往往希望通过和平的方式（协调、调解和仲裁）来解决问题。

任务6　国际市场营销科技自然环境

现代科学技术不仅影响企业内部的生产和经营，而且与其他环境因素相互依赖、相互作用，影响企业的国际营销活动。同时企业在从事国际营销活动的过程中，还需避免由自然地理环境带来的威胁，充分认识和分析各国自然地理环境，最大限度地利用环境变化可能带来的市场机遇，根据不同的环境来设计、生产和销售产品。

一、科技环境

科技环境是指目标市场国科技发展水平和科学技术在社会、经济和文化各方面的应用及影响程度，相关产品的技术水平以及目标市场国消费者对产品技术的接受能力等。科技革命带来了技术创新，不仅改变了企业生产、经营和管理组织模式，同时改变了市场运行模式和机制。信息技术革命促使全球经济一体化的进程加快，推动知识经济飞速发展，从而改变了工业经济时代的营销模式和竞争策略。著名经济学家熊彼特说："科技是一种创造性的破坏、毁灭力量。"新技术既给企业提供了机遇，同时也提出了严峻的挑战，甚至带来了危机。科技环境对国际营销的影响主要体现在以下几个方面。

1．科技的发展直接影响企业的经济活动

现代企业劳动生产率水平的提高主要依靠企业设备的技术创新，新的生产工艺和新的生产流程的实现。技术的创新扩大和提高了劳动对象的利用广度和深度，使企业得以不断创造新的原材料和新能源，这些都不可避免地影响企业的管理程序和市场营销活动。

2．科技的发展影响企业的国际营销决策

随着科学技术的进步，电子商务、网络营销、数据库营销等新型的营销方式和理念层出不穷，尤其是信息技术的发展推动了市场需求的多样化，且逐渐呈现出多样性的特征。这就要求企业对市场变化做出快速反应，在产品策略、价格策略、分销策略和促销策略上及时做出调整。

同步案例

品牌新方向，科技与营销相结合

电商平台的发展，很多女性习惯于通过网购的方式购买口红，由于不能试色，如何选择适合的口红颜色成为女性用户的一个难题。为应对这个难题，迪奥联合美图秀秀为消费者提供了解决方案。

美图秀秀添加了一个迪奥试色界面，通过AR技术手段，直接将迪奥的色号转成滤镜。用户只要打开迪奥界面，就可以给自己的自拍照直接上色，遇到心仪的颜色，还可以从美图客户端进行直接购买，利及三方。

除此之外，迪奥界面还设置了"变美福利"图标，试色用户只要把试色照片上传到社交平台，就有机会获得迪奥赠送的唇膏。这一举措，让用户们自发地为迪奥进行

Dior与美图秀秀的合作宣传海报

美图秀秀App界面

了二次宣传，话题度和曝光度得到持续提升，业绩也随之增长。

相关数据表明，通过美图秀秀使用唇膏试色的人数达到了300万人次，可见这场营销的成功。迪奥的这场科技营销，既解决了用户的色号选择问题，也为迪奥提供了一个问题解决方案，同时提升了业绩，增加了品牌曝光度。

科技的进步被广泛应用于各个领域，吸睛而又艺术的表现形式，简单有趣。

资料来源：https://baijiahao.baidu.com/s?id=1627489915150350153&wfr=spider&for=pc，有删改。

3. 科技的发展为提高营销效率提供更新、更好的物质条件

科学技术的发展为国际企业提高营销效率提供了物质条件。例如产品的设计、开发和使用周期缩短；新的交通运输工具的发明或技术改进，可以大大提高运输效率；自动售货、网购、电话订购等既满足了消费者的要求，又提高了企业的营销效率。同时新媒体的大量出现，使企业的促销策略更有效；交易方式的全球化、直接化和便捷化，降低了国际交易的费用和交易风险等。

4. 科技的发展改变了企业的经营理念

面对信息技术革命所带来的机遇与挑战，企业应当创新企业经营理念以形成企业竞争优势。企业的管理理念应从传统的侧重机构组织等的硬管理，向教育、培训和提高员工的归属感等软管理方面转变。

（二）电子商务

电子商务是以信息技术、网络技术、通信技术为基础，高效率、低成本地从事以商品交换为中心的各种商务活动。电子商务具有效率高、个性化、费用低、全天候和全球性等特征。它扩大了企业的销售范围、改变了企业传统的营销方式和消费者的消费模式，从而大大地提高了国际营销的效率。电子商务要求国际企业转变其营销管理重心，由传统的4P转变为4C，以客户为中心。电子商务是一项复杂的系统工程，既需要有关部门的协同作业，还需要企业在利用当今有利的市场环境条件时，加快经营方式和管理方法的改革与创新。

知识拓展

跨境电子商务
（Cross-Border Electronic Commerce）

跨境电子商务是指分属不同关境的交易主体，通过电子商务平台达成交易、进行支付结算，并通过跨境物流送达商品、完成交易的一种国际商业活动。跨境电商分为出口跨境电子商务和进口跨境电子商务。

跨境电子商务作为推动经济一体化、贸易全球化的技术基础，具有非常重要的战略意义。跨境电子商务不仅冲破了国家间的障碍，使国际贸易走向无国界贸易，同时它也正在引起世界经济贸易的巨大变革。对企业来说，跨境电子商务构建的开放、多

维、立体的多边经贸合作模式，极大地拓宽了进入国际市场的路径，大大促进了多边资源的优化配置与企业间的互利共赢；对于消费者来说，跨境电子商务使他们非常容易地获取其他国家的信息并买到物美价廉的商品。

资料来源：根据https://baike.baidu.com/item/12747090？fr=aladdin改编。

二、自然环境

国际自然环境可分为广义和狭义两种，广义的国际自然环境主要包括自然条件和基础设施，狭义的国际自然环境主要是指国际自然地理环境，包括自然资源、气候条件、地理位置、地形地貌。

一个国家的自然地理环境会不同程度地影响企业的国际营销活动。通常自然环境会影响一国和地区的经济贸易发展，例如一般而言，沿海地区交通便利，信息来源和沟通广泛迅速，其经济贸易也比内陆地区相对发达。消费者的行为习惯也不同程度地受到当地自然环境的影响，例如中国北方人一般偏好口味较重的食物，而南方人则偏爱清淡口味的食物。

各国气候条件、地形地貌、自然资源状况等因素对产品的供求状况也会产生极大的影响。例如农产品，其生产与供求受自然环境因素影响较大。此外，企业进入国际市场时还必须考虑这个国家的地形、地势和气候地理因素，因为经度、纬度、海拔、温度、湿度等自然条件都会影响到企业产品的使用和性能要求。在本国适用的产品，到了另一个国家未必适用，因此往往需要企业针对产品的设计和制造等进行调整，否则将影响使用和销售。

国货之光·品牌出海营销实践

元气森林“冒泡”出海

作为新兴国货品牌，主打“0糖0脂0卡”等健康诉求的元气森林早已将目光转向了全球消费市场，并于2019年正式开启全球战略。在全球新冠肺炎疫情反复之下，元

元气森林亮相迪拜世博会中国馆

元气森林入驻澳洲主流连锁超市Woolworths

元气森林产品包装变化

气森林进入美国、英国、法国、澳大利亚、新加坡、越南等40个国家和地区的多种渠道，并在东南亚推出了本地化产品。

在2022年3月12日迪拜世博会中国馆指定的元气森林企业品牌日，元气森林对外披露了阿联酋地区最受欢迎的三种气泡水口味，分别是白桃、夏黑葡萄和卡曼橘。此前，元气森林曾在官方微博发起“牵手世博会 猜猜世界口味”的调查问卷活动，邀请国内消费者一起猜测元气森林在迪拜当地最受欢迎的口味。

2022年1月，元气森林成功入驻澳大利亚主流连锁超市Woolworths，上线产品包括气泡水铝罐装及乳茶产品，产品上线之后受到不少当地消费者的喜爱。

在欧美市场，元气森林产品于2021年5月18日上线亚马逊后，仅用半年时间便进入美国亚马逊气泡水畅销榜Top10，同时包揽赛道新品榜Top3，成为第一个登陆该榜的中国品牌。

为满足海外不同地区消费者的饮用习惯，元气森林特别推出了国际定制版的乳茶和燃茶，并打造全新的系列单品，让世界喝到中国味道。

在北美市场，元气森林在2021年12月闯入美国亚马逊气泡水畅销榜Top10，同时包揽赛道新品榜Top3，成为首个也是唯一进入该榜单的中国品牌。

在东南亚市场，其已经进入了泰国主流连锁超市泰国莲花超市（Lotus's）、越南主流连锁商超Vinmart，以及马来西亚和新加坡的7-11等主流渠道。这一系列动作意味着元气森林正在逐渐打开东南亚的主流消费渠道。

在品类上，统一换包装，所有的包装都换成了更符合美国市场的海外包装。元气森林气泡水由瓶装换成了更轻便的铝罐，为了降低运输的风险，保质期也由瓶装的270天延长为了铝罐的540天。燃茶瓶装上的“燃”字换成了大写的“R”，更符合外国市场。包括牛乳茶，电解质水等旗下品牌，也纷纷换了包装，积极出海。

在价格上，元气森林海外版定价由于运输、改版的成本增加，比国内定价还贵，线上线下价格基本统一，是同竞品的1.5到2倍。元气森林的价格虽然偏高，但即使如此，海外销售额依旧不错。历时6个月，国际事业部将元气森林海外版铝罐气泡水从第380名起，一度运营到美国电商平台亚马逊气泡水榜单前10，并且在一段时间内，排名稳定在20上下。

元气森林将持续在海外市场开拓，同时关注海外新兴渠道，以“剪刀差”的方式在国际化进程中捕捉到新的市场机会，即一方面从全球发现和引入领先和创新的优质资源，服务于中国市场；另一方面将在中国市场积累和验证的丰富经验，在全球合适的市场区域进行复制。

资料来源：根据https://new.qq.com/omn/20220506/20220506A04XKT00.html，https://www.dahecube.com/article.html?artid=121835，https://baijiahao.baidu.com/s?id=1724977055785013113&wfr=spider&for=pc编写。

项目要点

国际市场营销环境包括宏观环境和微观环境。宏观环境是指企业在从事国际市场营销活动中难以控制的因素，包括经济环境、人口环境、政治环境、法律环境、社会文化环境和科技自然环境等。微观环境包括供应商、竞争者、营销中介、顾客、社会公众，影响营销管理决策的企业内部各部门。这些因素与企业有着双向的运作关系，因此企业可以通过自身努力，如通过调整价格、产品、促销和渠道等营销策略来对其进行控制或施加影响。

国际经济环境包括经济发展的规模、发展速度、发展水平；经济制度、经济体制；消费者收入水平、消费水平、消费方式和消费结构，消费倾向和储蓄行为，消费者储蓄和信贷状况；一国的货币供应量、币值、外汇储备量、汇率，物价水平、通货膨胀，税率和关税，外贸和国际收支状况等。

国际人口环境包括人口数量、人口结构（年龄、性别、家庭、职业、文化程度、民族）、人口的地理分布等因素，这些因素都会影响人们对产品和服务的需求。

国际社会文化环境构成要素主要包括语言文字、社会结构、宗教信仰、价值观、风俗习惯和教育等。

国际市场营销政治环境包括母国即本国、目标市场国即东道国及世界政治形势，重大或突发性政治事件，政治稳定性和政治风险，政治制度及体制，政党和政府，国家间关系，民族主义、参加国际组织情况等内容。

国际市场营销法律环境是指企业和外部发生关系时应遵守的各种法律、法规和规章制度，是企业营销活动的准则。

国际科技环境是指目标市场国科技发展水平和科学技术在社会、经济和文化各方面的应用及影响程度，相关产品的技术水平以及目标市场国消费者对产品技术的接受能力等。

国际自然环境可分为广义和狭义两种，广义的国际自然环境主要包括自然条件和基础设施，狭义的国际自然环境主要是指国际自然地理环境，包括自然资源、气候条件、地理位置、地形地貌。

项目实训与测评

◎ 项目实训

一、实训目的

1. 培养并加强学生树立国际市场营销意识。
2. 提高学生分析国际市场营销环境的实践操作能力。

二、实训内容

学生分组对平时关注的跨国企业，自主收集和选择该企业在海外市场的相关营销活动案例，作为本小组进行实训的案例。对该企业在东道国的政治、经济、文化、科技环境等进行分析，并撰写《某公司某国营销环境报告及建议》。

最后成果为书面报告和成果展示（PPT演示），对报告进行讲解。

三、实训步骤

1. 各小组选定某个跨国企业。
2. 列出该企业在海外的主要东道国市场。
3. 选定该企业的海外某一东道国市场。
4. 分析该企业在该东道国的市场营销环境。
5. 形成书面报告和建议书，用PPT进行成果展示。

◎ 项目测评

一、单项选择题

1. 东道国的“支持国货，反对进口，反对外国投资”等观念和行为是（　　）的表现。
   A. 民主主义　　B. 文化分裂　　C. 政局不稳定　　D. 经济主义
2. 下列选项中属于环境可控因素的是（　　）。
   A. 营销组合　　B. 政治　　C. 经济　　D. 文化
3. 国际市场营销与国内市场营销的不同点是（　　）。
   A. 程序　　B. 组织　　C. 环境　　D. 都不是
4. 下列哪个不属于社会文化环境（　　）。
   A. 宗教　　B. 人口结构　　C. 价值观　　D. 审美观
5. 下列哪个不属于国际市场营销的宏观环境（　　）。
   A. 人口　　B. 供应商　　C. 法律　　D. 经济
6. 下列哪种产品的市场与人口的关系不大（　　）。
   A. 大米　　B. 洗发水　　C. 衣服　　D. 军火

7. 国际市场营销的经济环境因素不包括（　　）。

A. 宗教信仰　B. 人口规模　C. 金融财政　D. 基础设施

8. 在下列各种国际营销活动过程中可能遇到的不属于政治风险的是（　　）。

A. 汇率变动　B. 进口限制　C. 外汇管制　D. 政府没收

9. 在国际营销活动中，遇见的最严重的政治风险是（　　）。

A. 外汇管制　B. 劳工政策　C. 没收　D. 进口限制

10. 下列不属于国际市场营销的政治风险的是（　　）。

A. 国家之间关系交恶

B. 国家颁布了新的《外国人财产征收法》

C. 恐怖主义泛滥

D. 地区局势恶化

11. 科学技术的发展使新原理、新工艺、新材料等不断涌现，新品种、新款式、新功能的产品不断推出，在国际市场营销的产品策略中要考虑到（　　）。

A. 产品更新换代速度放慢　B. 产品更新换代更难

C. 产品的生命周期缩短　D. 产品的生命周期延长

二、多项选择题

1. 国际营销者必须了解营销所在国的（　　）。

A. 地理知识　B. 历史发展　C. 风土人情　D. 政治法律

2. 下列哪些是文化的组成要素？（　　）

A. 物质　B. 语言　C. 教育　D. 价值观

3. 社会组织包括（　　）。

A. 亲属关系　B. 相关全体　C. 社会阶层　D. 自然人

4. 影响消费者储蓄的因素包括（　　）。

A. 收入水平　B. 通货膨胀和物价上涨

C. 消费偏好和储蓄动机差异　D. 市场商品供给状况

5. 收入低国家的特点有（　　）。

A. 工业化率不足　B. 高文盲率

C. 政治不稳定　D. 有高比例的农业人口和自给自足的农业

6. 一般而言，市场规模由（　　）所决定。

A. 消费结构　B. 人口　C. 需求　D. 购买力　E. 收入

7. 出口控制的方式有（　　）。

A. 出口国控制　B. 出口产品控制　C. 出口价值控制　D. 出口价格控制

三、简答题

1. 简述国际市场环境与企业营销的关系。
2. 简述国际市场营销宏观环境。
3. 国际营销活动中应如何避免政治风险？

4．举例分析宏观环境对企业的影响及企业应如何应对。

四、论述题

我国企业在进入国际市场时应如何避免文化差异导致的冲突？

五、案例分析题

阿里巴巴是全球B2B 电子商务的著名品牌，是目前全球最大的商务交流社区和网上交易市场。阿里巴巴如今已成为全球首家拥有210万商人的电子商务网站，成为全球商人网络推广的首选网站，被商人们评为“最受欢迎的B2B网站”，杰出的成绩使阿里巴巴受到各界人士的关注。

“倾听客户的声音，满足客户的需求”也许是阿里巴巴生存与发展的根基，根据相关的调查显示：阿里巴巴的网上会员近五成是通过口碑相传得知阿里巴巴并使用阿里巴巴；各行业会员通过阿里巴巴商务平台双方达成合作者占总会员比率近五成。

在产品与服务方面，阿里巴巴公司为中国优秀的出口型生产企业提供在全球市场的“中国供应商”专业推广服务。中国供应商依托世界级的网上贸易社区，顺应国际采购商网上商务运作的趋势，推荐中国优秀的出口商品供应商，获取更多更有价值的国际订单。

阿里巴巴积极倡导诚信电子商务，与邓白氏、ACP、华夏、新华信等国际国内著名的企业资信调查机构合作推出电子商务信用服务，帮助企业建立网上诚信档案，通过认证、评价、记录、检索、反馈等信用体系，提高网上交易的效率和成功的机会。

资料来源：根据http://www.doc88.com/p-3137117846106.html改编。

问题

根据以上案例，阿里巴巴公司采用了什么样的商业模式？

项目三　国际市场营销调研

项目目标

◎ 知识目标

1. 了解国际市场营销调研的含义、作用
2. 掌握国际市场营销调研的内容与程序、方法与步骤

◎ 能力目标

1. 能够运用所学，对国际市场营销调研有关工作进行组织策划
2. 能够针对国际市场营销的有关问题进行调研并撰写调研报告

◎ 素养目标

1. 诚信、务实的职业精神及协作、互信的团队精神
2. 国际化视野和中国文化自信

项目思维导图

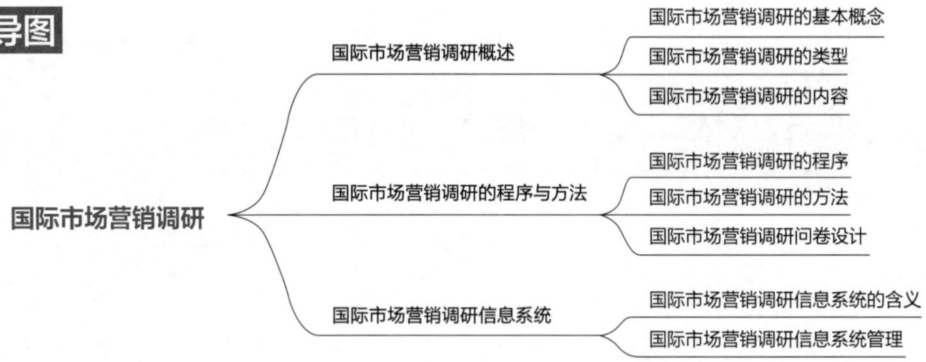

导入案例

传音手机如何俘获非洲用户

◎ 案例背景

2022年3月著名国际数据调研机构IDC公布数据，2021年传音已经在非洲占据了47.9%的智能手机市场。

“非洲之王”传音手机

传音手机是如何俘获非洲消费者的呢?

1. 深度调研海外市场，找准品牌切入点

2006年7月，担任波导海外市场负责人的竺兆江离开波导创立传音，他为开拓波导的海外市场曾经深度调研、考察超过90个国家的市场，对海外市场的需求有着独特的见解。在洞察了非洲几十个国家的基本市场数据之后，传音将第三世界非洲定为目标市场，并把准心对准了尼日利亚。

选择尼日利亚在宏观数据上有两个原因：第一，尼日利亚是非洲人口最多的国家，高达1.9亿人；第二，尼日利亚是非洲最大的产油国，有着不错的经济基础和消费意愿。

传音派出了一位同济大学毕业的孟加拉籍的创始员工阿里夫·乔杜里去考察非洲市场，阿里夫到尼日利亚走访了该国的二三线城市，仔细推敲他们对手机的细微需求，寻找差异化突破点。经过大量的日常访谈，他发现了尼日利亚当时有5家主要的电信运营商，花费高昂，同时跨运营商通话资费更高，而尼日利亚的SIM卡办理则较为低廉。因此为了节省花费，很多尼日利亚市民会随身携带3、4张SIM卡，就是为了随时切换，市场研究公司Informa曾有数据显示，尼日利亚的移动手机用户平均每人拥有2.39张SIM卡。

当时诺基亚、三星等主流厂商只支持单卡，于是一个重要的差异化策略就出炉了——双卡双待。仅凭借这个重要的“微创新”加上中国独有的绝对价格优势，刚创业一年多的传音就迅速打开了尼日利亚市场。2008年，在尼日利亚站稳脚跟的传音开始全面进军非洲市场。如今，传音在非洲卖的手机部分已是四卡四待。

2. 准确把握非洲市场的特殊性

非洲市场从宏观上来看：

①非洲经济总量有限——2019年，非洲GDP为2.3万亿美元，基本上相当于江苏省+上海市的GDP总和。

②非洲人口巨大——在人口方面，非洲53个国家总人口高达12.3亿，只比中国的14亿略少。

③非洲发展水平较低——收入方面，非洲的人均GDP约为1800美元，比印度的2000美元略低。

④非洲发展极不均衡——尼日利亚和南非两国贡献了非洲差不多一半的GDP；埃塞俄比亚以8％的增长率稳妥占据东非领头地位。

⑤非洲区域贸易发达——2017年10月，由非洲54个国家组成的自由贸易区（CFTA）建成，按国家数量计算，非洲大陆将成为世界上最大的自由贸易区。

⑥非洲语言复杂——非洲语言众多，据统计共有超过800种语言，主要语言为英语、法语、阿拉伯语、葡萄牙语等。

⑦非洲人很年轻——非洲约70%的人口低于30岁，是全球最年轻的一个大洲。

3. 深刻洞察本地需求

传音手机通过大数据调研对用户行为进行分析，为本土化创新提供保证。

①当传音刚进入非洲时，非洲的手机渗透率约为20%，因此传音进入非洲时毫无意外地选择了功能机。

②非洲电力发展极不均衡，电力基础设施薄弱，加上人口分布过于分散，因此有不少地方是没有通电的，而通电的地方停电也是家常便饭。因此很多地方有手机信号，但没有电，手机经常需要到很远的镇上进行充电。传音当时就将长续航作为一个主要卖点，更是推出了6000毫安待机时长超过20天的手机，很好地满足了当地的需求。

③非洲人的肤色基本为黑色，同时非洲人同样极度热爱拍照，而普通的磨皮、美白算法到非洲市场经常会“翻车”。于是传音花极大精力收集了大量非洲人像样本，根据非洲消费者的审美专门定制了一套美肤算法，能将黑色皮肤拍出足够的立体感。

④非洲气候极其炎热，出汗极为常见，同时非洲人汗液酸性非常大，传音基于非洲消费者汗液酸碱度数据库，开发了防酸手机涂层，最高可以对抗pH为3.5的酸性，同时提高了在出汗情况下手机指纹识别的精准度。

⑤非洲整体收入水平较为落后，因此民众对于价格极其敏感，传音也深谙市场特点，推出的机型在价格上极有诱惑力，据传音官方的数据，他们售卖的功能机的平均售价只有62.4元，智能机的平均售价为441.7元。

⑥非洲人喜欢唱歌跳舞，传音还开发出大喇叭音量的手机，当地人称“音乐不停我不停”。

就这样传音扎根非洲，深耕多年，在非洲推出了TECNO、itel、Infinix三大品牌，针对非洲不同消费群体，全力冲击非洲手机市场，售后方面也做得很到位，还有专门的售后服务品牌Carlcare。

◎ 案例启示

传音在非洲的成功，一方面是发挥2G时代强大手机产业链的价格优势；另一方面是发挥中国技术优势资源，而更重要的是围绕当地需求，进行针对性的创新，其成功的底层逻辑是通过充分的市场调研和数据分析对非洲市场环境、消费行为特点以及消费者需求的精准把握。

资料来源：根据https://baijiahao.baidu.com/s?id=1705070158596663124&wfr=spider&for=pc改编。

项目知识

国际市场营销调研是企业进行国际市场营销活动涉及本企业全员、全过程、全方位的工作。企业进行国际营销面向不同的国家和地区，不同消费者的需求，因此，企业必须通过国际营销调研，利用科学的方式方法从海量的信息中筛选出能够据此制定营销策略的有用信息。

任务 1　国际市场营销调研概述

一、国际市场营销调研的基本概念

（一）国际市场营销调研的含义

与国内市场营销调研相比，国际市场营销调研虽然面临更复杂的环境、更广阔的市场，但基本概念和原理是相同的。

国际市场营销调研（International Marketing Research）是指从事国际营销的企业利用科学的方式方法面向国际市场收集信息并将国际营销决策所需的信息进行收集、分析、整理以及总结报告的全过程。

（二）国际市场营销调研的意义

国际市场营销调研是企业进行国际市场营销决策的必要前提，是国际市场营销活动的管理及决策者认识和研究国际市场、寻找国际市场营销机会、制定国际市场营销策略的首要依据，对国际市场营销效益有十分重大的意义。具体来说，在于以下几个方面。

1. 有利于企业发掘国际市场营销机会，开拓新的国际市场

国际市场营销机会是国际市场上存在着的未被满足的需求。与国内市场相比，开拓新的国际市场成功率相对较高且有更大的发展潜力。企业通过对纷繁复杂的国际市场进行调研后，与国内市场进行分析比较，及时发现未被满足的需求，占领市场取得成功。对许多企业来说，只有通过调研，才能解决国内市场上遇到的问题，在国际市场中找到更适合自己的营销机会。

2. 有利于企业利用国际资源进行国际市场营销，获得更多利益

在国际市场营销中，企业获得的利益取决于市场需求的大小。企业要想在国际市场上获得更多利益，就必须充分利用国际资源满足市场需求。国际市场上可利用的资源情况以及如何利用国际资源满足市场需求，只能通过调研解决这些问题。

3. 有利于企业满足国际市场需求，制定、调整国际市场营销策略

现代企业营销以需求为中心，而国际市场需求状况不断发生变化，企业通过对国际市场进行调研，可以有针对性地收集国际市场信息，制定相应的国际市场营销策略。当需求发生变化时，企业又可以及时地调整国际市场营销策略。

总之，调研在企业国际市场营销活动过程中起着至关重要的作用。

二、国际市场营销调研的类型

作为企业进行国际市场营销的战略性问题之一，我们可以从多个角度认识国际市场营销调研，换言之，其分类方法很多。根据不同的划分标准主要分为以下几种类型：

从调研问题的性质和调研的功能看，国际市场营销调研有探索性调研、描述性调研、因果性调研和预测性调研。四种类型的调研工作是依次深入具体的。

从调研对象范围大小看，国际市场营销调研有全面调研和非全面调研。前者即普查，后者常见的调研类型有抽样调研、典型调研和重点调研，其中，抽样调研在实践中最为常见，它既可以作为一种独立的调研方法应用，也可以作为大规模系统调研的辅助工作。

从调研任务承担者看，国际市场营销调研有企业自行调研和委托专业调研机构调研。随着调研行业的发展和社会分工的专业化，委托专业调研机构的比重会越来越高。

从调研信息来源看，国际市场营销调研有实地调研和文案调研，信息来源把信息分为二手信息和一手信息。实地调研是调查人员深入活动现场通过观察、询问和实验直接获得信息，这些信息被称为一手信息或原始信息。文案调研是调查人员从文案中间接获得信息的调研方法

从其他角度看，国际市场营销调研的类型数不胜数，如定期调研与不定期调研、一次性调研与经常性调研、入户调研与街头拦截调研、一对一的深度访谈调研与小组座谈调研等。

知识拓展

网上调研

所谓网上调研，是指基于互联网而系统地进行营销信息的收集、整理、分析和研究的过程。通过网上直接调查，营销者可以获取有关市场需求、竞争对手、战略合作伙伴等方面的一手资料。网上直接调研方法包括：在线问卷调查、网站用户注册和填写免费服务申请表等。网上调研还是获得二手资料的有效工具，即利用各种网站的搜索引擎寻找市场供求信息、客户信息、政策信息等。

与传统调研方式相比，网上调研具有以下好处：开放性强，任何网民都可以参加投票和查看结果，保证了网络信息的及时性和共享性；可节省传统的市场调研中所耗费的大量人力和物力，大大降低了调研费用；调研可全天候进行，不受时间和空间限制；运作速度快，只需搭建平台，数据库可自动生成，几天就可能得出有意义的结论，大大缩短了调研周期；填写调查问卷的自愿性、独立性，增强了调研结果的可靠性；被访问者可以及时就问卷相关的问题提出自己的看法和建议，增强了交互性；可以有效地对采集信息的质量实施系统的检验和控制。

为提高在线调研结果的质量，调研人员需要从以下几个方面做出努力：认真设计在线调查表；吸引尽可能多的人参与调查；尽量减少无效问卷；公布保护个人信息声明；避免滥用市场调查功能；增强样本分布均衡性；合理设置奖项；多种网上调研手段相结合等。

资料来源：https://nuoha.com/book/147655/00005.html，有删减。

三、国际市场营销调研的内容

国际市场营销调研的内容非常广泛。从影响企业营销活动的因素看，既有不可控因素即营销环境因素，又有可控因素如营销组合因素，这些因素是否以及如何影响企业的营销活动都是调研的内容。国际市场营销调研比国内市场营销调研更加困难和复杂，但调研涉及的内容是一致的。

（一）国际市场营销环境调研

对于国际市场营销环境的调研，企业一般从宏观环境和微观环境入手。

宏观环境调研包括广泛影响企业营销活动的政治、经济、科技、文化等因素的调研；微观环境调研包括深入影响企业活动的供应商、竞争者、市场需求等因素的调研。国际市场营销调研与国内营销调研不同之处是，不仅要收集本国的信息和目标市场所在国的信息，还要收集国际通用的相关信息。

例如，产品质量标准。企业在调研过程中，既要了解我国和目标市场所在国的国家、行业组织等制定的标准，还要了解ISO等通用的国际标准。

（二）国际市场营销组合调研

企业除了对纷繁复杂的国际市场环境调研外，要减少风险，尽可能高地获得投资回报，必须对影响营销活动的核心因素——国际市场营销组合包括产品、价格、渠道、促销等进行调研。

同步案例

2020年中国洗碗机行业市场现状和竞争格局分析

1. 洗碗机零售市场快速发展

近年来随着消费需求的升级，洗碗机这种高端厨电产品开始越来越多地走入中国普通家庭，洗碗机也呈现出市场规模高速增长、产品技术持续迭代、竞争格局急剧变化的特征。AVC监测数据显示，2020年洗碗机零售量达191.9万台，同比增长31%，零售额达87亿元，同比增长25%。

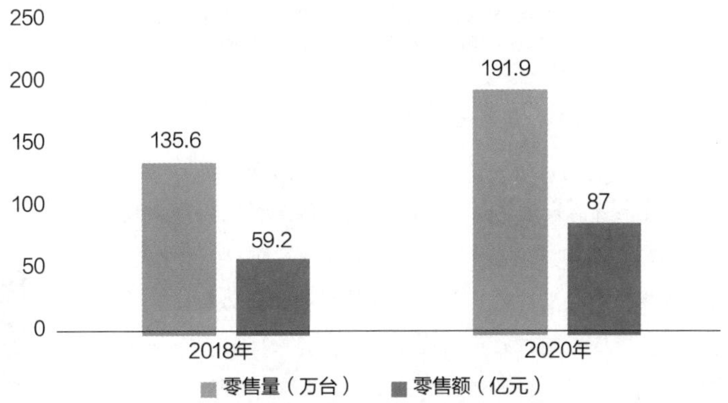

2018—2020年中国洗碗机销售情况

资料来源：AVC前瞻产业研究院整理

《2020年度家电热销品牌产品排行榜》显示，中国洗碗机品牌线上零售额市场中西门子占比最高，高达32%，美的线上零售额市场占比为27%，其他品牌，如海尔、方太和松下等，零售占比均在6%~7%。

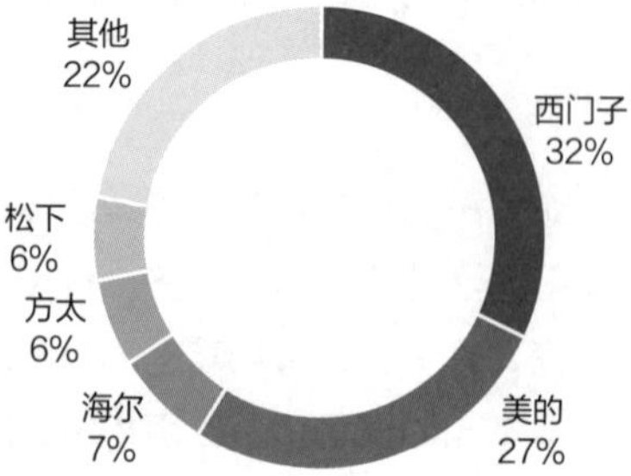

2020年我国洗碗机品牌线上零售额市场占有情况

资料来源:《2020年度家电热销品牌产品排行榜》前瞻产业研究院整理

中国洗碗机价格多在3000元以上，产品单价较高。根据AVC监测数据显示，2020年以来，中国线上洗碗机均价以3000~3999元和4000~4999元为主，均占比20.4%，1999元以下产品较少，占比10.5%。

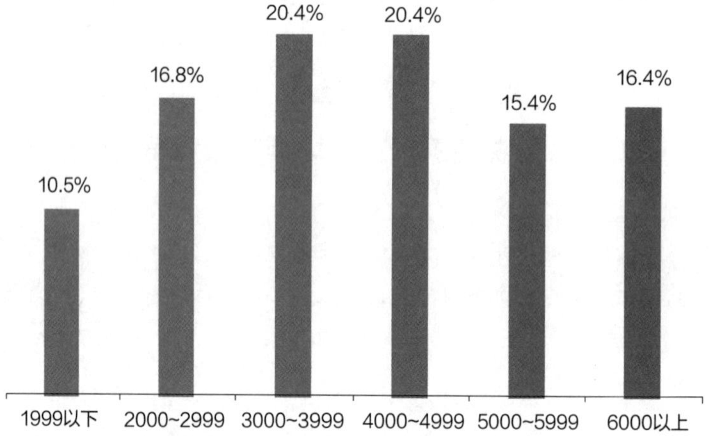

2020年我国洗碗机线上均价分布情况（单位：元）

资料来源：AVC前瞻产业研究院整理

2. 洗碗机市场线上零售量提升较快

2020年，中国洗碗机线上零售量为114台，同比增速高达50%；线下零售量为78万台，同比上升10%。中国洗碗机线上零售量增速较高，线上渠道逐渐变成主要的销售方式。

3. 2027年洗碗机销售量有望超过280万台

中国洗碗机市场目前仍处于导入期，产品技术和服务仍有待提高，行业标准仍有待确定。中国洗碗机市场高度多元化，其中任何一个细分市场都是巨大的市场。随着企业推广的强化和消费者认知的不断提高，预计洗碗机需求将按照6%的增速增长，2027年我国洗碗机销量将达到288万台。

洗碗机市场调查

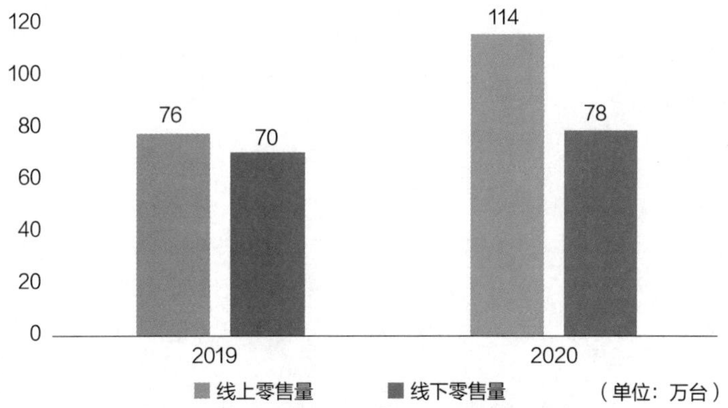

2019—2020年我国洗碗机销售渠道变化情况
资料来源：AVC前瞻产业研究院整理

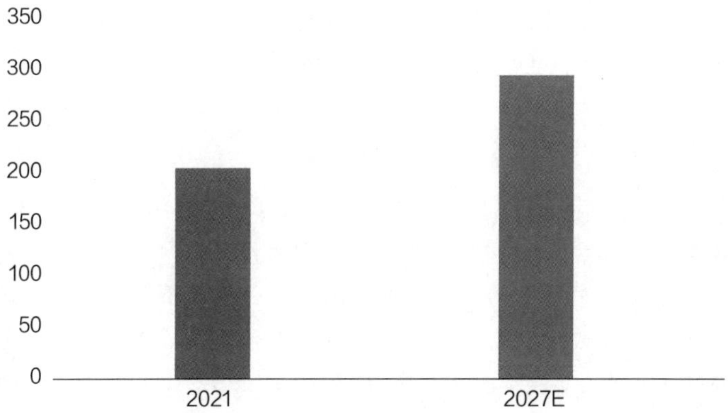

2021—2027年中国洗碗机销售前景预测　　（单位：万台）
资料来源：前瞻产业研究院整理

同步思考

综合以上调查数据，你认为中国的洗碗机市场前景如何？

（三）国际市场消费者调研

针对消费者的调研主要包括：消费者在人口统计方面的特征，例如人口规模、人口分布及密度、年龄结构、性别结构、职业结构和受教育程度等；此外，消费者的购买能力、购买水平，例如可支配收入、消费结构等；消费者的购买行为，包括其购买动机、购买类型、购买过程、购买时机及方式等；消费者的购买偏好，例如喜爱的品牌、包装、零售商、价格档次、促销策略等。

思政点滴

大数据“杀熟”你怎么看

“大数据杀熟”是指互联网平台依靠数据优势和信息不对称对用户实施价格歧视的现象，这也并非新鲜事。2020年12月，微博网友“漂移神父”发文称，在花费15元开通外卖平台会员并获得5个5元的无门槛红包后，常点的驴肉火烧店配送费从2元涨至6元。几天后，“漂移神父”分别使用一个会员账号与一个非会员账号进行测试，在时间、送餐地点、选取菜品内容均一致的情况下，会员账号的配送费均比非会员账号高出约一倍。

“用户所在区域、性别、使用的设备型号，浏览商品的类别、价格、停留时间等各种消费行为，都被一套特定的算法所标记。当消费者浏览某一类商品花费较长时间，会产生一定的价格敏感性，那么平台在推荐‘猜你喜欢’时就倾向于推荐相似度、性价比都较高的产品。”某电商平台负责人坦言，平台基于用户购物习惯差异调整系统，量身定制出“千人千面”的浏览界面，也是“大数据杀熟”的一部分。

2021年8月20日，第十三届全国人大常委会第三十次会议表决通过《中华人民共和国个人信息保护法》，自2021年11月1日起施行。针对过度收集信息、大数据杀熟，《中华人民共和国个人信息保护法》明确，处理个人信息应当具有明确、合理的目的，并应当与处理目的直接相关，采取对个人权益影响最小的方式；个人信息处理者利用个人信息进行自动化决策，不得对个人在交易价格等交易条件上实行不合理的差别待遇。

《个人信息保护法》亮点“十”足

资料来源：https://baijiahao.baidu.com/s?id=1710221316910531469&wfr=spider&for=pc，有删改。

任务2 国际市场营销调研的程序与方法

一、国际市场营销调研的程序

在企业的国际市场营销调研实践中，虽然每项任务不同，但其流程是相同的，都包括准备阶段、信息收集阶段和总结报告阶段，具体步骤和工作内容如下。

（一）准备阶段

1. 根据决策需要的信息确定调查问题

确定市场调查的问题是市场调查的前提，是市场调查成功与否的关键，具有重要意义。当然，确定的调查问题不同，制定的调查方案所涉及的内容、使用的方法、选择的对象等就不相同，因此，确定调查问题应注意：

第一，调查问题需要哪些信息？与决策问题有什么关系？

第二，所需要的信息是否存在？是否需要进一步收集？

第三，收集到相关信息后能否解决问题？

要回答这些问题，调查人员在了解企业营销活动和环境情况的同时，还可以与决策者、各方面专家沟通交流，进一步确认调查问题。

2. 制定市场调查方案

市场调查方案是市场调查工作的行动纲领，有效的市场调查方案可以保证市场调查工作的顺利进行。市场调查方案设计主要包括以下内容：

第一，市场调查的目的：明确市场调查目的是市场调查工作首先要解决的问题，明确为什么要进行市场调查，否则，无法设计调查方案。

第二，市场调查的内容：确定市场调查的内容是制定市场调查方案的主要工作，即要确定调查什么，例如，要调查市场环境的变化情况，就要了解企业面临的市场环境是什么、是否发生了变化、变化的方向、变化的程度等。此外，市场调查的内容往往包含许多方面，如何兼顾各个方面并突出重点不是很容易的。

第三，调查对象和范围：即向谁做调查，根据调查问题确定调查对象，然后做出全体还是部分的具体调查和安排，现实中大多数做抽样调查，抽样技术关系到整个市场调查的质量。

第四，市场调查的人财物资源配置以及进程控制。

注意：市场调查方案要经过市场调查委托者批准后才能实施，审批如果不符合要求要进行调整。

（二）信息收集阶段

这一阶段是市场调查的关键阶段，其主要任务是按照市场调查方案要求收集信息，即调查人员采用各种方法收集调查所需要的二手资料和一手资料。

收集二手资料的方法主要是文案调查，即通过查阅书报、文件等途径收集现成资料；收集一手资料的方法主要是通过观察、询问和实验收集信息的方法。这些方法将在后面重点介绍。

总之，调查人员必须积极主动，力求以最少的人力、财力、物力投入完成信息收集任务。具体工作包括：

第一，信息收集的准备：人、财、物的准备，如项目负责人、访问员等工作人员的安排；设备工具的落实；问卷等文件的印制；抽样座谈等调查对象的确定。

第二，预备性研究：问卷试调查、预演、方案修改调整等。

第三，信息收集：充分利用搜索查阅、观察访问等调查方法进行记录、初步核实。

在这一阶段，调查人员面临的实际问题最多、工作量最大，因此，调查团队要齐心协力做好这一阶段的工作并为下一阶段的工作做好准备。作为市场调查的组织领导者要特别注意做好外部协调和内部指导工作。

（三）总结报告阶段

这一阶段是市场调查工作最受各方面关注的阶段，它不仅是市场调查人员工作成果的体现，而且是决策者能否做出正确决策的重要依据。这一阶段的工作过程是通过对收集到的大量信息进行审核、检验等，提高信息的质量，然后进一步整理加工并加以解释，从中得出科学的调查结论并给决策者提出建议。具体工作包括以下内容：

第一，信息资料整理：对收集到的各种资料进行编码、审核、录入、运算等，为分析报告做好准备。

第二，信息资料分析：把整理好的资料进行频数、集中与离散情况等分析，为提出调查结论和决策建议做好准备。

第三，市场调查报告撰写和提交：市场调查人员把调查分析过程和结论建议等情况以书面形式报告提交给有关部门。市场调查报告是市场调查的成果，是总结报告阶段的主要工作。

第四，其他工作，如：跟踪调查、补充完善、结算归档等。值得注意的是，这一阶段的工作不仅要为企业决策提供依据，更重要的是通过总结，评估调查成果，积累成功的经验，吸取失败的教训，从而寻找改进工作的途径和方法。

总之，国际营销调研是由准备阶段、信息收集阶段和总结报告阶段三个阶段构成的相辅相成、循序渐进的完整过程。

二、国际市场营销调研的方法

企业收集国际市场信息的方法主要有文案调研和实地调研。

（一）文案调研

文案资料种类繁多，来源复杂，调查人员需要深入了解，精心筛选，去粗取精，去伪存真，提高效率和效益。文案调查要取得理想的效果，一般按以下步骤进行：

第一，明确调查的主要目标和基本要求。与其他调查方法一样，文案调查要以调查目标为中心和出发点开展调查工作，满足市场调查委托者或决策者的要求。

第二，拟订市场调查计划。市场调查计划中除了人财物资源配置情况外，还要包括时间进度情况。

第三，以“真、准、新、全”为原则，尽快获取资料。获取资料可以从一般相关资料开始逐步深入到专门可用资料，也可以从广泛充分的大量资料开始到具体必需的适量资料。

第四，资料的筛选与处理。文案资料作为二手资料因来源多数量大而难免存在各种问题，通过筛选既可以去伪存真、去粗取精，又可以使调查资料不偏离调查目标。通过处理，可以使资料为决策者或调查委托者所用。

第五，提交调查报告，总结完善调查工作。调查报告是市场调查的主要成果，调查人员完成调查工作后首先要向决策者或调查委托者提交调查报告。市场调查报告可以是书面的也可以是口头的形式。对决策者或委托者来说，调查报告最主要的价值在于调查结论和建议。

除了提交调查报告，调查人员还要总结完善调查工作，如跟踪了解报告的使用情况，报告的解释说明等。

（二）实地调研

实地调研常用的方法有观察调查法、实验调查法和询问调查法。

1. 观察调查法

观察调查法是指调查者根据调查目的，利用感觉器官和其他科学手段，系统地对被调查者进行调查，以取得所需资料的调查方法，其主要特点是观察过程是经过策划设计的，不同于日常生活的观察，它是有目的地收集、分析、整理资料，为解决问题提供依据的过程；观察过程是系统全面的，防止收集的资料缺乏充分性，以偏概全；观察的方法是科学严谨的，尽可能避免或减少误差；观察结果是当时正在发生的、处于自然状态下的形象，是客观真实的没有人为的假象；观察调查人员是训练有素的，在充分利用本人感觉器官的同时还能充分选择并利用科学的观察方法和手段。

总之，观察调查法是收集一手资料的传统有效的科学方法之一，它获得的资料生动而具体，不需要被调查者互动配合，简便易行，适用性强；当然，企业在使用这种方法时要注意它的局限性，如只能观察到被调查者的外部特征难以深入到内部动机，受制于时间、空间等因素，有时因各种干扰而不处于自然状态等。

值得注意的是，随着观察技术的发展和应用，观察调查的工作质量不断提高，用于观察调查的工具手段从传统到现代，从简单到复杂，越来越多，如顾客登记卡片、收银系统、录像监控系统等。这些变化既给企业带来了机会，也给企业带来了挑战。

观察调查法的程序：

第一步，明确调查目的以及调查对象，做好调查准备工作。观察调查的准备工作包括制订调查计划，设计记录表格、卡片等工具，调试录音录像等设备。

第二步，进行正式调查，收集资料。接近或接触调查对象要凭有效证件或证明并征得有关单位和个人同意，开始调查后要尽快尽可能收集所需资料，调查结尾工作也要做好，换言之，自始至终都要注意沟通合作。

第三步，分析整理调查资料，总结报告调查结果。

观察调查法主要应用于顾客行为、顾客流量、企业服务质量等的观察。顾客的行为是其需求的反映，了解顾客的行为有利于企业制定有针对性的营销策略。如顾客的购买过程，顾客在执行购买决策前如何确认需求，如何获得有关信息，关注哪些指标，购买者是否是实际使用者，购买后的反映如何等。

2. 实验调查法

实验调查法是市场调查者有意识、有目的地改变一个或几个影响因素，观察市场现象在这些因素影响下的变动情况，从而认识其本质特征和发展规律的调查方法。

实验调查法是将实践和认识统一的调查过程，是企业经营活动过程中经常使用的调查方法，如新产品销售、包装改变、价格调整、广告投放等。实验调查法是一种探索问题、解决问题的过程，要达到调查目的必须具备三个要素：首先要有市场实验者和实验对象；其次要有一定的市场环境和改变环境因素的实践活动；最后要有实验活动的检测。

实验调查法的类型和特点：

程序规范的实验调查常常按实验设计方法分类，实验调查法可分为单一实验组前后对比实验和实验组与对照组前后对比实验。

3. 询问调查法

询问调查法的类型很多，主要有：

按询问的规范程度分，可分为结构性询问和非结构性询问：结构性询问经过精心设计，按部就班实施询问调查方案，而非结构询问可以根据调查需要灵活调整，如自由访谈。

按与询问对象的接触方式分，可分为直接询问（面谈）和间接询问（通过问卷、电话、网络等媒介询问）：直接询问就是调查人员直接对调查对象进行询问，与调查对象交流，从而获得信息，而间接询问则是调查人员运用问卷、电话等调查工具进行询问并记录和保存，然后根据记录和保存的结果获得所需信息。

其他方法，如，按访问对象多少划分的个人访谈与小组座谈、按访问地点划分的街头拦截与入户访谈都是企业常用的询问方法。

值得注意的是，随着询问技术技巧的发展和应用，询问调查的工作质量不断提高：用于询问调查的工具手段从传统到现代，从简单到复杂，越来越多，如电话、电脑等的应用；访问员的素质和能力的提高。这些变化既给企业带来了机会，也给企业带来了挑战，企业要不断更新设备、提高访问员的素质和能力。

知识拓展

访问员及其访谈技术技巧

在询问调查过程中，特别是面谈，无论是个人访谈还是小组座谈，无论是街头拦截还是入户访谈，访问员（主持人）的访谈技术技巧至关重要，只有访问员与调查对象进行有效沟通，才能真正获得有用的信息，达到调查目的。因此，访问员应注意以下几个方面：

（1）接触调查对象的技巧：可以正面直接接触也可以侧面恰当接触，正面直接接触即开门见山，直接说明来意取得对方配合，这种方法效率高，在调查对象认同调查活动时可以采用这种方法；侧面恰当接触即与调查对象从其感兴趣的话题谈起，自然过渡到调查主题，进而获得所需信息，这种方法需要访问员机动灵活，抓住调查对象，保证完成调查任务，达到调查目的。

（2）开始访谈前、访谈中以及访谈后，访问员都要遵守问候与道别、自我介绍与调查任务说明等职业规范，在言谈举止中表现出热情、礼貌、得体的非凡个人素养。

（3）在访谈过程中，既要按照调查要求，把握访谈方向和主题，又要关注调查对象对调查工作的反映和情绪的变化，保证顺利完成调查任务。

三、国际市场营销调研问卷设计

问卷调查就是调查者根据调查目的，把通过精心设计的一系列调查问题制作成问卷，然后用问卷征求被调查者的答案，从而获得所需信息的过程。问卷调查是市场调查实践中最常用的方法，也是综合调查中的一个重要步骤。问卷也称调查表是这种调查方法的首要工具，是这种调查方法成败的重要因素之一。

常见的问卷主要有以下几种类型：按填答方式分自填式问卷和代填式问卷；按访问类型分邮

寄（留置）问卷、面谈访问问卷、电话访问问卷、网络访问问卷等；按问卷使用的媒介分纸质问卷和电子版问卷。

无论哪种类型的问卷都要特别重视设计工作，现以邮寄问卷说明市场调查问卷设计过程中应注意的主要问题。

1. 明确调查问卷的功能

调查问卷要具备六种主要功能：把研究目标转化为特定问题；使问题和回答标准化；通过措辞、问题流程与卷面设计等技巧促进与被调查者的合作；通过填答记载记录原始数据；通过标准化格式加快数据分析过程；可以进行有效性测试。

2. 了解问卷设计流程

规范的问卷设计流程一般包括以下几个环节：

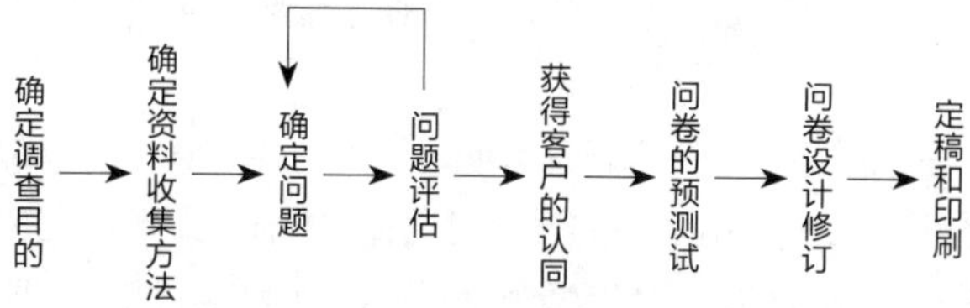

其中，确定问题是问卷设计的主要内容，问卷的调查问题一般经过问卷设计者组织评估后即可确定，但有时还需要获得客户认可、预测试、反复修订直到最终定稿时才能确定。

3. 调查问卷中列出的问题及其答案

调查问卷中列出的问题设计，一般从以下几个方面考虑：

（1）直接与间接问题的设计。直接问题指能明确提问并能立即得到答案的问题，如：学历；间接问题多为令人尴尬的、敏感的、隐私的等不便提问和回答的问题，如：年龄较大的人的婚姻问题。

（2）开放式与封闭式问题的设计。开放式问题指不列出具体答案、被调查者可以用自己的语言回答和解释有关想法的问题。这类问题的特点是比较灵活，能调动被调查者回答问题的积极性，但由于被调查者回答的差异性会给资料的整理带来困难；封闭式问题指将问题各种可能的答案列出、由被调查者根据自己的意愿选择答案的问题。

（3）动机性、意见性等问题的设计。这些问题往往是为了了解被调查者的具体情况设计的，有时是调查者准备收集的关键性资料，收集难度很大，需要一定的技巧。

（4）表格与量表式问卷问题的设计。量表式问题主要为了测量被调查者对某一问题认识的强弱，可以把定性的问题量化，调查结果便于进行统计分析，但由于被调查者因认识和习惯等差异回答会出现偏差。

此外，问卷问题不仅要设计合适的类型，还要注意问题的数量、问题间的逻辑性和排列顺序等，问卷问题常见的排列顺序：过滤性问题、热身性问题、过渡性问题、主题性问题、较复杂或难以回答的问题、分类与人文统计问题。

总之，问卷中列出的问题设计要坚持“兴趣引导，渐入佳境，先简后易，始终如一”原则。企业在进行国际市场营销调研时，应根据决策要求选择调研方法，为科学决策提供依据。

任务3 国际市场营销调研信息系统

一、国际市场营销调研信息系统的含义

国际市场营销调研信息系统是由人员、机器设备和计算机程序所组成的相互作用而形成的一个复合系统。通过这个系统，可以连续有序地收集、挑选、分析和评估信息，并在此基础上将市场信息进行有效分配，及时、准确地为企业管理者在制订、改进、执行及控制营销计划时提供有利依据。它由内部报告、营销情报、营销调研和营销分析四个子系统构成。

内部报告系统是内控系统，也称内部会计系统，是国际企业在从事国际市场营销活动时，管理者经常要使用的最基本的信息系统，其主要功能包括向国际市场营销管理者及时提供产品的相关信息，如产品订货量、销售额、成本、存货水平、现金余额、应收及应付账款等各项反映企业经营状况的信息。

营销情报系统主要是指国际市场营销管理者通过利用各种方法收集、调查并获得企业外部营销环境发展变化信息的系统，其获得信息的途径包括：①鼓励国际市场营销人员收集市场信息；②鼓励当地代理商、零售商和其他中间商收集和提供相关市场信息；③组建国际顾客咨询小组；④从国际情报供应商和国际信息研究机构处购买信息；⑤鼓励员工收集相关信息。

营销调研系统的主要任务是系统地、客观地帮助企业识别、收集、分析和传递有关国际市场营销活动中所需的各方面的信息，帮助国际市场营销管理者制定有效的营销决策。国际营销调研系统与营销情报系统不同，它主要侧重于企业营销活动中某些特定问题的解决。

营销分析系统由统计库和模型库构成。统计库的主要任务是利用各种统计分析技术和方法从大量数据中提取有效的信息。模型库则包含了由管理科学专家建立的解决各种国际营销决策问题的数学模型，如新产品销售预测模型、产品定价模型、竞争策略模型等。

知识拓展

数据挖掘

数据挖掘是人工智能和数据库领域研究的热点问题，所谓数据挖掘是指从数据库的大量数据中揭示出隐含的、先前未知的并有潜在价值的信息的非平凡过程。数据挖掘是一种决策支持过程，它主要基于人工智能、机器学习、模式识别、统计学、数据库、可视化技术等，高度自动化地分析企业的数据，做出归纳性的推理，从中挖掘出潜在的模式，帮助决策者调整市场策略，减少风险，做出正确的决策。知识发现过程由以下三个阶段组成：①数据准备；②数据挖掘；③结果表达和解释。数据挖掘可以与用户或知识库交互。

数据挖掘是通过分析每个数据，从大量数据中寻找其规律的技术，主要有数据准备、规律寻找和规律表示三个步骤。数据准备是从相关的数据源中选取所需的数据并整合成用于数据挖掘的数据集；规律寻找是用某种方法将数据集所含的规律找出来；规律表示是尽可能以用户可理解的方式（如可视化）将找出的规律表示出来。数

据挖掘的任务有关联分析、聚类分析、分类分析、异常分析、特异群组分析和演变分析等。

数据挖掘引起了信息产业界的极大关注，其主要原因是存在大量数据，可以广泛使用，并且迫切需要将这些数据转换成有用的信息和知识。获取的信息和知识可以广泛用于各种应用，包括商务管理、生产控制、市场分析、工程设计和科学探索等。数据挖掘利用了来自如下一些领域的思想：①来自统计学的抽样、估计和假设检验；②人工智能、模式识别和机器学习的搜索算法、建模技术和学习理论。数据挖掘也迅速地接纳了来自其他领域的思想，这些领域包括最优化、进化计算、信息论、信号处理、可视化和信息检索。一些其他领域也起到了重要的支撑作用。特别地，需要数据库系统提供有效的存储、索引和查询处理支持。源于高性能（并行）计算的技术在处理海量数据集方面常常是重要的。分布式技术也能帮助处理海量数据，并且当数据不能集中到一起处理时更是至关重要。

资料来源：百度百科。

二、国际市场营销调研信息系统管理

实践证明，企业可以通过营销信息系统低成本、高收益地满足顾客不同需求。营销信息系统要发挥其应有的作用不仅要通过内部报告系统和外部情报系统收集信息，还要通过信息分析系统处理信息，更要通过营销调研系统研究应用信息。因此，企业要特别注意做好以下工作。

1. 建立健全营销信息系统

明确决策对信息的需求和建立健全系统的目标；提出方案并进行可行性分析；确定方案；购买设备、安装软件、培训有关人员；系统调试并投入使用和维护。

2. 运用营销信息系统开展经常性的专业调研工作

营销信息系统联结着企业、社会公众和顾客，它提供的信息帮助企业发现营销机会，改进营销活动过程中出现的问题。

企业应配备足够的资源利用营销信息系统进行调研，一般企业设立职能部门承担调研任务或者委托专业调研公司承担部分甚至全部调研任务，有的企业还设有首席执行官（CEO）直接领导的首席信息官（CIO）全面负责信息资源管理。

国货之光·品牌出海营销实践

Shopee数据助力大疆拓展东南亚市场

深圳市大疆创新科技有限公司成立于 2006 年，凭借过硬的产品和技术研发，长期在全球消费级无人机市场占据领先地位，以一流的技术产品重新定义了“中国制造”的内涵。截至2021年年底，大疆已经占领了80%的全球消费级无人机市场，掌握着70%以上的专利技术，不断拓展着自己的疆界，正如它的品牌名字一样。

1. 大疆出海的成功之道

大疆无人机成功出海的主要原因概括起来，一是准确切入民用无人机消费市场，2012年前后无人机商业化少，大疆把无人机与相机合二为一的这种创新，以及对市场需求的超强敏锐，成功打开市场；二是坚持不懈的自主研发与科技创新，大疆对其所发布的每一个系列产品都不断革新核心技术，使得其无人机质量和安全性都远超其他竞争对手；三是产品性价比高，大疆的产品核心竞争力体现在它能够把同类产品的价格做得更低，使更多消费者能够拥有购买力，从而激活了更大规模的消费市场；四是成功的市场扩张策略，从消费级无人机到专业无人机、从国内市场到国外市场，由于对于研发的大量投入和对创新的不懈努力，以及无人机在更多领域的广泛应用，使得大疆改变了世界对无人机技术的看法。

2. Shopee平台数据助力大疆加码电商

早在2019年6月，大疆与Shopee在深圳总部进行了一次面对面沟通。从这次会面开始，大疆开始认真思考通过线上电商渠道进一步拓展东南亚市场的可能性。在那次会面中，作为东南亚领航电商平台的Shopee向大疆详细分析了电商市场在当地的消费体量、趋势与机会。以这次沟通为始，双方开启了例会机制，定期相互沟通计划和进行数据分析。

Shopee收集的平台数据和持续深入的高级别洞察，有助于解决出海企业遭遇的“水土不服”问题，而平台中各种消费数据堆叠出的不同地区的用户画像，还能够部分取代需要亲身前往各大市场的实地调查，能够看到某些品类的痛点和数据趋势，也可以观察到一些消费者的行为偏好。这意味着，对于品牌来说，Shopee等电商平台不只是帮助它们担负交易功能这么简单，它们还可以成为出海企业敏锐洞察和捕捉不同市场需求变化的窗口。

在Shopee平台的帮助下，大疆对当地数字化经济发展进行了深入分析，包括市场消费体量、消费趋势与机会、市场选择、销售瓶颈及整体的销售走势等，Shopee团队通过平台数据和专业的洞察给了大疆非常详尽的解析。

大疆产品品质过硬、品牌形象良好，但要在复杂的东南亚市场持续增长，仍然有很多工作要做。推广活动各种语言、本地KOL的调性、真实影响力、无人机的特殊属性带来的出海的合规标准等问题，大疆与Shopee的合作，通过本土团队来解决语言、合规、交易等不同层面的问题。

在与合作伙伴协作并共同解决不确定性问题后，大疆的线上业绩开始稳步增长，在与Shopee近3年的深度合作中，大疆均保持了平台业绩每年100%的大幅增长。

资料来源：https://m.thepaper.cn/baijiahao_13768412和https://baijiahao.baidu.com/s?id=1704893309281377156&wfr=spider&for=pc，有改编。

项目要点

国际市场营销调研是指从事国际市场营销的企业利用科学的方式方法面向国际市场收集信息并将国际营销决策所需的信息进行收集、分析、整理以及总结报告的全过程。国际市场营销调研是企业进行国际市场营销决策的必要前提，是国际市场营销活动的管理及决策者认识和研究国际市场、寻找国际市场营销机会、制定国际市场营销策略的首要依据，对国际市场营销效益有十分重大的意义。

国际市场营销调研的内容非常广泛，主要包括营销环境调研和营销组合调研，即调研宏观环境、微观环境以及产品、价格、渠道、促销等影响企业国际营销活动的因素。

国际市场营销调研的步骤包括准备阶段、信息收集阶段和总结报告阶段三大步骤。在调研实践中，不同的调研业务每个阶段有不同的具体工作。国际营销调研的核心是收集二手信息和一手信息，收集两类信息的方法分别是文案调研和实地调研。

国际市场营销信息系统是由信息管理人员及其所使用的设备工具和工作方法有机结合而形成的整体，这一整体能够持续收集、处理并提供信息，支持营销决策并改进营销计划、执行和控制，包括四个子系统：内部报告系统、外部情报系统、信息分析系统和营销调研系统。

项目实训与测评

◎ 项目实训

一、实训目的

1. 培养并加强学生对国际市场营销调研的实践操作能力。
2. 提高目标市场选择和定位的实践操作与分析能力。

二、实训内容

学生分组对平时关注的行业、企业自主收集和选择案例或产品，作为本小组进行实训的案例或产品，根据目标市场国的环境分析，运用市场营销调研的方法，对选择的案例或产品进行调研，撰写《某公司某国营销调研报告》。

最后成果为书面报告和成果展示（PPT演示），对报告进行讲解。

三、实训步骤

1. 各项目组运用所学市场营销调研知识对市场进行调研策划。
2. 列出某企业想要进入的主要目标市场面临的问题及其所需调研的信息。
3. 选择某企业的市场营销调研方法。
4. 具体方法应用，并给出建议。
5. 形成书面报告，用PPT进行成果展示。

◎ 项目测评

一、单项选择题

1. 非全面调研方法不包括（　　）。
   A. 典型调查　B. 重点调查　C. 普查　D. 抽查
2. 不支持既定决策，说明国际市场营销调研具有（　　）。
   A. 科学性　B. 复杂性　C. 时效性　D. 差异性
3. 某服装企业为开拓国际市场，带着新设计的样品和模特参加一个知名国际模特大赛获奖，回国后就投产了这款服装。这种调研方法属于（　　）。
   A. 案头调研　B. 实验调研　C. 访问调研　D. 实地调研
4. 某公司将其顾客分为少量使用者、中量使用者、大量使用者，这种市场营销调研的首要内容是（　　）。
   A. 宏观环境　B. 竞争者　C. 市场　D. 营销组合
5. 不适合作为某生产日用消费品企业的市场营销调研方法是（　　）。
   A. 普查　B. 抽查　C. 访问调查　D. 实验调查
6. 当产品进入成熟期后，企业深入了解顾客购买意向最好采用（　　）调查。
   A. 实验　B. 入户访问　C. 网络问卷　D. 观察
7. 某跨国集团在欧盟、北美等发达国家进行基础市场营销调研，最好采用（　　）的调研方法。
   A. 本企业派出专业人员前往实地调研　B. 委托知名调研公司进行问卷调研
   C. 选择目标顾客进行访谈调研　D. 网络搜集相关资料
8. 案头调研尤其适合（　　）。
   A. 跨国公司　B. 大型企业　C. 小微型企业　D. 中型成熟企业
9. 很多企业虽然经过本企业调研部门"周密细致"的市场营销调研后进行决策，结果还是不理想。关于原因，下列说法不正确的是（　　）。
   A. 调研是全员全过程全方位的工作，仅仅根据调研部门的工作不够
   B. 调研部门工作不到位
   C. 决策缺乏灵活性，因为调研信息是复杂多变的
   D. 企业不需要调研
10. （　　）不是二手资料的特点。
   A. 真实性　B. 及时性　C. 成本高　D. 成本低
11. 接受委托，调研总结阶段首要的工作是（　　）。
   A. 提交调研报告，资料归档　B. 发扬成绩，纠正失误
   C. 查漏补缺，完善工作　D. 收取劳务费，计算成本利润

二、多项选择题

1. 国际市场营销常用的分类标准有（　　）。

A. 调研对象范围　　B. 收集信息的方法
C. 调研的功能　　D. 调研主体　　E. 调研时间

2. 国际市场营销调研的内容包括（　　）。
A. 宏观环境　　B. 微观环境
C. 本企业的机构设置和各部门的人员配备情况
D. 本企业的营销策略　　E. 家庭民族构成

3. 抽样组织的主要方式有（　　）抽样。
A. 随机　　B. 判断　　C. 配额
D. 滚雪球　　E. 方便

4. 定量预测方法包括（　　）。
A. 时间序列法　　B. 组合法　　C. 回归分析法
D. 德尔菲法　　E. 推定平均值法

5. 国际市场营销调研方案的可行性分析方法有（　　）。
A. 逻辑法　　B. 经验法　　C. 试调查法
D. 定性法　　E. 定量法

6. 国际市场营销调研报告的结构包括（　　）。
A. 关键词　　B. 题目　　C. 正文
D. 结论和建议　　E. 附录

三、简答题

1. 简述国际市场营销调研的程序。
2. 国际市场营销调研类型有哪些？
3. 国际市场营销调研方法有哪些？
4. 什么叫预测性调研？简述德尔菲法。

四、论述题

企业在国际市场上面临的问题主要有哪些？如何收集企业所需要的相关营销信息？

五、案例分析题

西非地区的马里是全球经济不发达的国家之一，由于曾经以农业为主，工业技术落后，导致该国首都至今还是黄土公路。到了下雨天，交通非常不便利，再加上马里民众平时的交通工具就是靠双腿，因此在马里的公路上，经常能看到人们光着脚走路。在这种情况下，如果马里民众能买一辆摩托车，那么绝对是当地有头有脸的人物。此前马里本土的摩托车，大多以法国产品和日本产品为主，而且一辆摩

马里首都“巴马科”的街道

托车的价格大约在2000英镑，折合人民币16000元左右。

这一价格相当于是一位普通马里民众三年的收入，因此很多人根本不敢想象去购买摩托车。但是这种局面随着中国制造进入马里之后被彻底改变。中国摩托车进入马里之后，只需要450英镑，也就是3700元左右，就可以获得一辆摩托车。这对于很多马里人来说，简直就是福音。因此也让很多马里人纷纷开始购买摩托车，其中就包括一名叫作查克的马里年轻人，此人将自己攒了很久的积蓄购买了一辆中国制造的摩托车。这意味着，此后查克除了可以解决交通问题，同时也能用摩托车来赚钱。

资料来源：https://baijiahao.baidu.com/s?id=1726811850625993335&wfr=spider&for=pc，有删减。

问题

1. 我国摩托车品牌可以通过哪些有效的调研方法获取非洲市场信息？
2. 我国摩托车品牌进入非洲市场有哪些机遇与挑战？

项目四 国际目标市场选择与国际市场进入战略

项目目标

◎ 知识目标

1. 掌握国际市场细分的标准、方法与步骤
2. 掌握国际目标市场选择策略、定位的方法与步骤
3. 掌握国际目标市场进入的方式

◎ 能力目标

1. 能够对国际市场进行有效市场细分，对国际市场进行选择并制定国际目标市场策略
2. 能够确立国际市场产品及品牌的定位，能够正确分析企业进入国际市场的问题

◎ 素养目标

1. 坚定对中华民族传统优秀文化和社会主义先进文化的自信
2. 讲好中国故事，助力中国品牌出海

项目思维导图

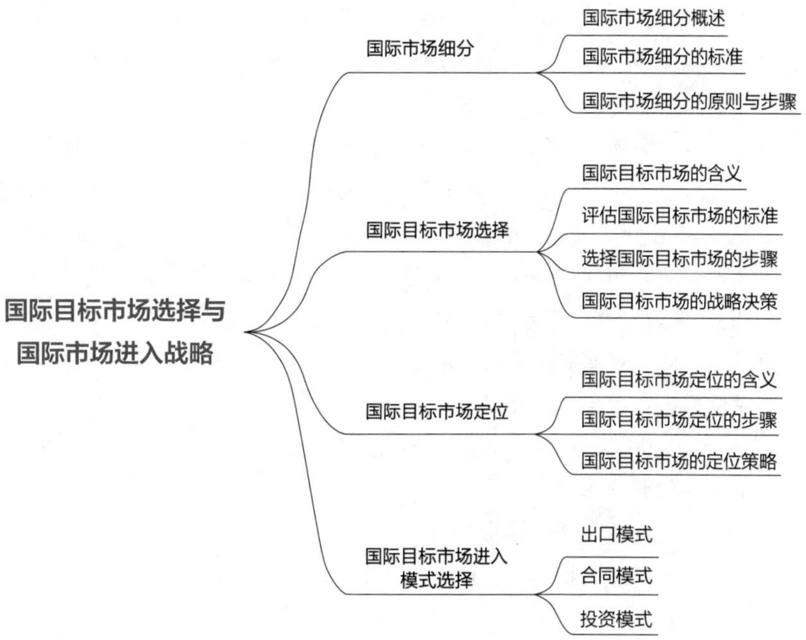

导入案例

海尔品牌国际化营销历程

◎ 案例背景

2021年海尔智家全球营业额3327亿元，已发展成为国内外享有较高声誉的跨国企业。海尔品牌国际化进程经历了以下几个阶段：

第一阶段：名牌战略（1984—1991年）

1984年青岛电冰箱厂濒临倒闭，为摆脱困境，该厂引进世界最先进的电冰箱生产技术，生产琴岛-利勃海尔电冰箱。1992年4月，海尔获得ISO 9001质量体系认证，成为中国家电行业第一个通过此项认证的企业。

第二阶段：夯实品牌基础（1992—1998年）

1993年9月，琴岛海尔集团正式改名为海尔集团。在此阶段，海尔国际化的经营活动主要是建立海外市场网络，初步尝试海外建厂，实现产品设计的国际化。

（1）建立海外市场网络。海尔集团已形成了有效的海外营销网络，在世界上10个主要区域性组织中一半以上的国家建立售前宣传、售中安装、售后服务的全方位营销体系。在128个国家和地区注册了516个海尔商标，为海外建厂打下了良好基础。

（2）海外建厂。1996年12月，海尔在印度尼西亚投资建厂，成立海尔莎保罗有限公司，首次实现跨国生产。1997年6月，菲律宾海尔LKG电器有限公司成立。1997年8月，马来西亚海尔有限公司成立。

（3）产品设计国际化。1994年，海尔在日本成立了首家海外设计分部，此后在美国洛杉矶和硅谷、荷兰阿姆斯特丹等地成立了 6个海外产品设计分部。

第三阶段：国际化战略（1999—2004年）

1998年12月，海尔集团明确提出了“从海尔的国际化到国际化的海尔”这一战略目标。在这一阶段，海尔的国际化战略表现在质量国际化、科技国际化、市场国际化上，即国际化发展的“三三战略”。

（1）质量国际化。海尔集团拥有冰箱、冷柜、空调、洗衣机、微波炉、热水器六大产品通过ISO 9001认证，是国内通过该项认证产品最多的企业。在国际上，海尔的产品获得德国VDE、GS、EMC、TUV，美国UL、ETL、DOE，加拿大CSA、EEV，美洲NRTL/C，澳大利亚SAA，日本 S-MARK，欧盟CE，沙特阿拉伯SASO，俄罗斯GOST，南非SABS，菲律宾PBS，韩国安全认证等共18类产品认证。同时，海尔的检测水平也进入国际先进行列，是国内同行业首家获得加拿大EEV、CSA“分享认证”、CSA“安全认证”和美国UL用户测试数据认可的企业。

（2）科技国际化。1998年年底海尔中央研究院正式成立，该院是通过技术合作建成的综合性科研基地，利用科技优势在国内外建立了48个科研开发实体，主要开发超前5~10年的技术及新领域技术。

（3）市场国际化。在市场国际化上，海尔基本上实现了“3个1/3”战略，即国内生产国内销售1/3、国内生产国外销售1/3、海外生产海外销售1/3。在这一阶段，海尔在海外发展了 49个经销商，销售网络18000多个，产品出口87个国家和地区。

第四阶段：全球化战略（2005年至今）

从2005年开始，海尔进入全球化品牌战略阶段。海尔在海外建立本土化设计、本土化制造、本土化营销的“三位一体”中心，员工都是当地人，更了解当地用户的个性化需求。现在海尔已经在全球建立10个研发中心、21个工业园、66个营销中心，全球员工总数达到7.3万人。

◎ **案例启示**

海尔品牌国际化征程是漫长而艰辛的，但终究取得了国际公认的成就。由世界品牌实验室（World Brand Lab）编制的2021年度“世界品牌500强”排行榜中，海尔连续18年入选世界品牌500强，排名提升至全球第37位，连续5年位列中国入榜品牌前三强。

资料来源：根据财富网https://www.fortunechina.com/global500/751/2021；搜狐网https://www.sohu.com/a/426329223_647875等编写。

项目知识

满足国际市场的消费者需求是企业进行国际市场营销活动的关键。全球有200多个国家和地区，不同区域的消费者需求差异很大，企业很难同时满足所有消费者的需求。因此，企业必须依照一定的标准、按照一定的步骤对众多的国家和地区进行划分，在此基础上对各个细分市场进行深入调研与评价，从中选出企业能够满足其消费者需求的细分市场，据此制定具体营销战略。国际市场的目标营销战略主要包含三个部分：市场细分（segmentation）、目标市场选择（targeting）和市场定位（positioning），所以又被称为STP战略。

根据STP理论，市场是一个综合体，是多层次、多元化的消费需求集合体，任何企业都无法满足所有的需求，企业应该根据不同需求、购买力等因素把市场分为由相似需求构成的消费群，即若干子市场。这就是市场细分。企业可以根据自身战略和产品情况从子市场中选取有一定规模和发展前景，并且符合公司的目标和能力的细分市场作为公司的目标市场。随后，企业需要将产品定位在目标消费者所偏好的位置上，并通过一系列营销活动向目标消费者传达这一定位信息，让他们注意到品牌，并感知到这就是他们所需要的。

任务1 国际市场细分

一、国际市场细分概述

（一）国际市场细分的含义

与国内市场相比，国际市场购买者更多，分布范围更广，作为企业由于自身实力的限制，往往更难满足全球范围内顾客的需要。为此，就需要对国际市场按照某种标准进行划分。

国际市场细分是在市场细分的基础上发展起来的，是市场细分概念在国际营销中的运用，是指企业按照一定的细分标准，把整个国际市场细分为若干个需求不同的产品和营销组合的子市场，其中任何一个子市场中的消费者都具有相同或相似的需求特征，企业可以在这些子市场中选择一个或多个目标市场。

（二）国际市场细分的意义

国际市场细分是企业确定国际目标市场和国际市场营销策略的必要前提，是市场营销活动的管理及决策者认识和研究国际市场、寻找新的市场营销机会、选择目标市场的首要依据，对国际市场营销具有十分重大的意义。

1. 有利于企业发掘国际市场机会，开拓国际市场

市场营销机会是市场上存在着的未被满足的消费需求，对企业来说，进入市场的成功率相对较高且有较大的发展潜力。企业通过对纷繁复杂的市场进行分析后，对每一个细分市场的购买力、满足程度、竞争状况等进行分析比较，及时发现未被满足的需求，占领市场取得竞争优势。对许多中小企业来说，由于竞争力比较弱，只有通过市场细分，才能在国际市场中找到适合自己生存、发展的营销机会。

2. 有利于企业配置资源投入国际目标市场，获取局部竞争优势

在市场经济条件下，企业的生产取决于市场需求的大小。某一市场的某种产品如有较好销路，势必会吸引多家企业参与竞争。企业要想在国际竞争中取胜，就必须将其有限的资源整合到特定的国际目标市场以获取局部的竞争优势。

3. 有利于企业选择目标市场，制定、调整市场营销策略

国际市场范围广阔，各个区域消费者需求和竞争者状况不断发生变化，企业通过对国际市场进行细分，可以有针对性地观察和收集细分市场信息，对各个细分市场实行差异化的营销策略。当某一个目标市场的需求特征和竞争状态发生变化时，企业可以及时地调整营销策略。

4. 有利于企业分配国际营销预算，提高国际营销效益

企业在对国际市场进行细分后，可以根据各细分市场的市场前景、竞争状况合理地分配国际营销预算，使每个子市场在投入后都能有相应合理的回报，从而提高企业的国际营销效益。

总之，市场细分在企业规划和市场营销过程中一直扮演着至关重要的角色。通过市场细分，企业可以面对自己的目标市场，生产出适销对路的产品、满足市场需求，增加企业收益。

二、国际市场细分的标准

世界上有众多的国家和地区，企业需要根据某种标准把整个市场分为若干个子市场，每一个子市场具有相同的营销环境，企业可以选择某一个或某几个子市场作为目标市场。

（一）国际市场宏观细分标准

宏观市场细分是要决定在世界范围内应该选择哪些国家或地区作为企业的目标市场，根据地理标准、经济标准、文化标准及组合标准将市场进行细分。

1. 地理标准

地理标准是宏观市场细分最常用的标准，根据各个国家所处的地理环境不同，将世界市场大致分为欧洲市场、亚洲市场、拉丁美洲市场、大洋洲市场。其中，亚洲市场又可分为东亚市场、西亚市场、南亚市场等；欧洲市场又可分为西欧市场、北欧市场、东欧市场等。按照地理标准进行细分，可以利用地理上的接近性便于跨国公司进行国际市场业务的管理。同时，由于处于同一地理区域的国家和地区在自然条件、文化背景、消费习惯等方面具有相似性，市场具有同质性，便于企业的营销管理。

但是，地理标准细分市场也有其局限性，许多在地理上接近的国家并不一定能提供同样的市场机会。如，同在北美的加拿大、美国和墨西哥三个国家比邻，但经济发展水平却有较大的差异；又如，同处在东亚的中国和日本，尽管文化背景相近，但经济实力、政治法律制度等方面存在较大差异，难以构成一个共同市场。因此，国际市场细分不能仅限于地理标准，还要综合考虑其他因素。

2. 经济标准

经济标准主要用到的经济发展指标包括国民生产总值、人均国民生产总值、国民总收入、人均国民收入、经济增长率、经济发展阶段等。其中，人均国民生产总值作为较为常用的指标。

按经济标准细分国际市场可以使同一个子市场的国家在经济发展水平或经济环境上比较接近，有助于按市场规模和质量来挑选目标市场及制定不同的营销策略。但是，处于同一经济发展水平的国家和地区可能分布在世界各地，可供选择的目标市场可能比较分散，不利于提高营销效率和加强国际营销管理。

3. 文化标准

社会文化作为一种环境变量对国际营销产生重要影响，文化的各项因素均可作为细分国际市场的变量，如语言、教育、宗教、种族、价值观、社会制度等，都能构成国际市场的细分标准。

以宗教为例，世界上的主要宗教为基督教、佛教、伊斯兰教和印度教，不同宗教的信徒有着根本不同的信仰、价值观、生活方式和风俗习惯，因而可将信奉同一宗教的国家划分为同一子市场，实施同样的营销策略。但仅仅以宗教标准来细分市场以实现对某一组国家实施共同的营销策略往往是不够的。如巴基斯坦和沙特阿拉伯都信奉伊斯兰教，但是两国在经济上的差异很难把它们联结起来实施同一营销策略。因此，在应用文化标准进行国际市场细分时，还应兼顾其他的一些细分标准，避免片面性。

4. 组合标准

跨国企业在开展业务时面临的细分市场的情况越来越复杂，仅靠单一的细分标准选择目标市场有很强的片面性，因此需要结合地理标准、经济标准、文化标准来进行组合应用。

（二）国际市场微观细分标准

企业进入某一国外市场后，由于该国的顾客需求也是千差万别的，企业不可能满足该国所有消费者的需求，只能将其细分为若干个子市场，满足一个或几个子市场的需求，这种含义上的国际市场细分叫作微观细分。微观细分类似于国内市场细分，即当企业决定进入某一海外市场后，它会发现当地市场顾客需求仍有差异，需进一步细分成若干市场，选择其中之一或几个子市场为目标市场。这种一国之内的细分标准即是国内市场细分标准，国际市场的微观细分与国内市场中的微观细分方法是相同的，细分的标准也基本一致。

1. 国际消费品市场细分标准

国际消费品市场由于受到消费者所在地理区域、年龄、性别、收入水平、生活方式等多种因素的影响，不同的消费者具有不同的需求，形成了不同的购买习惯和行为，企业按照这些因素把某个国家或地区的消费者市场分为若干个不同的市场。消费品市场的细分标准主要参照地理因素、人口因素、心理因素和行为因素来加以确定。

（1）地理因素。企业按照消费者所处的地理位置、城市规模、地理环境、气候条件等因素来细分市场。需要注意的是，地理因素是一种静态因素，对消费者的区分较为笼统，而且，处于同一地理区域的消费者在需求上会存在明显的差异，因此还需要结合其他因素进行市场细分。

（2）人口因素。企业按照人口总量、年龄、性别、家庭规模、职业、教育、种族、宗教等人口统计学特征来细分市场。人口因素直接影响消费者的需求特征，而且比其他因素更易于辨认和衡量，因而在国际消费品市场中是常用、主要的细分标准之一。

同步案例

“清扬”洗发水市场细分创新：性别细分

传统洗发水市场细分常常以功能为标准进行，如去屑、营养、柔顺、防脱发、黑发等，或以头发颜色来细分为黑头发专用、染发专用等。国际快速消费品业巨头联合利华公司推出的清扬首次以性别为细分变量，将市场细分为男士用、通用和女士用市场，并选择男士和通用细分市场作为目标市场。虽然只是简单的性别细分，但在洗发水市场上的确存在男性和女性不同市场的不同需求，而这个需求差异一直是厂家所忽略的。

“清扬”将旗下产品分男士和通用两大系列共有34个品种，作为首家推出男士去屑洗发水的品牌，“清扬”通过“倍添维他矿物群”这一概念的宣扬，表明其对男士洗发的关注，开创了男士去屑洗发水的“蓝海”领域，并通过男士系列与通用系列两大阵容所形成的品牌组合构成了联合利华“专业去屑”的洗护完整产品线，可以极大限度地满足消费者的要求。同时，在宣传过程中，通过广告语言展示“清扬”对男士头屑问题的研究，令消费者产生去屑洗发水分“女士洗发水”和“男士洗发水”的心理认知，有效地将“清扬”与其他众多去屑品牌区分开来。

资料来源：https://wenku.baidu.com/view，有删减。

同步思考

你认为洗发水还可以怎样细分市场？

（3）心理因素。企业按照消费者的生活方式、个性等心理特征细分市场。随着社会经济的发展和人们生活水平的不断提高，消费者的需求从生理需求向心理需求转化，这在经济发达国家尤其明显。消费者心理细分成为国际市场尤其是发达国家市场细分的重要变量，包括消费者的生活方式、个性、价值观念等。在国际市场营销中，越来越多的企业，如服装、化妆品、汽车等，按照人们的生活方式来细分消费者市场。因此，按照心理因素来细分国际消费品市场，有利于企业针对不同的生活方式和个性的消费群体的需要与偏好来设计不同的产品，制定不同的国际营销组合策略，有利于企业从市场细分中发现新的市场机会，拓展国际市场。

（4）行为因素。行为细分的标准是企业依据消费者的购买动机或使用某种商品所追求的利益、使用者状况及使用频率、对品牌的忠诚状况，以及对各种营销因素的敏感程度等变数来细分国际消费者市场。

根据消费者购买商品时追求的利益不同，可将整体市场分为求实、求安全、求廉价、求新异、求美、求名贵等细分市场。企业可根据自己的条件，权衡利弊，选择某一市场作为目标市场，然后设计和生产出适合目标市场需求的产品，并且用适当的广告媒介，将该产品的信息传达给追求这种利益的消费者群。西方国家企业经营管理的实践经验证明，利益细分是一种行之有效的细分战略。

把消费者购买或使用产品的时机不同作为细分变数，其依据是许多消费或服务专门适合于某一特殊时机，如中国的春节、中秋节，西方国家的情人节、圣诞节等，营销人员推出适时的产品来满足这一特殊需求就容易获得成功。

思政点滴

中国春节，让世界同欢乐共温暖

2022年，中国农历虎年岁首，热情好客的中国人民敞开大门，迎来了世界各国的冬奥会运动员与嘉宾。世界聚焦中国，中国春节瞬间也成为世界人民共同欣赏与品味的节日。

春节是中国人生活美学观念的展示日，是人类非物质文化遗产保护传承的重要时机，“一元复始，万象更新”，辞旧迎新，从洒扫门庭、装饰门户到张贴春联年画、挂红灯，再到丰富多彩的民间艺术展览、社区乡村群体娱乐，以强烈色彩与动感艺术提振精神，以积极昂扬的姿态让庸常的日子奏出盛大

回家　团圆　欢庆

的节日华彩乐章。迎新与迎春的同步共振，是中国人的生活美学观念与精神财富，也是中国对世界节日文化的精彩贡献，特别是“家”文化的概念，更成为中国追求“天下大同”“全球命运共同体”的文化渊源。

《中国新年：全球最大的庆典》这部纪录片于2016年2月14至16日在英国BBC2频道首播，分为《回家》《团圆》和《欢庆》三集。该片由5名英国主持人，以直播类节目的形式，在主线故事的发展中穿插与其他地区连线的视频，讲述发生在中国广袤土地上的春节故事和丰富多彩的春节习俗。

资料来源：【地评线】天府评论http://news.hnr.cn/rmrtt/article/1；百度百科https://baike.baidu.com/item/，有删减。

中国新年：全球最大的庆典

按消费者进入市场的程度，通常可以划分为常规消费者、初次消费者和潜在消费者。一般而言，实力雄厚市场占有率较高的企业，特别注重吸引潜在消费者，争取通过营销战略，把潜在消费者变成初始消费者，进而再变为常规消费者。而一些中小企业，特别是无力开展大规模促销活动的企业，主要吸引常规消费者。在常规消费者中，不同的消费者对产品的使用频率也很悬殊，可以进一步细分为大量使用户和少量使用户。

2. 国际工业品市场细分标准

工业品市场因其特殊性，其细分标准与消费品市场的细分标准有所不同，主要参照的标准包括：地理位置、用户性质（如生产企业、中间商、政府部门等）、用户规模、用户要求（如经济型、质量型、方便型，等等）以及购买方式（如购买频率、支付方式等）。但由于国际工业品市场具有不同于国际消费品市场的某些特点，如购买的数量大、次数少、购买者地理位置集中、专业要求高等，企业还需运用其他一些因素来细分国际工业品市场。

（1）依据最终用户细分。在国际市场营销中，企业通常使用最终用户这个变数来细分国际工业品市场。不同的最终用户常常对产品及营销策略因为利益不同而有不同的需要。例如，轮胎公司可以根据用户的最终用途，将轮胎市场细分为飞机用轮胎市场、军用轮胎市场、一般工业用轮胎市场、农业用轮胎市场等子市场。

（2）依据顾客规模与购买力大小细分。顾客规模与购买力大小也是企业细分国际工业品市场的重要变数。不同类型的顾客对产品质量、需求数量、服务等多方面均有不同的要求，企业可以根据顾客规模大小进行细分。如美国某大型办公用具公司根据用户规模大小将市场分为大客户以及其他小客户等子市场。

（3）依据购买组织的特点细分。购买组织的特点是指企业的组织结构和组织系统，购买决策产生的过程和程序，什么人参与购买决策，他们在购买决策过程中充当什么角色和起什么作用。由于在国际工业品市场上的购买属于其他集团购买，因而购买集团或组织的特点是市场细分的重要变数。

一般来说，参与企业购买决策的人员和其规模大小同所购买的产品、企业的规模和管理模式有关。如果一个企业采购少量、低质的原材料，那么参与决策的人会很少；但如果采购的是大型成套设备，那么就会有经营管理人员、技术人员、采购人员等众多的人参与决策。在通常情况下，大企业参与购买决策的人多，小企业参与购买决策的人少；民主管理式企业参与购买决策的人多，家族式集中管理企业参与购买决策的人少。

三、国际市场细分的原则与步骤

（一）国际市场细分的原则

对于竞争激烈的国际市场，尽管国际市场细分是识别机会、发现机会的有效手段，但并不是所有的国际市场细分都是有效的。过于细分可能会影响企业的销售面；细分不当也可能招致营销上的失败。国际市场比国内市场竞争更加激烈，为了使企业的市场细分具有实用价值，使之能为企业选择目标市场提供重要的依据，企业在进行国际市场细分时，必须遵循一定的原则。

1. 可衡量性

所谓可衡量性，是指细分后形成的市场，其规模及购买力程度必须能够衡量，否则某些特性就不能成为细分市场的依据。在可衡量性方面，顾客具有的特征信息需要易于获取和衡量，如消费者的偏好，对产品服务、广告宣传等的反应，还有人口、地理、文化因素的影响。

国际目标市场的销售潜量及购买力的大小必须是能被测量的，企业可以通过各种市场调查手段和销售预测方法，来测量国际目标市场现在的销售状况和未来的销售趋势，否则也不宜轻易地决定选择其作为国际目标市场。例如，较大婴儿奶粉所形成的市场就比较好衡量，其中6~12个月的婴儿为主要市场，满周岁到2岁的幼儿则是次要市场。有时如以消费者的心理变数细分市场就可能出现衡量不易的情况，事实上有许多的消费者特性是不容易衡量的。比如用生活方式作为细分标准就很难确定一国中究竟有多少人属于某一种生活方式。

2. 可进入性

可进入性是指企业所选择的国际目标市场是未被垄断的，企业的资源条件、营销经验以及所提供的产品和服务，企业的人力、物力及营销组合因素必须足以达到和占领所选择的细分市场，在所选择的目标市场上具有较强的竞争力。如果细分后的市场，消费者不能有效地了解商品的特点，不能在一定的销售渠道买到这些商品，则说明企业没能达到该细分市场，企业就应放弃该细分市场。也就是说，对于不能进入或难以进入的市场进行细分是没有意义的。

国际市场细分的可进入性包括两个方面：一是历史政治法律环境，对企业进入某个市场没有壁垒障碍；二是企业的资源能力和竞争能力，能够使企业了解和获取该细分市场的情报信息，能够展开市场营销组合策略，将产品及服务通过一定的分销渠道进入目标市场。

只有足够大的市场与发展潜力才值得企业尽心尽力开发。反之若市场十分狭窄，或者潜在消费者很少，就不值得去占领。例如，发达国家人口增长缓慢，年龄结构老化问题日趋突出，对企业来说，老年市场具有相当潜力。各类老人保健、老人医院、老人娱乐休闲等行业都将发展成具有足量性的市场。反之，对于那些不具有足量性的市场，这样的细分就不会尽如人意。

营销实践

老年用品市场需求细分

老年用品可分为以下类别：

老龄用品包括中老年食品、中老年饮品、中老年洗涤用品、中老年健康器皿（如保健水杯）、中老年健康器材（如健康水机）、中老年失禁辅具（如尿不湿、排泄器）等。

服饰包括中老年服装、中老年装饰品、中老年鞋帽类用品等。

辅助生活器具包括坐便椅、老花镜、助听器、中老年家具（如床具、保健枕）、辅助淋浴设施等。

助行器材包括助行器、老年电动车、电动轮椅、手动轮椅、老年自行车等。

电子电器包括老人手机、跟踪仪、呼叫器具、老人电脑、收音机、老年游戏用品、益智电子用品、电子图书和音像制品以及老年电子电器配件等。

保健用品包括中老年保健食品、中老年保健饮品、中老年健身器材、中老年体育器材等。

医疗器械包括家用和医疗机构用的检测诊断器具、治疗仪、移动便携治疗仪、数码治疗器具、物理治疗器具、辅助呼吸仪器等。

医药用品包括老年常备药品、分病种常备药品、老年新药特药、中草药、民族医药品等。

康复器材包括按摩用品、牵引矫正器具、器官清洗器具、中医药辅助康复材料及器具等。

护理用品包括护理床具、护理器具、护理原材料以及护理基础设施设备、护理车具等。

文化用品包括老年图书、老年杂志、老年报纸等。

殡葬用品包括墓地、殡葬消耗品、祭奠用品等。

资料来源：搜狐网http://mt.sohu.com/20161205/n474927382.shtml，有删减。

3. 可实施性

可实施性是指企业能够有效地吸引并服务于子市场的可行程度。例如，一家计算机公司根据某国的顾客对计算机的不同使用与服务要求，将顾客分为数个子市场，但公司资源有限，缺乏必需的技术与营销力量，不能为每个子市场制定切实可行的营销策略，因此该公司的市场细分就没有意义。

（二）国际市场细分的步骤

国际企业面对海外纷繁复杂的市场环境，要以尽可能小的风险，尽可能高的投资回报，成功开拓海外市场，这就必须对国际市场进行正确的细分化研究和分析，寻求市场机会，找到自己的目标市场定位。国际市场细分的步骤一般涉及以下几个部分。

1. 确定市场细分的范围

国际市场细分的第一个步骤是根据企业产品及服务的特点，确定企业有能力满足的市场范围，市场范围应以市场中消费者的需求来确定。企业在进行市场细分时，必须先明确自己产品的市场范围，也就是说进入什么行业，生产什么产品。产品市场范围应该以消费者的实际需求而不是产品特性来定，因为满足消费者的需求是企业的目标所在。消费者的需求是无限的，而企业的产品寿命则是有限的，一旦市场需求发生变化，整个产品的市场范围也要进行相应的调整。

2. 分析潜在消费者的需求

选定产品市场范围以后，企业可以通过市场调研，或根据对消费者行为的了解做出合理的推断，了解潜在消费者的需求，然后在此基础上挑选出不同的细分市场变量。

3. 选择、筛选市场细分标准

根据国际市场的宏观和微观细分两个层次，按地理、经济、文化的标准可以对国际市场进行宏观细分。如果该组宏观细分市场在市场营销活动上仍然存在不同的特点和要求，可以按其存在的不同特点和要求，如消费者的心理行为等标准进行细分，从而得到微观细分市场。

为了满足市场细分的需要，营销人员必须把各细分市场或各顾客群的共同需求筛选掉。这些共同需求虽然很重要，但只能作为设计市场营销组合的参考，不能作为市场细分的基础。

4. 评价、选择目标市场

确定好细分市场的标准后，要根据购买者数量、购买力和购买动机分析估量各个细分市场的规模和性质。在对市场进行细分后，为选出的各个子市场确定名称，以便高度概括出每个子市场的特征。

最后选择目标市场，设计市场营销组合策略。营销战略的制定，除了考虑运用各种各样的战略策略以外，还应该考虑企业对每个方案的执行能力和执行程度。实际上有很多方案设计都束之高阁，就是因为没有站在企业现实情况的角度去制定可操作性强的有用的营销策略和营销方案。

任务2　国际目标市场选择

一、国际目标市场的含义

国际目标市场是企业在对国际市场进行细分之后，通过对细分市场的市场潜力、竞争状况等企业资源条件等多种因素进行评估分析，最终确定进入的那部分市场，即企业所选择的准备以相应的产品和服务满足需要的那部分购买者群体。

企业在进行国际市场细分后，在众多的国家中确定某个国家或地区作为大的目标市场，然后把这个目标市场依据地理、人口、行为、心理等因素进行进一步微观细分，并从众多的子市场中，选择一个或几个作为具体的目标市场，并且确保每个目标市场都具有未被满足的消费者需求，每个目标市场都足够大以获得销售额的提高，从而为企业带来更多的利润。

国际市场营销中选择目标市场有两层含义：一是基于宏观细分的基础上，在众多国家或地区，选择某个或某几个作为目标市场；二是通过微观细分，在异国众多的子市场中选择某个或某些作为目标市场，其选择策略即为无差异营销策略、差异性营销策略和集中性营销策略。

二、评估国际目标市场的标准

企业进行国际市场细分的目的是选择目标市场，企业要选择合适的目标市场，就必须对每个细分市场进行评估。企业评估国际细分市场的标准主要有以下三个。

1. 细分市场的规模和发展潜力

适当的规模和预期增长率是企业进入某一市场的驱动力，对目标市场的规模和发展潜力进行评估就是为了找到适合企业自身发展的合适空间。企业进入某一市场是期望能够有利可图，如果市场规模狭小，或者趋于萎缩状态，企业进入后难以获得发展，此时应慎重考虑，不宜轻易进入。同样，企业也不宜以市场吸引力作为唯一取舍的因素，特别是应力求避免与竞争企业遵循同一思维逻辑，将规模最大、吸引力最强的市场作为目标市场。很多企业动辄将大国尤其是发达国家作为首选市场，而对发展中国家和较落后的地区不屑一顾。这样的结果就容易造成过度竞争和社会资源的浪费，同时使消费者的一些本应得到满足的需求遭受冷漠和忽视。

2. 细分市场结构的吸引力

细分市场可能具备理想的规模和发展特征，然而从盈利的观点来看，它未必有吸引力。波特认为有五种力量决定整个市场或其中任何一个细分市场的长期的内在吸引力，企业应对这五个群体对长期盈利的影响做出评估。

（1）细分市场的竞争程度。如果某个细分市场已经有了为数众多、实力强大的或者竞争意识强的竞争者，那么该细分市场就会失去吸引力。如果企业的细分市场正处于稳定或者萎缩状态，生产能力不断大幅度扩大，固定成本过高，撤出市场的壁垒过高，竞争者投资很大，情况就会更糟，这些情况常常会导致价格战和广告争夺战，企业需要付出高昂的代价。

（2）新竞争者的威胁。如果某个细分市场可能吸引新的竞争者，他们会增加新的生产能力和大量资源，并争夺市场份额，那么这个细分市场的吸引力就减弱了。问题的关键是新的竞争者能否轻易地进入这个细分市场，如果新的竞争者进入这个细分市场时，遇到了森严的壁垒，并且遭受到细分市场内原有企业的强力报复，那么它们便很难进入。保护细分市场的壁垒越低，原来占领细分市场的企业的报复心理越弱，这个细分市场就越缺乏吸引力。

某个细分市场的吸引力，随其进退难易的程度而有所区别，根据行业利润的观点，最有吸引力的细分市场应该是进入的壁垒高，退出的壁垒低，在这样的细分市场里，新的公司很难打入，但经营不善的公司可以安然撤退。如果细分市场进入和退出的壁垒都很高，市场的利润潜量就大，但也往往伴随着较大的风险。如果细分市场进入和退出的壁垒都较低，公司便可进退自如，这样获得的报酬虽然稳定但不高。最坏的情况是进入细分市场的壁垒较低，而退出的壁垒却很高，于是在经济良好时大家蜂拥而入，但在经济萧条时却很难退出，其结果是大家都生产能力过剩，收入下降。

（3）替代产品的威胁。如果某个细分市场存在着替代品或潜在替代品，那么该细分市场就会失去吸引力。替代品会限制细分市场内价格和利润的增长。企业应密切关注替代品的价格趋向和发展情况。如果这些替代行业中技术有所发展或竞争日趋激烈，这个细分市场的价格和利润就可能会下降。

（4）购买者的议价能力。如果某个细分市场中购买者讨价还价的能力很强或正在加强，则该细分市场就缺乏吸引力。拥有强大议价能力的购买者会设法压低价格，对产品质量和服务提出更高要求，这会使产品提供者利益受损。在这几种情况下，购买者的议价能力就会加强：购买者较集中或有组织、该产品在购买者的成本中占比较重、产品无法实行差别化、顾客的转换成本较低、由于购买者的利益较低而对价格敏感、顾客能够后向实行联合。企业最好的防卫做法是提供顾客无法拒绝的优质产品供应市场。

（5）供应商的议价能力。如果生产企业供应商（原材料和设备的供应商、公用事业、银行、公会等）能提价或降低产品和服务的质量，或减少供应数量，那么该企业所在的细分市场就缺乏吸引力。在这几种情况下，供应商的议价能力增强：供应商集中或有组织、替代品少、供应的产品是重要的投入要素、转换成本高、供应商可以前向实行联合。因此，对生产企业来说，最佳的防卫办法就是与供应商建立良好的关系并开拓多种供应渠道。

3. 企业自身的目标和能力

某些细分市场虽然具有较大吸引力，但不能推动企业实现发展目标，甚至会分散企业的精力，使企业无法完成其主要目标，这样的市场对企业来说就应该放弃。除此之外，企业还应该考虑其资源条件是否适合在某一细分市场经营。只有选择那些企业有条件进入、能充分发挥其资源优势的市场作为目标市场，才能立于不败之地。

三、选择国际目标市场的步骤

1. 对所有国家的市场进行筛选

企业在选择国际目标市场时，首先要对各个国家进行初步筛选，确认选取哪些国家的市场，其目的主要在于缩小选择的范围，降低进一步评估的成本，在进行初步筛选时，暂时不要考虑进入模式的选择。

（1）宏观考察一个国家的竞争优势。根据波特尔的钻石理论，对决定一个国家竞争优势的四个因素——生产要素情况、需求情况、相关支持行业的情况、企业战略结构和竞争情况进行分析。

（2）分析一个国家的消费者特征。对消费者特征——消费者的年龄、性别、收入水平、消费结构、消费者所处的社会阶层及其生活方式的特点进行分析。对组织市场用户的特征进行分析，包括使用本产品行业的特征、典型客户的规模和组织结构，本企业所生产的产品或提供的服务在客户的价值理念中处于哪一环节、起什么作用。通过对现有的或潜在的消费者或用户的消费行为和特征进行分析，企业可以选择有利于充分发挥企业竞争优势的市场作为目标市场，利用较为集中的营销资源投入，迅速和有效地占领目标国家市场。

（3）估计市场规模。估计市场规模的主要方法是从企业所能够获得的统计资料和目标市场国家的宏观经济指标入手，找出影响产品市场前景的各项因素，并分析各项因素对产品市场前景影响的具体程度。然后，依据企业对各项影响因素的预测，推算出未来一定时间内产品在目标市场的销售前景。

（4）做出决策。在对前述资料有了较全面的掌握和较系统的分析后，企业就可以初步做出接受或放弃的决策。企业可以运用市场选择指数法加以预测。企业首先确定影响其在某细分市场上销售前景的影响因素，然后赋予其相应的权数并对各影响因素的现状进行评分，最后以各个细分市场的加权得分作为市场选择指数，从而选择得分最高的作为企业的国际目标市场。

2. 评估行业的市场潜力

经过第一阶段的初步筛选，企业已经选择了少数几个国家或地区。对于这些国家或地区市场，企业需要进一步对其市场潜力做出较深入的评估。这一评估主要是预测在特定时期特定国家或地区，某个行业在未来相当长的时间内最大的销售量。在评估行业的市场潜力时，要同时考虑市场的现实规模和行业在企业的战略计划期内的增长率。这就需要企业必须了解它的竞争者，掌握竞争者的销售情况。

各种行业协会通常会收集和发表行业的销售情况，当然并不具体列出每家公司的销售量，企业可通过对照全行业的情况预测行业增长情况。另外，企业还要根据自己过去的销售业绩进行时间序列分析，预测企业未来销售发展趋势。

四、国际目标市场的战略决策

与国内市场一样，企业在国际市场中可供选择的战略也分为无差异性、差异性和集中性目标市场战略三种。

1. 无差异性目标市场战略

无差异性营销策略指企业将产品的整个市场视为一个目标市场，用单一的营销策略开拓市场，即用一种产品和一套营销方案吸引尽可能多的购买者的营销策略。采用该战略的企业关注于国际范围内各个不同市场的共性需求，将全球市场视为一个有机的整体。该战略的优点在于通过“无差异性”的营销手段和方式，可以有效地降低营销成本，实现其规模经济效应，并尽可能抓住更多具有共性需求的消费者。

无差异性目标市场战略也存在缺点，它忽视了不同国家和地区的不同消费者之间需求的差异性，无法满足不同目标市场所有消费者的需求。而且，这种策略还可能引起激烈的竞争，实行无差异营销的直销商一般针对整体市场，当同行中有许多人如法炮制之后，可能发生大市场内竞争过度，而小市场却乏人问津的情况。

2. 差异性目标市场战略

与无差异性市场战略正好相反，差异性目标市场战略关注各个目标市场的特殊性，极为重视去适应各个国家不同消费者需求的差异性。采用该战略的企业往往会通过仔细地细分市场，选择两个或两个以上的子市场作为目标市场，并专门分别设计不同的营销策略，制定不同的营销组合方案，以满足特定消费者的需求，提高市场份额。差异性目标市场战略的优势在于，通过开发新产品或增加产品的新功能去满足不同消费者的差异性需求，增加企业的销售额，提高产品的竞争力，但是采用这种战略存在的缺点是增加了企业生产和营销的成本。

3. 集中性目标市场战略

集中性是指企业将人力、物力和财力都集中在某一国家、某一地区、某一特定市场上，为某一特定消费人群服务，满足其需要，以求在该市场上形成明显的竞争优势。采用该战略的企业一般会在市场细分后的众多子市场中，选择某一个或少数几个细分市场作为其目标市场。

与差异性目标市场战略和无差异性目标市场战略不同，采用集中性目标市场战略的企业不是面对共性需求的整体市场，也不是关注具有差异性的若干个细分市场，而是只选择一个或少数几个细分市场。因此，这种战略适合资源有限的中小型企业采用。这种战略的特点在于对细分标准的选取谨慎，对细分市场研究深入，极具针对性，并且集中资源迅速进入和占领某一特定细分市场，容易产生良好的营销效果。但是，集中性目标市场战略也存在风险。当目标市场环境发生改变时，企业会面临由于资源过分集中而缺乏灵活性的问题，这会给企业带来巨大的经营风险。

同步案例

左撇子用品有市场吗？

美国阿里德公司，专门致力于开发专供左撇子使用的产品。截至目前，已开发出来专供左撇子使用的产品有：剪刀、削铅笔机、左手开的冰箱、棒球用具、高尔夫球用具、左手玩的特制桥牌、开罐器、镰刀、锯子、手表、照相机、玩具手枪等。这些都是专为左撇子设计生产的。据统计，左撇子占全世界人口的10%，在我国大约是6%~7%。阿里德公司就是看准了这个特殊市场值得投资开发，因此而大发利市，并成为闻名世界的企业。

资料来源：http://www.doc88.com/p-3059640702194.html。

同步思考

你知道还有哪些公司也采取这种战略？

总体而言，企业在进行国际目标市场战略选择时，应综合考虑企业资源的条件、产品同质性的高低、产品所处的生命周期阶段、市场同质性高低程度以及市场竞争的激烈程度高低。

任务3　国际目标市场定位

一、国际目标市场定位的含义

市场定位理论是由美国营销大师艾·里斯和杰克·特劳特提出的。他们认为：定位始于产品，然而定位并不是对产品本身做什么行动，而是要针对潜在顾客的心智采取行动，即将产品在潜在顾客的心目中确立一个适当的位置，其实质就是企业在目标市场上为自己的产品树立某种形象，使之在目标顾客心目中占据一定位置，便于顾客了解和理解公司与竞争者的差异。

国际目标市场定位就是根据企业在国际市场上所处位置，针对消费者或用户对该产品或某种特质、属性的重视程度，强有力地塑造出本企业产品与众不同的、鲜明的形象，并把这种形象很好地传递给消费者，从而使该产品在市场上确定适当的位置。

二、国际目标市场定位的步骤

企业进行国际目标市场定位时，必须了解竞争对手的定位观念及定位战略，调查顾客对产品的评价和要求，在分析本企业的竞争能力后，确定本企业在目标市场上的竞争优势和定位战略，并准确传播企业的定位观念。

1. 了解竞争者的定位及其竞争优势

企业想要形成自己的竞争优势，就必须调查和分析竞争对手的定位策略，包括竞争者提供的产品、价格、包装、技术水平、新产品开发情况及产品成本等，从而确认其竞争潜力和竞争优势。竞争优势是在对企业比较优势加以集聚和整合，形成核心竞争力的基础上产生的。比较优势是相对于竞争对手而言所具有的优势，可以是知名的品牌、优良的产品质量、丰富的营销经验、独有的供货和销售渠道、较低的成本、优秀的员工、领先的产品技术、先进的管理技术等。企业核心竞争力是在企业现有资源和比较优势的基础上产生的，根植于企业内部资质运营中的知识、技能与经验的结合体。

2. 明确本企业的潜在竞争优势

消费者一般会选择那些给他们带来最大价值的产品和服务。因此，企业在进行市场定位时应利用自己的竞争优势，可以通过提供比竞争者更低的价格或更多的价值来使企业赢得竞争优势。企业的竞争优势具体体现在以下几个方面：

（1）产品差异。企业可以从各个方面使自己的产品区别于竞争对手的产品，如产品的款式、外观、结构等。

（2）服务差异。技术的进步和竞争的加剧使实体产品形成差异、维持差异越来越困难，竞争的关键点开始向增值服务转移。服务差异化日益重要，体现在订货便利、交货及时、安全，以及安装、客户咨询与培训、维修养护等方面。

（3）人员差异。企业通过雇用和培训比竞争对手优秀的人员来取得较强的竞争优势。

（4）形象差异。企业可以通过树立形象使自己有别于竞争对手。企业通过建立产品特色和价值方案，通过与众不同的传播渠道传递和强化这一特色价值，借助一切可利用的传播手段和品牌接触，传播能触动顾客内心感受的品牌信息。

3. 选择本企业的相对竞争优势

在多种竞争优势并存的情况下，企业需要运用相应的办法评估出企业最佳的竞争优势，并据此建立市场定位策略。一般来说，企业选择相对竞争优势，可以是经营管理方面、技术开发方面、采购方面、生产方面、市场营销方面、财务方面、产品方面。在了解和分析目标市场顾客的需要与竞争对手的竞争优势，确定和选择企业的比较竞争优势的基础上，企业就可以选择定位战略进行市场定位。需要注意的是，企业需要避免这样几种定位错误，即定位过低、定位过高和混乱定位。

企业可以从以下几个方面进行市场定位：

（1）功能属性定位。产品属性是产品本身的一些性能特点或产品特征，如价格、质量等。

（2）利益定位。产品利益是消费者在购买产品后会获得的利益。企业以产品利益为基础进行产品定位，强调购买此产品能为消费者解决什么样的问题。

（3）使用者定位。企业以使用者即用户为基础进行产品定位，强调适合即应该使用该产品的人群。

（4）品牌个性定位。每个品牌都可以拥有独一无二的个性，企业以品牌个性为基础进行产品定位。

（5）竞争者定位。企业将自己的产品或服务与已经存在于消费者心智中熟悉的相关事物相比较，也即是针对竞争对手来进行产品定位。

4. 准确传播本企业的定位观念

企业一旦选择好市场定位，就必须采取切实有效的步骤把理想的市场定位传达给目标消费者，并在目标顾客心中留下深刻的印象。企业首先要使目标顾客了解、知晓、熟悉、认同、喜欢和偏爱本企业的市场定位，在顾客心中建立与该定位相一致的形象。其次，企业通过一系列努力强化市场形象，保持与目标顾客的沟通联系，稳定目标顾客的态度，加深目标顾客的感情来巩固企业的市场定位。传递企业市场定位可以采用品牌名称、标语、产品外观或其他产品特点、销售地点、员工形象等其他方式，这些形式要尽量选择对消费者有吸引力的方式。最后，企业应注意目标顾客对其市场定位理解出现偏差或由于企业市场定位宣传上的失误而造成的目标顾客模糊、混乱和误会，对与市场定位不一致的形象，企业要及时予以纠正。

思政点滴

享誉世界的中国瓜子——洽洽亮相纽约时代广场

2018年5月9~12日，享誉世界的中国瓜子——洽洽惊艳亮相美国纽约时代广场的路透社大屏和纳斯达克大屏。

洽洽亮相纽约时代广场

为展现优秀的民族自主品牌，国务院将每年的5月10日定为“中国品牌日”。在这个特殊的节日，享誉世界的中国瓜子——洽洽联手其他中国著名民族品牌，在美国纽约时代广场向世界展现了中国品牌形象。被誉为“世界十字路口”的纽约时代广场，代表世界财富最高峰和至尊荣誉，能在这里有机会展示自己的企业，无不是各个行业的翘楚。这里曾播放的《中国国家形象宣传片》引发全球轰动。阿里、百度、京东等一系列知名的中国龙头企业，也都曾在这里向全球发出“声音”。中国品牌走出国门亮相世界舞台，真正意义上实现了民族品牌世界共享，向世界展现了中国品牌的形象，向全球传递着“中国新名片”！

资料来源：搜狐网https://www.sohu.com/a/231192878_391415，有删减。

三、国际目标市场的定位策略

市场定位策略反映了一种产品或一个企业与类似产品或同行企业之间的竞争关系，因此，市场定位策略实际上是一种竞争策略。在国际市场上，企业对其产品与国际竞争品牌相比较之后，就需要考虑用何种产品来满足目标顾客或目标消费市场的需求。一般情况下，一些企业原有产品在市场上已经在消费者心目中形成了一定形象，占据了一定位置，如可乐市场的可口可乐、刮胡刀市场的吉利、主题乐园的迪士尼等。在这些市场上，参与竞争的企业要想取得立足之地是非常困难的。因此，企业必须选择适当的市场定位策略才能在激烈的市场竞争中取得一席之地。在国际营销实践中，经常采用的市场定位策略主要有对抗定位、避强定位、比附定位和重新定位。

1. 对抗定位

对抗定位是一种与市场上居于主导地位的竞争对手“对着干”的定位策略，即企业为占据有利的市场位置，不惜与市场上占主导地位的实力最强或较强的竞争对手发生正面竞争，从而使自己的产品进入与对手相同的市场位置。这种方式可能引发激烈的市场竞争，存在较大风险性，因此，企业必须做到知己知彼，争取比竞争对手做得更好。

2. 避强定位

避强定位也称为填补市场空缺定位，是指企业采取迂回方式避开强有力的竞争对手的市场定位。当企业意识到自己无力与强大竞争对手相抗衡而取得绝对优势地位时，就可以根据自己的条件发展目标市场上没有的特色产品，开辟新的市场领域，填补市场空缺。

避强定位策略能使企业较快地在市场上站稳脚跟，从而在消费者或用户心目中树立形象。这种策略风险小、成功率高，为多数企业所采用。

3. 比附定位

在竞争激烈的市场上，有时竞争对手的形象可能和自己的相似或差不多，也可能比自己卓越。在这种情况下，比附定位是一种比较理想的定位方式。比附定位是以竞争者品牌为参照，依附竞争者定位。比附定位的目的是通过品牌竞争提升自身品牌的价值与知名度。企业可以通过各种方法和同行中的知名品牌建立一种内在联系，使自己的品牌迅速进入消费者的心智，借名牌之光使自己的品牌生辉。

同步案例

艾维斯的老二宣言

史上最为经典的比附定位案例当属美国艾维斯汽车租赁公司。20世纪60年代，赫尔茨公司占据了美国汽车租赁市场份额的55%，为了避免与其正面交锋，艾维斯公司在其广告中发出了著名的“老二宣言”，因为巧妙地与市场领导建立了联系，艾维斯的市场份额大幅上升了28%。

资料来源：https://baike.baidu.com/item/。

同步思考

你知道还有哪些公司也采取这种定位策略吗？

---

4. 重新定位

企业在选定了市场定位目标后，如果定位不准确或虽然开始定位适合，但市场情况发生变化时，若遇到竞争者定位与本企业接近，侵占了本企业的部分市场，或由于某种原因消费者或用户的偏好发生变化，转移到竞争者方面时，就应该考虑重新定位。重新定位是以退为进的策略，目的是实施更有效的定位。重新定位的企业应争取最先表达自己的特殊形象，以保证在选定的目标市场上最先让消费者接受企业产品的特色，可以追求在某些有价值的属性上取得第一的定位。

任务4　国际目标市场进入模式选择

进入国际目标市场的模式主要包括出口模式、合同模式和投资模式三种类型。选择特定的进入方式反映出企业在目标市场上的战略意图，因此，对于进入国际市场营销企业来说，了解各种进入方式的特点有利于进行正确的选择。

一、出口模式

出口模式是企业进入国际市场最初级也是最普遍的方式。从宏观角度来看，出口有利于增加国内就业，增加国家外汇收入，提高本国企业的国际竞争力，因而一直受到各国政府的鼓励。从企业角度来看，为了降低国际竞争所带来的风险，实现企业自身的不断扩张，也必须通过产品进入国际市场。出口进入国际市场模式又可以分为间接出口和直接出口两种模式。

1. 间接出口模式

间接出口是一种被动的出口形式，生产企业自身并不进入国际市场，而是委托出口经销商，或委托出口代理商，或委托在国外市场设有销售机构的本国公司，帮助其出口产品。一般情况下，企业会在初次进入国际市场时选择这种模式，这样可以有效地克服由于缺乏国际市场销售经验所带来的可能风险。

间接出口形式多样，主要包括专业进出口公司、国际贸易公司、国内出口代理商、合作出口以及外企驻本国采购处。由于不直接参与出口，企业既不用专门设立出口部等组织机构，也不需配置任何的海外营销人员，生产企业通过间接出口这种形式可以有效地降低经营成本，承担的经营风险较小，具有较大的灵活性。这种出口模式比较适合资金有限和缺乏国际经营的中小型企业，能帮助其积累国际经营的经验。当然，间接出口模式也有一定的局限性。由于间接性，企业无法直接掌握国际市场有关产品的信息，难以及时准确地进行信息反馈，难以通过直接调控产品价格来及时控制其在国外市场的销售量。因此，间接出口不是长久之计，只是企业在进入国际市场初期阶段的一种过渡方式。

2．直接出口模式

直接出口是指企业不通过中间商、代理商或销售公司等中介，而是在国内销售部门中设立专门的出口部，或是在国外设立分支机构，或是建立国外销售子公司，直接将产品销售给最终的消费者。

直接出口的形式主要有国内出口部、国外营销子公司和驻外办事处、国外经销商或代理商、直接卖给最终用户。与间接出口相比，直接出口投资较大，承担的风险较大。但是，采用这种直接出口方式的企业有更多的自主选择权，能及时掌握国际市场行情，及时调整国内产品的生产，有利于企业获得和积累经营国际化的经验。

二、合同模式

合同模式是国际企业与目标市场国的企业之间建立的一种长期的非股权关系，通过前者向后者转让技术或技能，主要是对技术、管理和销售渠道等资源的控制。这种模式通过签订合同为东道国提供各种服务而从中获利。合同模式输出的不是有形的产品，而是无形的技术、技能和生产工艺等。常见的合同模式包括许可证、特许经营、管理合同、合同制造等。

1．许可证模式

许可证模式是指国际企业在一定时期内向国外企业转让其工业产权，如专利、商标、产品配方、公司名称或其他有价值的无形资产的使用权，以此来获得提成费和其他补偿的一种营销方式，其核心是无形资产使用权的转移。

采用许可证模式的优点在于作为一种低成本的进入方式，可以绕过目标市场国的进口壁垒。当目标市场国由于进口壁垒过高难以进入或盈利困难时，企业可以由出口模式改为许可证模式。这种模式的另一个优点是政治风险比股权投资小，当企业由于风险过高或存在经营资源方面的限制时，许可证模式是一种比较好的替代模式。

许可证模式也存在一些不利的方面。首先，企业不一定拥有外国客户所真正需要或感兴趣的技术、技能或商标等；其次，企业仍有可能将接受许可的一方培养成自己强有力的竞争对手。许可方可能会失去对国际目标市场营销战略的控制，甚至还有可能因为权利、义务等问题的纠纷陷入诉讼之中。因此，企业在签订许可合同时，要特别注意明确双方的权利和义务，以保护企业自身的利益。

2．特许经营模式

特许经营是国际企业将专利、商标、包装、产品配方、公司名称、技术、服务管理方法等无形资产特别许可给独立的企业或个人。被许可方用特许方的无形资产投入经营，全面遵循特许方制定的经营方针和程序。同时，被许可方要向特许方支付初始费用，需要定期按销售额的一定比例支付报酬。特许经营和许可最大的区别在于许可方还需要对受许方的经营管理实行监督和协助，以保证特许的品牌与经营方式不发生变化。

特许经营不受资金、地域、时间等方面的限制，在同一时间内可在任何有消费者群的地域发展多家连锁店，主要特点是成本低、风险低、扩张迅速。因此，特许经营在传统的服务业中较多地被采用。

3. 管理合同模式

管理合同模式是那些管理资源比较丰富的国际企业通过签订合同承担某一国外企业的部分或全部管理任务，以提取管理费、利润或以其他方式作为回报的经营参与方式。管理合同模式的优点在于企业仅仅投入管理资源这种无形资产，而不发生资金的流动，风险比较小。

4. 合同制造模式

合同制造是指国际企业向国外生产企业提供零部件或相关标准，由国外企业按照本企业要求来生产某种产品，并由企业自身保留营销任务的一种方式。合同制造模式一般适用于在生产技术、工艺和营销方面具有优势，而在生产制造方面缺乏成本优势的企业的国外生产。采用合同制造模式的优点在于所需要的投资较少，风险较小，产品由自己销售，牢牢地掌控了市场，企业可将主要精力集中在营销上，有利于扩展国际市场。

三、投资模式

随着经济全球化及各国经济开放程度的提高，越来越多的企业将对外投资直接作为进入外国市场的主要模式。投资进入模式可分为组装业务、合资经营和独资经营等形式。

1. 组装业务

组装业务是生产企业在国内生产出产品的全部或大部分零部件，然后运往国外，在当地形成成品的作业模式。可口可乐公司在全球范围内进行组装业务，其具体做法是在国内生产出按可口可乐配方制作的可乐精，然后运往世界各地，由当地的瓶装商进行加水稀释和瓶装，在当地市场上销售。这样，可口可乐公司只在国外市场花费较小的投资，就获得了其总收入一半以上的收益。

组装业务形式在汽车行业较为普遍，主要有全散装件形式和半散装件两种形式。国外组装业务的优点是运费低、关税低、投资少、成本低，而且能够为目标市场国家提供一定的就业机会，容易为当地政府所接受。

2. 合资经营

合资经营是指两个或两个以上属于不同国家的企业共同投资、共同经营、共担风险的一种经营方式。从经济和政治风险上考虑，通过建立合资企业进入国际市场是一种明智的选择。一般情况下，东道国不欢迎外国企业采取独资方式进入本国市场，因此，在一些敏感的关系国计民生的产业，国际企业最好选择合资的方式进入。合资可以充分利用当地的丰富资源，利用企业在当地经营的知识和经验，形成经营上的互补关系。

利用合资经营方式的优点有很多：一方面，企业可以分摊开发成本，共担风险，从而减少了风险，在一定程度上获得控制权；另一方面，跨国公司可以方便地使用东道国的市场信息和当地企业的专门技能以及其分销网络；最后在政治上，相对于全资子公司来说，东道国更容易接受合资企业。一般来说，跨国企业在进入目标国市场初期时，为了减少风险，积累跨国经营的经验，都会选择采用与当地企业建立合资企业的方式来进入。

同步案例

星巴克进军海外市场模式

星巴克（Starbucks）是美国的一家连锁咖啡公司，成立于1971年，是世界领先的特种咖啡的零售商。当前公司已在北美、拉丁美洲、欧洲、中东和太平洋沿岸37个国家拥有超过20000多家咖啡店。

根据美国星巴克总部在世界各地星巴克公司中所持股份的比例看，星巴克与世界各地的合作模式主要有四种情况：星巴克占100%股权，比如在英国、泰国和澳大利亚等地；星巴克占50%股权，比如在日本、韩国等地；星巴克占股权较少，一般在5%左右，比如在中国台湾、中国香港、夏威夷和增资之前的上海等地；星巴克不占股份，只是纯粹授权经营，比如在菲律宾、新加坡、马来西亚和北京等地。

截至2020年12月27日，星巴克的全部门店数为32938家，其中星巴克在美国的门店总数为15340家，中国的门店总数为4863家。

资料来源：产业信息网http://www.chyxx.com/industry/201609/446539.html；咖啡网https://www.gafei.com/tebiebaodao/142431.html，有删减。

3. 独资经营

独资经营是指企业独自到目标市场国去投资设厂，开展经营活动。独资经营的组建方式可以是并购当地企业，也可以是直接新建。

独资经营模式的优点在于可以避免合资企业双方针对关键性问题的冲突，可以避免对控制权的分享，可以保护母公司技术秘诀，保证产品的质量，提高经营的效率。相应地，独资企业的缺点就在于母公司投入比较多，需承担的风险也比较大，从东道国政府和消费者的角度来看，对外资独资企业会心存防备。

国货之光 · 品牌出海营销实践

海尔智家的全球化秘方

海尔智家覆盖了全球超过100个国家和地区，在全球布局了“10+N”的开放研发体系，全球122个制造中心，其中海外布局54个，海尔智家的基础设施、研发与营销中心分布在7大市场。海尔智家2021年第三季度业绩报告显示，海尔智家的盈利能力持续提升，前三季度实现营收1699.64亿元，同比增长10.1%。

海尔智家20多年来从海外全球创牌到打造高端品牌、再到场景生态的一次次成功的超前布局，在专注打造本土高端品牌卡萨帝之后，通过并购和自创品牌，海尔智家目前形成了全球化运营的七大品牌。

海尔智家目前47%的收入来自海外。其中，除中国之外的亚洲市场份额第一，中东、北美、澳洲市场份额第二，拉美第六，欧洲份额第九。凭借完善良好的战略布

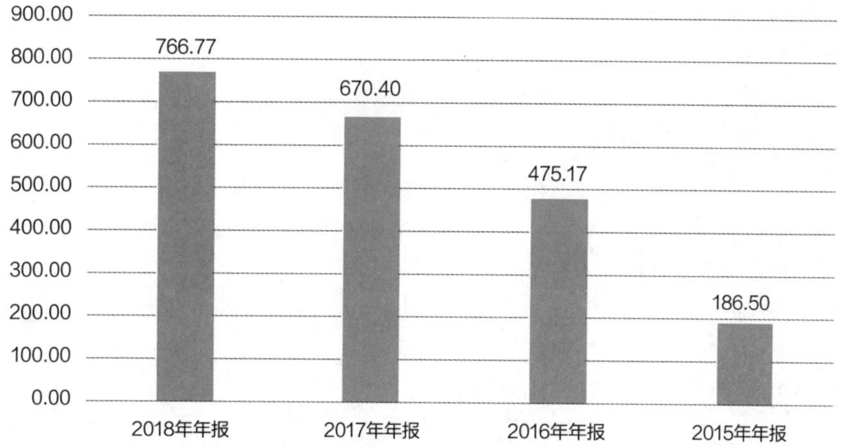

海尔海外业务营收高速增长（单位：亿元）

局，使得海尔智家的海外业务占比直冲47%，而在过去4年（2015—2018年），收入复合增速更是高达27%。

海尔：坚持以自主品牌开拓海外市场

海尔智家的全球化策略，主要体现在以下几个维度。

1. 定位："自主品牌+本土化运营"

海尔智家的海外并购基本原则是轻度整合：保持自主品牌，确保被并购后的全球化，独立运营和管理层的稳定。这样并购的好处是减少了海外并购的巨大阻力，直接提升了海尔海外市场品牌的完整性。

2. 路径："建厂+并购"，实现本土自主化

海尔智家坚持自主品牌和本土化运营，海外收入几乎全部来源于自主品牌出口，已经连续九年蝉联全球家电零售量第一。其中，在全部122个工厂中，海尔智家建设在海外的工厂就高达54个，海尔智家的供应链充分全球化。2021年1月，海尔智家罗马尼亚冰箱工厂试生产；2021年6月3日，俄罗斯冰冷互联工厂奠基；2021年7月16日，印度北部工业园正式投产；2021年10月23日土耳其干衣机工厂正式开业与洗碗机工厂同步奠基，预计年产能将超过250万台，这些布局也为海尔智家海外市场的持续发展奠定了基础。

3. 品牌：打造自主品牌集群

在新兴市场，海尔智家打造了完整的品牌矩阵：从通用电气家电（GEA）和斐雪派克（FPA），到高端卡萨帝，到一直是品牌根基的海尔智家，再到价格更亲民的统帅。而在欧美成熟市场，海尔智家遵从了原有的高端品牌和增长逻辑，用本地化产品来搭建自己的产品组合，有效地打开了原有的壁垒。

4. 并购策略：看重营销网络、看重用户份额

经过数次海外并购，公司已经构建起全球最大的产业集群，实现对全球市场的社群覆盖。2021年第三季度业绩报告显示，海尔智家的盈利能力持续提升，前三季度实现营收1699.64亿元，同比增长10.1%。

5. 研发：侧重以用户需求为导向

海尔当前已在欧洲、美国、日本、韩国、新西兰、墨西哥以及印度建立了10大研发中心，搭建了“10+N”的开放式创新体系，形成遍布全球的资源互通网络。随着海尔智家加大对研发的投入，逐渐增长的研发和技术协同整合，在高端家电的领先地位得到保证。无论是单一技术还是技术整合，都取得了巨大的领先优势。

最后，供应链、研发、品牌、自主品牌等要素，是海尔智家能够主导白电全球化霸主地位的核心驱动力和重要引擎，海尔智家的全球化战略仍然在进一步深化之中。

资料来源：根据搜狐网https://www.sohu.com/a/351167000_132528、金融界网http://stock.jrj.com.cn/2021/11/03093333806975.shtml?timer=tc等编写。

项目要点

国际市场细分是企业根据消费者的需求差异，按照一定的细分标准，把整个国际市场划分为若干个需求不同的产品或营销组合的子市场，从而在这些子市场中选择一个或多个作为其国际目标市场的过程。国际市场细分的宏观标准有地理标准、经济标准、文化标准和组合细分标准。国际市场细分的微观细分主要有消费者市场和工业品市场两大类型。国际消费者市场的细分依据为地理因素、人口因素、心理因素、行为因素；国际工业品市场细分的依据为最终用户、顾客的规模与购买力大小、购买组织的特点等。

国际目标市场的战略包括对目标市场的选择，进入目标市场的方式，制定目标市场的战略，即无差异性目标市场战略、差异性目标市场战略、集中性目标市场战略。

国际目标市场定位的步骤包括：了解竞争者的定位及其竞争优势、明确本企业的潜在竞争优势、选择本企业的相对竞争优势、准确传播本企业的定位观念。在国际营销实践中，经常采用的市场定位策略主要有对抗定位、避强定位、比附定位和重新定位等。

企业进入国际市场的方式主要有三种：出口模式包括间接出口和直接出口；合同模式包括许可证、特许经营、管理合同、合同制造；投资进入模式可分为组装业务、合资经营和独资经营等形式。各种模式都有其特定的适用条件和优缺点，企业应根据自己的战略目标和自身实力正确选择进入国际市场的方式。

项目实训与测评

◎ 项目实训

一、实训目的

1. 培养并加强学生对具体产品进行细分市场的实践操作能力。
2. 提高目标市场选择和定位的实践操作与分析能力。

二、实训内容

学生分组对平时关注的行业、企业自主收集和选择案例或产品，作为本小组进行实训的案例或产品，根据目标市场国的环境和消费者行为分析，运用市场细分、目标市场选择与定位的方法，将选择的案例或产品对目标市场国进行细分、选择与定位，撰写《某公司某国目标市场选择与定位报告及建议》。

最后成果为书面报告和成果展示（PPT演示），对报告进行讲解。

三、实训步骤

1. 各项目组运用市场细分方法对消费者市场进行明确细分。
2. 列出某企业想要进入的主要目标市场及其特征。
3. 选择某企业的市场定位策略。
4. 具体定位策略和方法选择，并给出建议。
5. 形成书面报告和建议书，用PPT进行成果展示。

◎ 项目测评

一、单项选择题

1.（　　）差异的存在是市场细分的客观依据。

A. 产品　B. 价格　C. 需求偏好　D. 细分

2. 同一细分市场的顾客需求具有（　　）。

A. 绝对的共同性　B. 较多的共同性　C. 较少的共同性　D. 较多的差异性

3. 某服装企业为“朴素妇女”“时髦妇女”“有男子气的妇女”等分别设计和生产女性服装，这种市场细分属于（　　）。

A. 地理细分　B. 人口细分　C. 心理细分　D. 行为细分

4. 某烟草公司将其顾客分为少量使用者、中量使用者、大量使用者，这种市场细分是（　　）。

A. 地理细分　B. 人口细分　C. 心理细分　D. 行为细分

5. 不适合作为某生产消费品企业的市场细分依据是（　　）。

A. 地理细分　B. 人口细分　C. 最终用户　D. 行为细分

6. 当数字电视进入成熟期后，海尔最好采用（　　）。

A. 无差异性营销　B. 差异性营销　C. 集中性营销　D. 大量市场营销

7. 某跨国集团将其目标市场划分为欧盟、北美、东盟等，其划分依据为（　　）。

A. 地理细分　B. 人口细分　C. 心理细分　D. 行为细分

8. 集中性市场战略尤其适合（　　）。

A. 跨国公司　B. 大型企业　C. 小型企业　D. 中型企业

9. 重新定位是对销量少、市场反应差的产品进行（　　）定位。

A. 避强　B. 对抗性　C. 竞争性　D. 二次

10. (　　) 定位方式市场风险少，成功率较高，常为企业所采用。

A. 避强　B. 对抗性　C. 比附　D. 重新

11. 企业在选择国际市场进入方式中，战略风险最高的是 (　　)。

A. 出口　B. 许可协议　C. 对外直接投资　D. 战略联盟

二、多项选择题

1. 细分国际消费者市场的标准有 (　　)。

A. 地理环境因素　B. 人口因素　C. 心理因素

D. 行业因素　E. 行为因素

2. 人口细分变量中的家庭状况因素包括 (　　)。

A. 家庭收入　B. 家庭人口　C. 家庭宗教信仰

D. 家庭生命周期　E. 家庭民族构成

3. 市场定位的主要方式有 (　　)。

A. 避强定位　B. 对抗性定位　C. 比附定位

D. 重新定位　E. 取代定位

4. 无差异性营销战略 (　　)。

A. 具有成本的经济性　B. 不进行市场细分　C. 适用于大多数产品

D. 适用于小企业　E. 只强调需求共性

5. 企业进入国际目标市场的方式有 (　　)。

A. 出口模式　B. 合同模式　C. 进口模式

D. 兼并模式　E. 投资模式

6. 企业进入国际目标市场的合同模式包括 (　　)。

A. 许可证　B. 特许经营　C. 管理合同

D. 间接出口　E. 合同制造

三、简答题

1. 简述国际市场细分的原则与步骤。
2. 国际目标市场定位的策略有哪些?
3. 国际目标市场进入方式有哪些?
4. 什么叫契约进入方式? 简述其具体操作方法。

四、论述题

我国企业在进入国际市场时面临的问题主要有哪些? 分析应对策略。

五、案例分析题

创立于1981年的TCL集团股份有限公司，是我国比较早的开始国际化的企业之一。1996年TCL集团兼并香港陆氏公司彩电项目，开创国企兼并港资企业并使用国有品牌之先河。为了应对欧盟对中国彩电业的反倾销，也为了利用越南的劳动力成本与资源优势，1999年TCL在越南投资建厂，成立越南分公司，并且迅速实现盈利，这为TCL集团实施国际投资树立了信心。

2002年4月16日TCL集团股份有限公司创立，开始引入国际战略投资。2002年9月，TCL斥资820万欧元全资收购了德国施奈德（Schneider）电器有限公司；次年，TCL通过在美国的控股公司莲花太平洋收购了美国高威达（Govedio）公司，并且与法国汤姆逊公司（Thomson）宣布联手成立合资公司；2004年10月9日，与法国阿尔卡特公司合资成立TCL-阿尔卡特移动电话公司。一连串密集的国际化动作，迅速提升了TCL的整体实力。

2013年TCL冠名好莱坞中国大剧院，并且签订了长达10的合作协议，通过冠名和提供显示设备的方式，将TCL的品牌植根于美国。

资料来源：百度文库https://wenku.baidu.com/view/502e2138561252d381eb6e1f.html，有删减。

问题

1. TCL通过哪些方式走向国际市场？
2. TCL走向国际市场的经验和启示主要有哪些？

项目五 国际市场营销竞争战略

项目目标

◎ 知识目标

1. 了解和掌握国际市场一般竞争战略及具体战略
2. 掌握国际战略联盟的特点及建立原则

◎ 能力目标

1. 能够运用所学的原理和方法对企业所处的市场竞争地位进行分析
2. 能正确理解经济生活中各种企业战略联盟的现状

◎ 素养目标

1. 拥有国际视野，提升国际竞争力
2. 理解中国国家战略性企业的责任，理解国家安全视域下的大国技术竞争

项目思维导图

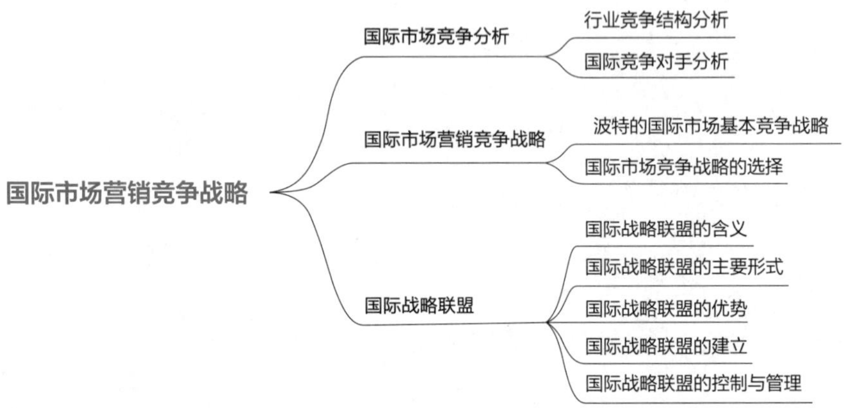

导入案例

华为公司的竞争力分析

◎ 案例背景

在市场的竞争实践中，华为公司坚持以创新为核心竞争力的动力，不断地研究与开发，正如公司的品牌理念——华为非极致而不为，华为坚持提升质量、提高服务水平，高度重视消费者口碑的核心动力，不断地研究与开发低成本高质量的手机，使得华为公司在手机行业中立于不败之地。

◎ 案例启示

1. 华为现有竞争者的竞争程度分析

就性价比来讲，小米是华为有力的竞争对手。小米通过模仿价格更高手机的外观，在拥有同等质量的情况下，价格压缩得比较低。就广告而言，OPPO是华为有力的竞争对手，其更有效的广告方式，使得购买者对这个品牌的印象以及好感度都在不断地上升。就价格而言，VIVO是华为有力的竞争对手，随着VIVO手机更新换代层出不穷，且OPPO和VIVO的品牌定位为拍照手机，高清的画质与自带的美颜相机为年轻人提供了出色的手机拍照体验，是一个受学生和低收入人群青睐的品牌。就品控来讲，苹果依旧是华为强有力的竞争对手。

2. 华为潜在竞争者进入的威胁程度分析

潜在竞争者对于企业的威胁更多来源于顾客对现有品牌的忠诚度。现如今，手机行业中的手机品牌五花八门，各个品牌都拥有属于自己的核心技术以及核心竞争力。因此，如果潜在竞争者想在手机行业中有一席之地，还需要拥有一个强有力的、可以与现存的技术相抗衡的技术。

3. 华为替代品的威胁程度分析

手机的替代品可能是电子书、平板电脑。拿平板电脑来说，不具有通信功能的平板电脑，在功能方面不能完全替代手机；具有通信功能的平板电脑，其通信功能使用起来也并不方便。随着科技的不断进步，还有一种替代品是可穿戴式的智能设备，例如智能手环。它虽然在一定程度上方便了人们的日常生活，但是就功能全面性来说，智能手环还是无法替代手机的。这些替代品跟手机相比的话，便携性、功能性较差，而且就专业性来说，手机也是非常突出的，就现阶段来说，替代品还未凸显出很明显的优势。但是，随着科技的进步，人工智能、VR等逐渐进入消费者的视野，替代品的威胁还是不容小觑的。

4. 华为供应商的议价能力分析

手机是由很多不同类型的配件组装而成的，而每一个配件所在的市场环境是不同的，议价能力也是不一致的。就拿最重要的手机所特有的芯片处理器来讲，这是一个门槛高且竞争对手少的市场，因此芯片处理器的供应商就具有较高的议价能力。而对于手机操作系统来讲，供应商就没有多大的议价能力。

5. 华为购买者的议价能力分析

华为的购买者主要可以分为两类：单个的消费者和电信行业的运营商。目前，运营商市场订货量依旧较为巨大，具有极强的议价能力，会在价格、优惠等方面对企业施压。对于单个的消费者来说，依旧有国产手机还是不如国外品牌手机的心理，对品牌的忠诚度并不高。

华为公司作为手机制造商，总体来说，面临的竞争还是比较大的。除了替代品和新进入者的威胁对于华为来说相对较小外，现有竞争者的威胁、供应商以及消费者的议价能力对于华为公司来说影响是十分巨大的。

资料来源：罗欣，李永洁. 手机企业竞争力分析——以华为公司为例［J］. 商场现代化，2021（1），有删减。

项目知识

竞争是市场经济的基本特征之一，任何企业都无法回避竞争。国际企业要想在激烈的市场竞争中立于不败之地，就必须树立竞争观念，制定正确的市场竞争战略，努力取得市场竞争主动权，这样才能不断巩固自己的市场地位，实现既定的国际营销目标。了解消费者和竞争对手是企业开展国际市场营销活动的重要前提。

任务1 国际市场竞争分析

企业从国内市场拓展到国际市场，必然面临着新的国际营销环境，要针对国际竞争的特点采取相应的营销战略，就必须对国际市场进行竞争分析。对国际市场进行竞争分析主要分为两个部分：一是从行业层面对产业环境的分析，运用波特的模型对产业盈利水平进行分析；二是从微观层面对竞争环境进行分析，重点对竞争者的目标、现行策略和能力进行评估。

一、行业竞争结构分析

企业在市场上的竞争地位以及企业可采取的竞争战略，往往受到企业所在行业竞争结构的影响。美国著名管理学家迈克尔·波特提出，行业内部的竞争状态取决于五种基本的竞争力量，即现有竞争者、新进入者、替代品的威胁、供应商的议价能力和购买者的议价能力，这五种力量的组合称为“波特模型”（图5-1）。

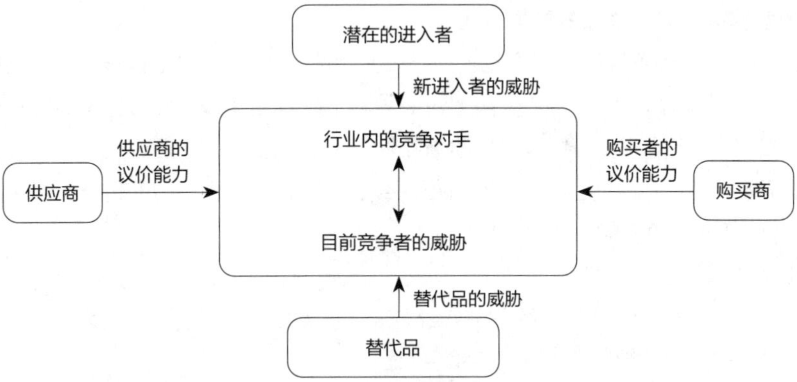

图5-1　波特竞争模型

知识拓展

波特的五力竞争模型

“五力模型”的概念最早出现在波特1979年发表在《哈佛商业评论》上，题为《竞争力如何塑造战略》（*How Competitive Forces Shape Strategy*）的论文中。该论文的发表，历史性地改变了企业、组织乃至国家对战略的认识，被评为《哈佛商业评论》创刊以来具有影响力的十篇论文之一。之后波特又相继发表了《竞争战略》（1980）、《竞争优势》（1985）和《国家竞争优势》（1990），形成著名的“波特三部曲”。这套理论将产业组织分析法引入战略管理领域，形成其独特的企业竞争战略理论，在全球范围内产生了深远的影响。迈克尔·波特的理论建立在产业组织经济学的“结构—行为—绩效（SCP）”这一范式上，认为企业竞争优势是由产业结构决定的，是由一个产业中的五种竞争力量（即进入威胁、替代威胁、买方的议价能力、供应方的议价能力和现有竞争对手的竞争）所决定的，这五种基本竞争力量的状况及其综合强度，决定了行业的竞争激烈程度，从而决定了产业最终的获利潜力。要对抗这些竞争力量，企业就要采取相应的发展策略，建立自己的竞争优势。

（一）现有竞争者威胁

产业内现有竞争对手之间的竞争是产业内各企业为了提高自己的市场份额，提升自己在行业中的地位，获取相对于其他企业的优势而采取的一切行动。对同行业内部企业之间的威胁程度，需要考察以下几个方面。

1. 主要竞争对手的数量及规模

当某一产业中企业之间的规模和实力相差悬殊时，实力较弱的企业就会采取跟随战略，竞争较为和缓；而当产业中同时存在几个规模和实力相当的竞争对手时，竞争就会加剧。

2. 产品差异化程度

当产业内的竞争者提供的产品大致相同，或不存在明显差异时，竞争就会比较激烈。

3. 竞争者目前或可能采取的竞争方式

一般情况下，企业间的竞争通常采取两种方式：价格竞争和非价格竞争。价格竞争通过降低价格，减小毛利率而侵蚀利润，导致大多数企业盈利下降甚至亏损，是最为激烈的竞争形式。非价格竞争包括加快新产品开发、提高产品质量和性能、增加服务等，通过提高成本而减少利润。由于高成本可能通过高价格的方式转嫁到消费者身上，比起价格竞争，非价格竞争会较大程度地削减利润，对同行业竞争者的杀伤力也比较大。

4. 产业的增长速度

当某一产业发展较快时，企业经营往往比较顺利，企业之间的摩擦较少，而当产业发展缓慢，市场拓展空间较小时，企业间的竞争就会加剧。

5. 行业的退出壁垒

当行业退出壁垒很高或退出成本很高时，即使一个行业的盈利性很低甚至亏损，企业也别无选择，只能选择继续待在这个行业中，行业激烈的竞争还会持续下去。比较常见的退出壁垒包括专用资产、战略相关性、情感障碍及政府与社会的限制等。

（二）新进入者的威胁

新进入者是那些可能进入某个产业参与竞争的企业或在某个产业最近开始经营的企业。无论是降低产品价格、增加产品相关服务，还是开发新产品，新进入的企业将会瓜分行业内部现有企业的市场份额，从而降低市场集中度，加剧行业竞争，进而缩小行业的盈利空间。

新进入者的威胁主要表现在两个方面：一是该产业的进入障碍大小；二是产业内部现有企业对此的反应程度。进入该产业的障碍越大，现有企业的反应越强烈，潜在进入者就越不容易进入。常见的障碍主要有以下几个方面。

1. 规模经济的实现

规模经济是指在一定时期内产品单位成本随总产量的增加而下降。对于一个新进入者，其生产规模很难快速达到规模经济的要求，单位成本难以降低到理想的成本。一味地追求大规模生产只会使新进入者面临极大的投资风险。

2. 独特的产品差异化

产品差异意味着行业内部现有企业经过长期经营构建了能够让市场认可的品牌，获得了商品信誉和消费者的忠诚度。独特的产品差异化所构建的壁垒会迫使新进入者耗费大量资金通过广告宣传、举办各种新奇的促销、增强客户服务等手段来消除现有公司在顾客忠诚度上的优势。

3. 分销渠道控制

行业内部现有的销售渠道已经被现有企业分配，乃至争夺完毕，随着时间的积累，彼此之间已经形成了稳固的业务往来关系，这往往不能轻易地被新进入者打破。新进入者要想获得分销渠道就必须采取降价、共同分担广告费等办法促使中间商接受其产品，这样带来的结果自然就是利润的降低。

4. 对资本量的要求

竞争者所需要的巨额投资也构成一种进入壁垒，尤其是高风险或不能回收前期投资的产业，更是一般企业难以进入的，如航空业、制药业、采矿业等，都需要极高的初始资本的投入。

5. 较高的转移成本

转移成本是买方从原来的供应商采购产品转换到新的供应商所遇到的一次性成本或转换成本，包括评估新资源所需要的时间和费用，重新培训雇员的费用等。如果这些转换成本极高，对新进入者是一种极高的壁垒。

（三）替代品的威胁

替代品是指具有相同或相近的功能，以另外的方式满足于现有产品大致相同的消费者需求的产品，如天然气与汽油，茶与咖啡等。替代品的威胁程度主要取决于三个方面的因素：

（1）替代品价格上是否具有吸引力。

（2）替代品在质量、性能和其他重要特性方面的满足程度。

（3）购买者转换成本的高低。

企业必须努力消除可能引发替代品出现的价格差异，随时关注市场供求的平衡状态，采取产品差异化战略来扩大与替代品之间的差距。

（四）供应商的议价能力

供应商是一个企业生产经营所需要投入各种资源的提供者，供应商与生产企业之间的关系是一种买卖关系。供应商总是希望以高价卖出自己所提供的原材料、零部件或者资金、劳动、技术等要素。供应商的议价能力越强，对生产企业的威胁就越大。供应商的议价能力受以下因素影响。

1. 供应商所在行业的市场条件

如果供应品市场是完全竞争市场，供应商议价能力就弱，反之，供应商议价能力就强。因此，处于有利市场条件的供应商就可以争取到对自己更为有利的价格、计价货币和付款条件。

2. 供应商提供的产品的差异性

如果供应商提供的产品是高度差异化的，生产企业往往很难找到其他的供应来源，就会对供应商产生很大的依赖性，供应商的议价能力自然就会提高。

3. 供应商之间的协调程度

如果同行业供应商之间在价格等方面达成某种默契或协议，也会增强供应商的议价能力。

4. 供应商前向一体化的能力

如果供应商企业不仅可以生产原材料，还能自行加工生产，那么供应商对企业的依赖性就不强，供应商的议价能力也会提高。

5. 生产企业对供应商的重要程度

当生产企业不是供应商的重要客户时，它对供应商的议价能力就弱。

（五）购买者的议价能力

生产者与购买者之间的关系同生产者与供应商之间的关系本质上一样的，只不过生产者成为其产品购买者的供应商。购买者不是指单个产品的购买者或用户，而是产品购买者的群体。对于购买者而言，总是希望获得物美价廉的产品，这就迫使企业不断降低成本，加剧了行业内企业间的竞争。购买者的议价能力主要受以下因素影响。

1. 购买者的数量及购买规模的大小

如果生产企业提供的产品的购买者数量少，每次购买规模大，则购买者的议价能力就强。

2. 产品的差异性

如果生产商所出售的产品是无差异的或标准化的，那么购买者就会有很大空间去寻找替代来源，购买者的威胁就很大。

3. 市场信息掌握的程度

如果充分了解市场的供求状况和价格的变动趋势，并掌握了产品的生产成本和营销成本，购买者就具有较强的议价能力，就有可能获得更优惠的价格。

4. 购买者后向一体化的能力

当购买者具有后向一体化的能力时，就会限制生产企业的议价能力，购买者的议价能力就会增强。

二、国际竞争对手分析

竞争对手是企业在国际市场范围内经营行为以及绩效的最直接的影响者和被影响者。这种直接的互动关系决定了竞争对手分析在国际市场竞争中的重要性。国际竞争对手分析主要侧重从个别企业的角度，对竞争对手的未来目标、现行战略、反应模式因素进行分析。

1. 确定国际竞争对手

从目标市场国的行业层面来看，企业的竞争对手主要是指那些提供的产品与本企业的产品相同或相似，并具有相似价格和相同目标市场的企业。

2. 国际竞争对手的未来目标分析

对国际竞争对手的未来目标分析，主要可以从以下三个方面来进行：

（1）与国际范围的竞争对手相比，我们的目标如何？目标设定的高低、难易如何是否合适？

（2）未来的业务发展重点在哪里？从观察竞争对手发展现状来看，我们是否需要对目前的主营业务与发展方向做出调整？

（3）对待风险的态度如何？面对现有的环境，竞争对手应对挑战的态度如何？是采取有效规避风险的态度还是直接面对风险、应对挑战的态度呢？

3. 了解竞争对手现行对策

主要从竞争对手所采用的一般竞争战略类型、竞争对手的核心能力体现在哪些地方、竞争对手现行战略或对策的实际效果这三个方面，对竞争对手的现行对策进行全面彻底了解。

4. 对竞争对手能力的评估

主要从技术研发、生产制造、资金融通、国际营销策略、物流管理等方面对竞争对手面对国际竞争的基本实力、应变效率和持续经营能力进行综合评估，以便把握国际竞争对手参与竞争的强度。

5. 国际竞争对手的反应模式

了解国际竞争中在面对诸如产品、价格、分销及促销等各种不同的竞争方式时，竞争对手可能做出的反应，这很大程度上取决于跨国企业经营者的国际营销理念。

（1）迟钝型竞争者。某些企业对市场竞争的反应不是很强烈，行动迟缓。这有可能是因为竞争者受到自身在资金、规模、技术等方面的能力的限制，无法做出适当的反应；也可能是因为竞争者对自己的竞争力过于自信，不屑于采取反应行动；还可能是因为竞争者对市场竞争措施重视不够，未能及时捕捉到市场竞争变化的信息。

（2）选择型竞争者。某些企业对于不同的市场竞争措施的反应是有区别的。如大多数企业对降价这样的价格竞争措施总是反应敏锐，倾向于做出强烈的反应，力求在第一时间采取措施；而对改善服务、增加广告费、改进产品等非价格竞争措施则不太在意，认为不构成对本企业的威胁。

（3）强烈反应型竞争者。许多企业对市场竞争因素的变化十分敏感，一旦受到来自竞争者的挑战，就会迅速地做出强烈的市场反应，进行报复和反击。这些强烈反应型竞争者一般都是市场上的领导者，具有某些竞争优势。一般企业轻易不敢或不愿挑战其在市场上的权威，尽量避免与其进行直接的正面交锋。

（4）不规则型竞争者。这类企业对市场竞争所做出的反应通常是随机的，往往不按规则出牌，使人感到难以捉摸。如，不规则型竞争者在某些时候可能会对市场竞争的变化做出反应，也可能不做出反应；他们既可能迅速做出反应，也可能反应迟缓。

6. 国际竞争的战略选择

企业要根据其国际竞争对手的强弱及竞争对手的表现是良好还是具有破坏性，来具体选择竞争还是放手的国际营销竞争战略。

任务2 国际市场营销竞争战略

一、波特的国际市场基本竞争战略

基本竞争战略是由美国哈佛商学院著名的战略管理学家迈克尔·波特提出的。他指出，基本竞争战略有三种：总成本领先战略、差别化战略和专一化战略。企业必须从这三种战略中选择一种，作为其主导战略。要么把成本控制到比竞争者更低的程度；要么在企业产品和服务中形成与众不同的特色，让顾客感觉到你提供了比其他竞争者更多的价值；要么企业致力于服务于某一特定的细分市场、某一特定的产品种类或某一特定的地理范围。这三种战略架构上差异很大，成功地实施它们需要不同的资源和技能，由于企业文化混乱、组织安排缺失、激励机制冲突，夹在中间的企业还可能因此而遭受更大的损失。

1. 总成本领先战略

成本领先要求坚决地建立起高效规模的生产设施，在经验的基础上全力以赴降低成本，抓紧成本与管理费用的控制，以及最大限度地减小研究开发、服务、推销、广告等方面的成本费用。

为了达到这些目标，就要在管理方面对成本给予高度的重视。尽管质量、服务以及其他方面也不容忽视，但贯穿于整个战略之中的是使成本低于竞争对手。该公司成本较低，意味着当别的公司在竞争过程中已失去利润时，这个公司依然可以获得利润。

同步案例

零售巨头沃尔玛的“天天平价”的竞争战略

通过采用成本领先战略，沃尔玛真正实现了“天天平价，始终如一”的经营理念，这让它成为世界最大连锁零售商和世界500强企业之一。

沃尔玛采取中央采购制度，总部统一采购再配送给各个连锁店，对全年销售的商品一次性签订采购合同，由于采购量巨大，沃尔玛获得的价格优惠远远高于同行。不仅如此，沃尔玛协助供应商降低产品成本，它会对供应商的劳动力成本、生产场所、存货控制及管理工作进行质询和记录，迫使其改善生产和管理，生产和管理成本降低了，商品成本也会随之降低，沃尔玛就能以更低价格采购到商品。

为了降低商品流通成本，沃尔玛还建立了物流团队，这样既能减少物流服务商对运输环节的中间盘剥，又能让各店之间实现即时调配，平衡库存成本，还能保证商品及时到店，减少等待的时间成本。

资料来源：https://www.sohu.com/a/155185191_633066有删减。

赢得总成本最低的有利地位通常要求具备较高的相对市场份额或其他优势，诸如与原材料供应方面的良好联系等，或许也可能要求产品的设计要便于制造生产，易于保持一个较宽的相关产品线以分散固定成本，以及为建立起批量而对所有主要顾客群进行服务。

总成本领先地位非常吸引人。一旦公司赢得了这样的地位，所获得的较高的边际利润又可以重新对新设备、现代设施进行投资以维持成本上的领先地位，而这种再投资往往是保持低成本状态的先决条件。

2. 差别化战略

差别化战略是将产品或公司提供的服务差别化，树立起一些全产业范围中具有独特性的东西。实现差别化战略可以有许多方式：设计名牌形象、技术上的独特、性能特点、顾客服务、商业网络及其他方面的独特性。最理想的情况是公司在几个方面都有其差别化特点。

如果差别化战略成功地实施了，它就成为在一个产业中赢得高水平收益的积极战略，因为它建立起防御阵地对付五种竞争力量，虽然其防御的形式与成本领先有所不同。波特认为，推行差别化战略有时会与争取占有更大的市场份额的活动相矛盾。推行差别化战略往往要求公司对于这一战略的排他性有思想准备。这一战略与提高市场份额两者不可兼顾。在建立公司的差别化战略的活动中总是伴随着很高的成本代价，有时即便全产业范围的顾客都了解公司的独特优点，也并不是所有顾客都愿意或有能力支付公司要求的高价格。

3. 专一化战略

专一化战略也称集中化战略，是主攻某个特殊的顾客群、某产品线的一个细分区段或某一地区市场。正如差别化战略一样，专一化战略可以采用多种形式。虽然低成本与差别化战略都是要在全产业范围内实现其目标，专一化战略的整体却是围绕着很好地为某一特殊目标服务这一中心建立的，它所开发推行的每一项职能化方针都要考虑这一中心思想。这一战略依靠的前提思想是：公司业务的专一化能够以高的效率、更好的效果为某一狭窄的战略对象服务，从而超过在较广阔范围内竞争的对手们。波特认为这样做的结果，是公司或者通过满足特殊对象的需要而实现了差别化，或者在为这一对象服务时实现了低成本，或者二者兼得。这样的公司可以使其盈利的潜力超过产业的普遍水平。这些优势保护公司抵御各种竞争力量的威胁。

但专一化战略常常意味着限制了可以获取的整体市场份额。专一化战略必然包含着利润率与销售额之间互以对方为代价的关系。

二、国际市场竞争战略的选择

在国际市场上，企业可根据自己在市场竞争中所处的地位采取不同的市场竞争战略。一般来说，可供企业选择的有市场领导者、市场挑战者、市场追随者、市场补缺者四种战略。另外，企业所处行业的生命周期不同，选择的竞争战略也有所不同。

（一）市场领导者战略

市场领导者指占有最大的市场份额，在价格变化、新产品开发、分销渠道建设和促销战略等方面对本行业其他公司起着领导作用的公司。要击退其他公司的挑战，保持第一位的优势，必须从三个方面努力：扩大总需求、保持现有市场份额和扩大市场份额。

1. 扩大总需求

市场领导者占有的市场份额最大，在市场总需求扩大时受益也最多。扩大总需求的途径是开发产品的新用户、寻找产品的新用途和增加顾客使用量。

（1）开发新用户。

① 转变未使用者。即说服那些尚未使用本行业产品的人开始使用，把潜在顾客转变为现实顾客。

② 进入新的细分市场。新的细分市场是指该细分市场的顾客使用本行业的产品，但是不使用其他细分市场的同类产品和品牌。企业在细分市场的需求饱和后可设法进入新的细分市场，扩大原有产品的适用范围，说服新细分市场的顾客使用本产品。

③ 地理扩展。指寻找尚未使用本产品的地区，开发新的地理市场。

（2）寻找新用途。指设法找出产品的新用法和新用途以增加销售，不意味着利润将增加，还应考虑以下三个因素：

①经营成本。当市场份额持续增加而未超过某一限度的时候，企业利润会随着市场份额的提高而提高；当市场份额超过某一限度仍然继续增加时，经营成本的增加程度就会大于利润的增加程度，企业利润就会随着市场份额的提高而降低，主要原因是用于提高市场份额的费用增加。如果出现这种情况，则市场份额应保持在该限度以内，市场领导者的战略目标应是扩大市场份额而不是提高市场占有率。

②营销组合。如果对市场营销组合运用不合理，将会造成经营成本大大增加，市场份额的提高反而会造成利润下降。

③反垄断法。为了保护自由竞争，防止出现市场垄断，许多国家的法律规定，当某一公司的市场份额超出某一限度时，就要强行地分解为若干个相互竞争的小公司。

（3）增加顾客使用量。增加顾客使用量是扩大总需求的一种重要手段。如法国一家轮胎公司大力宣传法国南部旅馆的优良服务，诱导巴黎人开车到南部去度周末，并出版有详细地图的旅游指南，引导人们更多地开车去旅游，以增加轮胎的消耗量。

2. 保持现有市场份额

面对众多的竞争对手，市场领导者只能通过不断创新，为消费者提供新的价值，提高企业的竞争能力，才能维护自己的领导地位。

3. 扩大市场份额

市场领先者设法提高市场占有率，也是增加收益、保持领先地位的一个重要途径。市场领先者可以在有需求增长潜力的市场中，通过进一步地扩大市场占有率来寻求发展。

对于市场领先者来说，实行扩大市场份额的战略能取得有效结果的条件：一是具有较陡峭的行业经验曲线，这样通过扩大市场占有额可以取得成本经济性；二是顾客对产品具有“质量响应”特点。所谓“质量响应”是指随着产品质量提高，顾客愿意为之支付更高的产品售价。这样，企业就可能为质量的提高而获取质量溢价。扩大市场份额战略的主要做法有：

（1）产品创新。产品创新是市场领先者主要应该采取的能有效保持现有市场地位的竞争策略。

同步案例

华为坚持创新

华为一贯坚持的做法是将年收入的10%固定投入到研发领域，到2021年，研发投入占整体收入规模的比例已经高达22.4%，位列全球第二。华为始终认为以收入作为基线进行研发投入，无论利润高低，华为都始终坚持这一点。

华为：不靠手机也能活

（2）质量策略。质量策略也是市场领先企业采用较多的市场竞争策略，即不断向市场提供超出平均质量水平的产品。这种竞争做法，或者是为了直接从高质量产品中得到超过平均投资报酬率的收入；或者是在高质量产品的市场容量过小时，不是依靠其获得主要营销收入，而仅仅是为了维持品牌声誉或保持企业产品的市场号召力，从而能为企业的一般产品保持较大市场销售量。

（3）多品牌策略。此策略为美国的P&G（宝洁）公司首创，即在企业销路较大的产品项目中，采用多品牌营销，使品牌转换者在转换品牌时，都是在购买本企业的产品。

（4）增加或大量广告策略。市场领先企业，往往可以在一定的时期，采用高强度多频度的广告来促使消费者经常保持对自己品牌的印象，增加其对品牌熟悉的程度或产生较强的品牌偏好。

（5）有效或较强力度销售促进。通过更多销售改进工作来维持市场份额，如不断加强售后服务、提供更多质量保证，建立更多的销售和顾客服务网点。

思政点滴

中国品牌走向世界 全球影响力不断提升

2021年5月10日至12日，以“中国品牌，世界共享；聚力双循环，引领新消费”为主题的2021年中国品牌日活动在上海举行。为期三天的活动中，37个地方展馆、19家央企展馆，集聚了600多家国内知名品牌企业、大国重器、科技创新同台亮相，全面展现我国品牌发展新成果、新形象，扩大自主品牌知名度和影响力，促进国内国际双循环。

资料来源：人民网，https://baijiahao.baidu.com/s?id=1699599847262978860&wfr=spider&for=pc。

中国品牌着力迈向世界一流

（二）市场挑战者战略

市场挑战者指在行业中占据第二位及以后位次，有能力对市场竞争者和其他竞争者采取攻击行动，希望夺取市场领导者地位的公司。

1. 确定战略目标与竞争对手

大多数市场挑战者的目标是增加自己的市场份额和利润，减少对手的市场份额。战略目标与所要进攻的竞争对手直接相关。

（1）攻击市场领导者。这一战略风险大，潜在利益也大。当市场领导者在其目标市场的服务效果较差而令顾客不满或对某个较大的细分市场未给予足够关注的时候，采用这一战略带来的利益较为显著。

（2）攻击规模相同但经营不佳、资金不足的公司。公司应当仔细调查竞争者是否满足了消费者的需求，是否具有产品创新的能力，如果竞争者在这些方面有缺陷，就可以作为攻击对象。

（3）攻击规模较小、经营不善、资金缺乏的公司。这种情况在我国比较普遍，许多实力雄厚、管理有方的外国独资和合资企业一进入市场，就击败了当地资金不足、管理混乱的弱小企业。

2. 选择进攻战略

选择进攻战略应遵循“密集原则”，即把优秀兵力集中在关键的时刻和地点，以达到决定性的目的。

（1）正面进攻。正面进攻是向对手的强项而不是弱项发起进攻。比如，以更好的产品、更低的价格、更大规模的广告攻击对手的拳头产品。决定正面进攻胜负的是“实力原则”，即享有较大规模（人力、财力和物力）的一方取得胜利。降低价格是一种有效的进攻战略，如果让顾客相信进攻者的产品同竞争对手相同但价格更低，这种进攻就会取得成功，但如果防守者具备某些优势，则实力原则就不一定奏效。

（2）侧翼进攻。侧翼进攻是寻找和攻击对手的弱点。寻找对手弱点的主要方法是分析对手在各类产品和各个细分市场上的实力和绩效，把对手实力薄弱或绩效不佳或未覆盖而又有潜力的产品和市场作为攻击点和突破口。侧翼进攻使各公司的业务更加完整地覆盖了各个细分市场，进攻者较易收到成效，并且避免了攻守双方为争夺同一市场而造成的两败俱伤的局面。侧翼进攻指出了营销目的就是发现需要并为之提供服务，成功概率高于正面进攻，特别适用于资源较少的进攻者。

（3）多面进攻。多面进攻是在多个领域同时发动进攻以夺取对手的市场。适用条件是：一是通过市场细分未能发现对手忽视或尚未覆盖的细分市场，补缺空档不存在，无法采用侧翼进攻；二是与对手相比拥有绝对的资源优势，制定了周密可行的作战方案，相信全方位的进攻能摧毁对手的防线和抵抗意志。

（4）迂回进攻。迂回进攻是避开对手的现有业务领域和现有市场，竞争对手尚未涉足的业务领域和市场，以壮大自己的实力，主要包括3种方法：一是多元化地经营与竞争对手现有业务无关的产品；二是用现有的产品进入新的地区市场；三是用竞争对手尚未涉足的高新技术制造的产品取代现有的产品。在高新技术领域实现技术飞跃是最有效的迂回进攻战略，可以避免单纯地模仿竞争者的产品和正面进攻造成的重大损失。公司应致力于开发新一代的技术，待时机成熟过后就向竞争对手发动进攻，把战场转移到自己已经占据优势的领域中。

（5）游击进攻。游击进攻是向对手的有关领域发动小规模的、断断续续的进攻，逐渐削弱对手，使自己最终夺取永久性的市场领域。游击进攻适用于小公司打击大公司，主要方法是在某一局部市场上有选择地降价、开展短促的密集促销、向对方采取相应的法律行动等。

（三）市场追随者战略

市场追随者指那些在产品、技术、价格、渠道和促销等大多数营销战略上模仿或跟随市场领导者的公司。许多居第二位及以后位次的公司往往选择追随而不是挑战。当然，追随者也应当制定有利于自身发展而不引起竞争者报复的战略。

1. 紧密追随

紧密追随是指在各个细分市场和产品、价格、广告等营销组合战略方面模仿市场领导者，完全不进行任何创新的公司。由于他们是利用市场领导者的投资和营销组合策略去开拓市场而获取利润，故被看为依赖市场领导者而生存的寄生者。

2. 距离追随

距离追随是指在基本方面模仿领导者，但是在包装、广告和价格上又保持一定差异的公司。如果模仿者不向领导者发起挑战，领导者不会介意。在钢铁、肥料、化工等领域，追随者战略较为普遍。因为在这些行业中，不同公司的产品相同、服务相近，不宜实行差异化战略，价格几乎是实行购买的唯一手段，价格敏感性高，随时有可能发生价格大战。

3. 选择追随

选择跟随是指在某些方面紧跟市场领导者，在某些方面又自行其是的公司。他们先接受领导者的产品、服务和营销战略，然后有选择地改进它们，避免与领导者正面交锋，并选择其他市场销售产品。

虽然追随者战略不冒风险，但是也存在明显缺陷。研究表明，市场份额处于第二、第三和以后位次的公司与第一位的公司在投资回报率方面有较大的差异。

（四）市场补缺者战略

1. 市场补缺者的含义与补缺市场的特征

市场补缺者又称为市场利基者，是规模较小且大公司不感兴趣的细分市场。市场利基者是专门为规模较小的或大公司不感兴趣的细分市场提供产品和服务的公司。

市场利基者的作用是拾遗补缺、见缝插针，虽然在整体市场上仅占较小的份额，但是比其他公司更了解和满足某一细分市场的需求，能够提供高附加值而得到高利润和快速增长。利基者的主要原因是比其他大众化营销公司更好地了解和满足了顾客需要，当大众化营销者取得高销量的时候，利基者取得了高毛利。

2. 理想利基市场的特征

（1）具有一定的规模和购买力，能够盈利。

（2）具备发展潜力。

（3）强大的公司对这一市场不感兴趣。

（4）本公司具备向这一市场提供优质产品和服务的资源和能力。

（5）本公司在顾客中建立了良好的声誉，能够抵御竞争者入侵。

3. 市场利基者竞争战略选择

市场利基者发展的关键是实现专业化，主要途径有：①最终用户专业化；②垂直专业化；③顾客规模专业化；④特殊顾客专业化；⑤地理市场专业化；⑥产品或产品线专业化；⑦产品特色专业化；⑧客户订单专业化；⑨质量价格专业化；⑩服务的专业化；⑪销售渠道专业化。

市场利基者是弱小者，他面临的主要风险是当竞争者入侵或目标市场的消费者习惯变化时有可能陷入绝境。因此，它的主要任务有三项：创造利基市场、扩大利基市场、保护利基市场。企业要不断地创造多种利基市场，而不是坚持单一的利基市场。如果企业能在多种利基市场上发展，企业就避免了风险，增加了生存机会。

在现代市场营销中，企业营销战略的制定既要注意竞争者，也要注意顾客，实现顾客导向与竞争者导向的平衡。

任务3 国际战略联盟

随着世界经济一体化、区域集团化的发展以及高科技行业与信息行业的快速发展，全球的竞争更加激烈。企业营销环境的复杂多变增加了企业的竞争风险，跨国企业为了保持和发展自己的生存空间，纷纷组成国际战略联盟来增强抵御风险的能力，加强技术的研发推广能力，提高生产和营销能力。

一、国际战略联盟的含义

国际战略联盟又称跨国企业战略联盟，是指两个或两个以上的跨国企业，为实现某些共同战略目标，通过各种协议契约而建立起来的合作性利益共同体。

二、国际战略联盟的主要形式

跨国企业建立战略联盟，最大的好处是可以突破目标国或地区的贸易壁垒，分散投资风险，引进新技术和开拓新业务。国际战略联盟主要有以下几种形式。

1. 合并式联盟

这是指两个以上的跨国企业，出于对整个世界市场预期和企业自身总体经营目标的意愿，采取一种长期性与联盟合作的经营性行为方式。合并分为完全合并联盟和部分合并联盟两种。完全合并联盟，是指合并后的原企业，各自失去法律上的独立性，组成更大规模的新企业，即以新的企业标志，新的策略目标进行经营。部分合并联盟，是指双方原来的生产线、商标保持不变，合并后，双方互有依托，以节省成本，巩固其在市场上的地位。

同步案例

海尔与三洋的战略联盟

作为后到者，当海尔登上国际舞台，想进入日本市场时，日本的国内市场已座无虚席。面对日本家电市场上激烈的竞争，海尔直接进入日本市场想要争得一杯羹并不容易，而且让消费者接受自己的产品需要花费很长的时间；与此相对应的是，日本三洋在日本同样是知名企业，技术方面具有很强的优势，有一定的市场客户群，然而开发中国市场，却没有销售渠道。双方均有意开发国外市场，于是在共同的发展目标下以市场换市场，以市场共用的方式实施战略联盟。海尔在日本利用三洋的销售渠道销售自己的产品；同样三洋在中国利用海尔的销售渠道销售自己的产品。双方不仅都获得了更大的销售市场，拥有了更多的客户群，而且还带来了销售利润的增幅，从而这种方式成为海尔开辟国际化市场道路中的一条捷径，加速了企业国际化发展的进程。

资料来源：http://blog.sina.com.cn/s/blog_4c87b7290100c073.html。

2. 互补式联盟

这是指将相关企业各自的优势方面联合起来，以发挥各自的优势，与联盟伙伴密切配合，共同以最佳的服务来满足客户的需求。

建立联盟大多是在西欧、北美等发达市场经济国家的企业之间结成的。它们为了应付全球性的竞争，而在设计技术、加工过程和市场营销服务方面进行技术、资金和人员等方面的相互补充与配合。它们的主要动机有两个：一是分摊产品开发与生产投资的成本；二是迅速、有效地进入目标市场国的市场营销与分销网络。

3. 项目式联盟

这种联盟通常是跨国企业为获取高附加值，以及高科技领域的发展而采取单个项目或多个项目合作的形式。

另外，国际战略联盟，根据跨国企业的战略目标，可以分为技术开发联盟、合作生产联盟、市场营销与服务联盟、多层次合作联盟、单边与多边联盟等形式；根据跨国企业参与合作的项目，可以分为研究开发战略联盟、制造生产战略联盟、联合销售战略联盟和合资企业战略联盟等形式。

三、国际战略联盟的优势

企业组建的战略联盟要贯彻三项原则：达到战略目标，增加收益的同时减少风险和充分利用宝贵资源。如果一个联盟不符合这三项原则，它就是非战略性的、不成功的和无效率的。战略联盟与兼并收购相比，因满足了这三项原则而具有许多优势，实际上，在达成一项并购所花费的时间内，还可以构建出数个联盟，而且不必承受招致额外债务负担的风险，避免并购中最常见的弊病——公司文化和管理风格不相容，使并购整合失败。战略联盟可以为合作企业提供下列其他机制中所不具有的显著优势。

1. 有利于企业进入封闭的市场

构建战略联盟是打破贸易壁垒，进入复杂的国际市场的有效途径。例如，在20世纪80年代中期，摩托罗拉开始进入日本的移动电话市场时，日本市场存在大量正式、非正式的贸易壁垒，使得摩托罗拉公司举步维艰。1987年，它与东芝结盟制造微处理器，并由东芝提供市场营销帮助，此举大大提高了摩托罗拉与日本政府谈判的地位，最终获准进入日本的移动通信市场，成功地克服了日本市场的进入壁垒。

2. 有利于共担风险

战略联盟可以分担巨额的产品开发费用和固定资产投资，降低风险。全球性行业的技术和资金密集性质要求，新产品开发要有巨额的产品开发费用和固定资产投资。据估计，开发一架新型民用客机的科研和设计费用约为10亿美元；微处理器生产厂的投资通常也要超过10亿美元。任何一个企业在这样的行业里单枪匹马地发展，所冒的风险实在太大。摩托罗拉与日本东芝结盟的动机之一，便是分担建立微处理器制造厂的高额固定成本开支。

3. 有利于实现优势互补，增强企业的竞争实力

如AT&T与日本电气公司（NEC），在1990年达成了相互交换技术的协议，AT&T向NEC提供计算机辅助设计技术，而NEC则向AT&T提供计算机芯片技术。大多数成功的战略联盟，都是为了实现双方优势要素的互补而签订平等互利的协议。

4. 有助于企业建立行业技术标准

本企业的技术标准能否成为行业标准对企业的竞争成败起着关键性作用。飞利浦与松下结盟，共同制造和销售飞利浦的数字式高密磁盒（DCC），在松下的帮助下，它们开发的系统成为新的行业技术标准。与此同时，索尼公司也正在开发高密磁盒技术，努力使其成为新的行业标准。然而这两种技术相互替代，最终只能有一种得以普及，成为全行业的技术标准，另一种必然要被逐出市场，约十亿美元的巨额投资也就化为乌有。因此，飞利浦与松下合作的战略意义非常重大，增强了企业在这场激烈竞争中的实力。

总之，国际战略联盟可使跨国企业以较低的成本得到高新技术和智能库，拓展产品种类和国际市场份额，分散风险以及寻找理想的合作伙伴，这也是其逐渐受到各国青睐的奥秘所在。

四、国际战略联盟的建立

战略联盟作为企业的一种竞争战略，有利也有弊。企业要想通过结盟来增强自身的竞争实

力，就要注意发挥联盟带来的各种有利因素，限制联盟可能造成的种种弊端，趋利避害，扬长避短。要想建立有效的适合企业特色的战略联盟，应该考虑以下几个方面的问题。

1. 要选择好合作伙伴

选择适当的合作伙伴是建立战略联盟的关键环节，其必须具有以下主要特征。第一，它必须能够有助于企业实现其战略目标，如进入市场、分担新产品开发的风险，获得至关重要的技术、技能等资源。换句话说，合作伙伴必须具有企业急需但缺乏的资源要素。第二，双方对结盟的意图是一致的，即增强长期竞争实力。如果各方对结盟的意图相距甚远，破裂的可能性就很大。第三，合作伙伴不能是机会主义者。与机会主义者结盟，企业要冒失去技术、市场，而从对方获益甚少的巨大风险。企业要注意选择有良好合作声誉的企业作为合作伙伴。企业要广泛调查每一个可能的合作对象，收集尽可能多的有关该企业的信息，包括从第三方收集有关信息，如曾与其有过业务往来的企业、银行，该企业以前的员工等。另外，在做出决定之前，要尽可能详细地了解对方，为了确保选到合适的合作伙伴，双方管理人员之间进行面对面的会谈通常是必不可少的。

同步案例

海尔牵头成立全球家电业首个智能制造创新战略联盟

2016年9月27日上午，在第二届世界互联网工业大会召开期间，家电业智能制造创新战略联盟第一届理事会第一次会议正式召开。会上，在国家工业和信息化部的支持和指导下，由海尔集团牵头，联合中国机械工程学会、中国信通院、中国电子技术标准化院、清华大学、中国电信等共同倡议，发起成立了全球家电业首个智能制造创新战略联盟（以下简称“联盟”）。

此次成立的联盟是由从事智能制造技术和服务的企事业单位、高校、国内外科研机构、家电产业链上下游厂商和相关行业组织共同发起自愿组成的全国非营利性社会组织。联盟将加快推进智能制造模式创新，为制造全流程提供智能服务，为用户创造最佳体验，增值分享，抢占全球智能制造战略制高点，推动中国家电全产业链转型升级，实现全球引领。

资料来源：青岛日报，青报网：http://www.dailyqd.com/channelzt/2016-09/27/content_353582.htm，有删减。

全球家电业首个智能制造创新战略联盟

2. 建立战略联盟必须遵守的原则

（1）对于企业熟悉的核心事业，宜采用购并策略，这样成功率较高；对非熟悉的业务，则采取战略联盟。

（2）进入新市场，宜采用战略联盟。

（3）战略联盟的作用在于弥补不足，因此要寻求彼此在开发制造营销渠道上的互补性，或者分担经营成本，购并则适用于扩展现有事业的规模。

3．建立战略联盟要制定明确目标

应在明确联盟动因的基础上，制定明确的目标，制定一致性的战略联盟规划、管理与终止点。同时，要在企业内部创造“易于合作”的文化。由于战略联盟中最难调整与改变的是文化冲突，因此合作伙伴必须是彼此相容，或企业文化相契合的对象。

4．慎重选择战略联盟的方式

企业可选择供应购买协定、市场或销售协定、提供技术服务协定、管理合同、专有技术、设计或专利许可证、合资企业等战略联盟方式。但无论采用何种方式，都必须根据企业的战略目标来规划，符合企业内在发展规律的联盟机构，明确联盟领导人的权责范围。双方母公司的意见应通过董事会来传达，以避免合作者的价值取向受母公司需求的影响。

五、国际战略联盟的控制与管理

一旦选定了合作伙伴，就要通过建立适当的联盟组织结构，并对联盟进行有效的控制和管理，以保证战略联盟的成功运行。

国际战略联盟建立在双方平等互利的基础上，以防止对方的机会主义行为。在设计组织结构时，通常需要注意以下几点。

1．要防止不应转移的技术发生转移

具体地讲，就是要通过签订协议，严密组织产品的开发、设计、制造、销售及售后服务的全过程，保护技术秘密，防止发生泄露。例如，在通用电气公司和斯奈克玛（snecma）结盟共同制造民用客机引擎时，为了防止发生意外的技术转移，通用电气公司采取了严密的防范措施，仅允许斯奈克玛参与最后的成品组装工作。

2．在联盟协议中加入有关保护性条款

例如，trw有限公司和日本的汽车零部件供应商结盟，共同生产汽车零部件，并供应设在美国的日资汽车组装厂。在联盟协议中，trw公司规定了详细的保护性条款，禁止联盟企业与trw竞争，向美资汽车制造商，如通用、福特、克莱斯勒供应零部件。这类合同条款排除了日本公司通过结盟而进入trw的原有市场，成为竞争对手的可能性。

3．战略联盟要互利共赢

在结盟时要求对方实际投入一定的资源，这样可以减少对方的机会主义行为，防止自己投入过多而收获甚少。

战略联盟成功与否在于合作伙伴之间能否实现协同和建立彼此单独无法实现的可持续性竞争优势。在战略联盟中，合作伙伴虽然保持各自的独立特性，但在联盟的所有活动中，又必须相互协作。若一方变得过分依赖另一方，或者认为联盟只对一方有利，联盟的稳定性就会受到威胁。成功的联盟是由信任、承诺、相互学习、灵活性联合起来的更有力量的团体。

管理战略联盟是一项非常复杂的工作，涉及很多元素，其中需要考虑的一个重要因素是文化差异。管理人员在与合作伙伴交往时，必须要考虑到这种差异。另外，成功地管理一个联盟，还涉及在来自不同企业的管理人员之间建立良好的人际关系。管理人员之间的私人友谊和相互信任，能使他们在工作中协调一致，减少摩擦和冲突，这种私人关系网可以在公司之间形成一种非正式的管理网络，它常常有助于解决双方合作中产生的问题。

决定公司从联盟中获益大小的另一个重要因素是该公司向合作伙伴学习的能力高低。美国研究人员发现，日本公司常常非常努力地向合作伙伴学习，而很少有西方公司愿意认真地向日本公司学习；西方公司常常将联盟看成纯粹的成本和风险分担的措施，而不认为它是一种向竞争对手学习的机会。联盟内的企业应该把通过联盟向对方学习作为一项战略任务，最大限度地尽快将联盟的成果转化为己方的竞争优势。联盟往往需要双方进行双向信息流动，每个参加联盟的企业都应该贡献出必要的信息供对方分享，从而提高联盟的成功率。同时企业要合理控制信息流动，保护自身的竞争优势，防止对方得到己方应予以保护的关键信息，做出有损己方的行为，因为联盟伙伴极有可能成为将来的主要竞争对手。

国货之光 · 品牌出海营销实践

京东“新基建”出海

京东物流国际化实现全面升级，搭建以中国制造通向全球，全球商品进入中国的双通网络，采取830双通全球网络，即国内八大物流枢纽加全球三十大核心供应链节点，利用设立海外仓、开通跨境专线、智慧化多式联运等方式，把世界各国本地的交付时效提升至48小时以内。

目前，京东已经设立了110多个海外仓，包括在我国香港地区、东京、洛杉矶、阿姆斯特丹等核心枢纽，拥有近千条国际运输链路，包括中印通、中泰通、中日通、中澳通等跨境专线。每年“6·18”期间，通过京东主站、俄文站、英语站、西班牙语站等的出口订单量快速增长，出口国家前五为俄罗斯、乌克兰、波兰、西班牙、法国，同时通过保税仓、跨境直邮两种进口模式，进口商品订单也实现快速增长。

1. 全新模式的“超级仓店”

2022年1月10日，京东宣布在荷兰开启全新模式的“超级仓店”——Ochama。Ochama的名字也很有寓意，Omnichanel+amazing——令人惊叹的全渠道购物。

全新模式的“超级仓店”

Ochama打造了一种全球首创的零售模式，将全渠道购物、智能供应链、自动化仓拣、线下店和配送上门服务贯穿一体，实现一站式无忧快捷购物体验。详细说来，也就是Ochama将自动化备货仓前置于店内，从机械臂、AGV自动搬运机器人到料箱传送系统，所有线上购物订单均由机器人在店内完成商品储存、分拣和传输工作，进店顾客能够亲身领略自动出货科技的未来既视感。此次，Ochama先在鹿特丹和莱顿市开了两家店，另两家位于阿姆斯特丹和乌得勒支市的新店也将在近期开业。

作为一家“超级仓店”，这是京东首次在欧洲落地独立零售品牌业务，Ochama也成为荷兰首家提供包含生鲜在内的全品类线上购物的零售商，商品品类涵盖食品生鲜、家用电器、美妆、母婴、时尚、生活家居等。

2. 与Shopify达成战略合作

2022年1月18日，京东宣布与加拿大独立站服务商Shopify达成战略合作，成为Shopify在中国市场的首个战略合作伙伴。Shopify是一家加拿大的独立站建站服务商，为商家提供一整套包括支付、市场营销、运输和客户服务在内的电商运营工具，在全球175个国家拥有超过170万客户。

与Ochama的自己开仓运营不同，京东与Shopify的合作则是互通有无。目的有两个：一是帮助中国商家出海，二是帮助海外商家入华。一方面，京东将通过整合国内的供应商资源，向Shopify商家开放基于京东供应链网络的商品池，由京东国际物流提供上门取货、清关、国际物流、海外仓备货、当地履约等在内的门到门物流服务；另一方面，Shopify的海外商家通过入驻京东跨境平台，以及通过京东物流进入中国市场。为此，京东帮助Shopify商家打开特别入驻通道，将海外商家从资质审核、物流和支付开通，到选品同步、海关备案、商品上架等在内的入华手续流程从数月缩短至三到四周。

简单理解就是，京东在物流和供应链能力达到很高水平的基础上，向海外输出供应链体系的先进经验和先进技术，可以这么说，这也算是“新基建”出海的一种新形式和路径。

3. 京东新基建出海

自2017年以来，京东投资了Tiki（越南）和Pomelo（泰国）等多个大型电子商务平台，并与泰国泰尚集团（Central Group）成立了合资公司，在印度尼西亚开设了多家实体店。除实体店外，二者还于2018年通过推出JD CENTRAL来提升在线业务。

京东对东南亚地区电商业务的发展起到了很大的带动作用，以物流为例，东南亚商家备货到京东本地仓，可以实现48小时送货上门，在曼谷地区可以实现24小时送货上门。这在之前是不可想象的。

目前，京东在泰国、越南、马来西亚、印度尼西亚均有海外仓，在印度尼西亚全境的仓储面积共有79556平方米，在雅加达、泗水、坤甸、三宝垄、望加锡均有仓库。

2021年，京东又相继在英国、德国、荷兰、中东等地设立保税仓，其中超过一半为自动化仓。截至目前，京东已经在北美、欧洲、东南亚、中东、澳洲等地运营了80个保税仓库及海外仓库。京东国际物流有近千条国际运输线路，网络已覆盖全球220多个国家。如今，这些“新基建”的提前布局，已经成为京东出海国际化的重要支撑和保障力量。

资料来源：根据https://new.qq.com/omn/20220120/20220120A06EUB00.html，https://baijiahao.baidu.com/s?id=1722442547645225165&wfr=spider&for=pc，https://baijiahao.baidu.com/s?id=1675359134336828394&wfr=spider&for=pc编写。

项目要点

国际市场竞争是市场经济的基本特征之一，任何企业都无法回避竞争。企业参与国际市场竞争，首先要做好行业竞争结构分析、竞争对手分析。行业竞争结构分析包括对新进入者、行业内竞争对手、供应商、顾客、替代品五种力量的分析。竞争对手分析需要确定企业的竞争对手是谁、对竞争对手进行目标分析、策略分析，判断其反应模式，最后选择本企业的竞争策略。

企业参与国际竞争的基本竞争战略有三种：成本领先战略、差异化战略和专一化战略。企业可根据自己在市场竞争中所处的地位采取不同的市场竞争战略。一般来说，可供企业选择的有市场领导者、市场挑战者、市场追随者、市场补缺者四种战略。

国际战略联盟又称跨国企业战略联盟，是指两个或两个以上的跨国企业，为实现某些共同战略目标，通过各种协议契约而建立的合作性利益共同体，主要有合并式联盟、互补式联盟、项目式联盟三种形式。

项目实训与测评

◎ 项目实训

一、实训目的

1. 培养学生对企业参与行业竞争结构及竞争对手的分析能力。
2. 提高学生对企业竞争策略选择与运用的能力。

二、实训内容

学生分组对之前所关注的行业、企业自主收集和选择案例做进一步分析：用波特五力模型对该企业所处行业竞争结构进行分析，分析该企业选择的竞争策略，撰写《某公司在某国行业竞争结构分析及竞争策略分析报告》，最后成果为书面报告和成果展示（PPT演示），对报告进行讲解。

三、实训步骤

1. 各项目组运用波特五力模型对该企业所处行业结构进行分析。
2. 分析该企业的竞争对手。
3. 分析该企业所选择的国际竞争策略并给出建议。
4. 形成书面报告和建议书，用PPT进行成果展示。

◎ 项目测评

一、单项选择题

1. 在营销上实施产品成本降低、异样化和综合优势的国际营销竞争战略属于（　　）。

A. 产品竞争战略　　B. 市场竞争战略

C. 价格竞争战略　　D. 服务竞争战略

2. 企业致力于达到生产成本和销售成本最低化，这样企业就可以低于竞争者的价格赢得较大的市场份额。这就是通用公司竞争战略中的（　　）。

A. 全面成本领先战略　　B. 产品差别化战略

C. 成本集中化战略　　D. 差别集中化战略

3. 波特认为，分析竞争优势的来源需要一种研究企业所进行的一切活动及其如何相互作用的系统方法。这一系统方法的基本工具是（　　）。

A. 通用竞争战略　　B. 竞争环境分析

C. 价值链分析　　D. 核心竞争战略

4. 竞争范围会对企业竞争优势产生重大影响，因为它形成了（　　）的构造和经济基础。

A. 竞争战略　　B. 竞争能力

C. 价值链　　D. 竞争优势

5. 下列关于集中性营销策略的叙述中，说法错误的是（　　）。

A. 在一个或几个较小的市场上占有较大的份额

B. 目标集中在少数几个子市场

C. 在较大的市场上占有一个较小的市场份额

D. 适用于资源有限的企业

6. 差异性营销策略的优点是（　　）。

A. 实现规模经济，降低生产和营销成本

B. 增加企业竞争能力，扩大销售额

C. 集中力量向某一特定子市场提供最好的服务

D. 适用于资源比较有限的企业

7. 在世界市场中处于中等竞争地位的企业常采用的跨国公司市场竞争战略是（　　）。

A. 市场领导者战略　　B. 市场挑战者战略

C. 市场追随者战略　　D. 市场后起者战略

二、多项选择题

1. 波特认为任何企业的竞争规律都寓于各种力量，这些力量的集合决定了企业在一个产业获得超过资本的平均投资收益率的能力。这些力量包括（　　）。

A. 竞争者的进入　　B. 替代品的威胁　　C. 买方的讨价还价能力

D. 卖方的讨价还价能力　　E. 现有竞争者之间的竞争

2. 国际企业可以选择的竞争战略主要有（　　）。

A. 成本领先战略　　B. 差异化战略　　C. 集中战略

D. 扩大市场份额战略　　E. 追随战略

3. 市场追随者可以选择的战略有（　　）。

A. 选择追随　　B. 距离追随　　C. 挑战追随

D. 缓慢追随　　E. 紧密追随

三、简答题

1. 潜在的行业新进入者会受到哪些行业壁垒的制约?
2. 顾客的议价能力受到哪些因素的影响?
3. 如何发现竞争对手?
4. 市场领导者如何实施竞争战略?
5. 市场挑战者有哪些进攻战略可以选择?

四、论述题

1. 企业应如何确定自己的市场竞争战略?
2. 成功的战略联盟应考虑哪些因素?

五、案例分析题

小米公司从创业初期开始，采用的就是成本领先战略。当同配置的智能手机标价都在3000元左右时，小米手机却把产品价格定在1999元，这让很多之前买不起智能手机的青年用户都大为心动，成功打开了市场，小米公司也快速从创业公司成长为一方诸侯。

与之对照的是苹果公司，它非常具有创新精神，推出了划时代的iPhone，但iPhone的售价可不便宜，一直处在手机行业的金字塔尖。据统计，为了研发第一代iPhone，苹果一共投入了1.5亿美元的研发和设计费用，最终做出了风靡世界的产品。

资料来源：http://www.360doc.com/content/20/0903/08/476103_933727110.shtml，有删减。

问题

1. 小米公司与苹果公司分别采取的是什么竞争战略?
2. 这两家公司采取的竞争战略各有什么利弊?

项目六　国际市场产品策略

项目目标

◎ 知识目标

1. 掌握国际市场营销产品、产品生命周期的基本概念，了解产品组合决策、产品生命周期各阶段的营销策略
2. 掌握常见的新产品开发策略、品牌的基本概念及品牌策略

◎ 能力目标

1. 能够运用国际市场产品策略解决企业产品营销实践问题
2. 初步具备新产品开发和品牌推广策划的能力

◎ 素养目标

1. 培养质量意识和创新意识，培养精益求精的工匠精神
2. 理解“由中国制造向中国创造转变，由中国速度向中国质量转变，由中国产品向中国品牌转变”的产品创新发展理念

项目思维导图

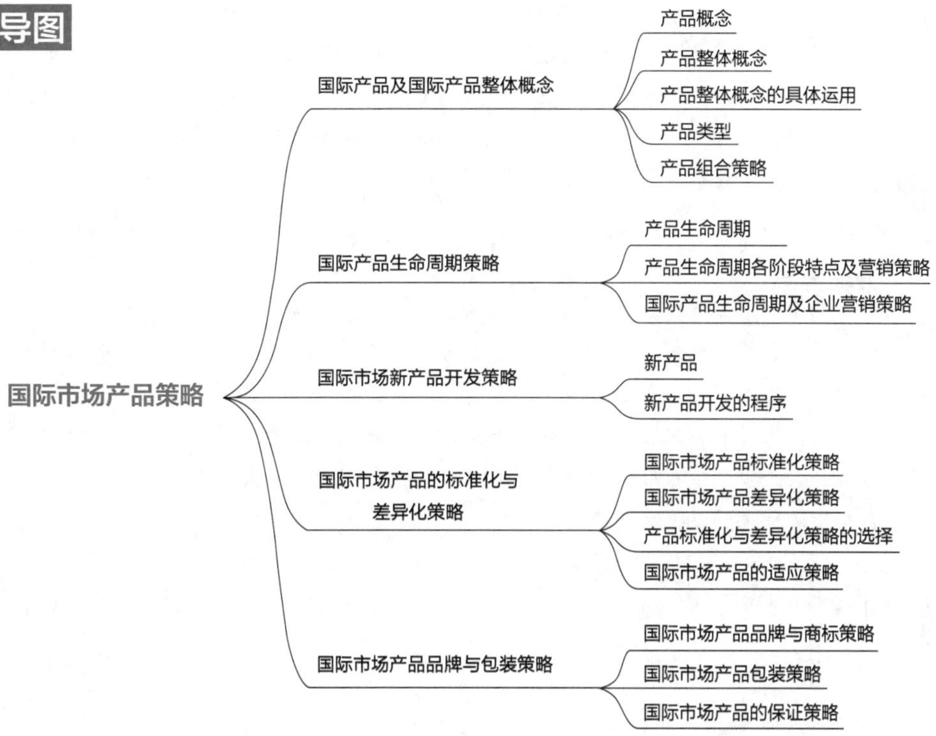

导入案例

美的凝心聚力“中国智造”闪耀冰雪赛事

◎ 案例背景

2022年北京冰雪赛事上，各类高科技的应用引发了新的话题热点，绿色、智慧成为点亮赛场的秘密武器，也再次向世界展示了中国智造的不凡魅力。

国家体育馆建筑面积约25.8万平方米，美的提供了MDV系列多联机组及“美控智慧建筑”集控系统的综合解决方案，不光硬件更节能，场馆内也能实现分布式的管控，可对单台或多台设备进行开关机及远程控制，既满足多区域、多设备、多场景的不同冷热和温湿度控制需求，更节省了40%的运行能效。美的空调机组如同建筑的“绿肺”，“美控智慧建筑”系统则相当于“大脑”和“神经”，这套组合解决方案，让场馆与绿色科技相结合，成为能呼吸、会思考、可感知的“智慧建筑生命体”。

美的磁悬浮离心机组

美的暖通设备出风口之一

从“中国制造”到“中国创造”，美的诠释着中国企业和中国品牌的力量。随着数字化时代的到来，如今的美的不仅“硬实力”优秀，低碳、绿色、智能的全面数字化解决方案同样拿手，无处不在的“软实力”也同样在冰雪赛场大放异彩，在国际品牌舞台上讲好了中国故事。

◎ 案例启示

海外疫情的控制不力给中国空调产业提供了机会。据美的空调出口部门相关负责人分析，一方面，全球范围内因为疫情的暴发刺激了家电产品消费量的大幅增加，海外用户居家时间延长带来了冰箱、冷柜、空调、洗衣机及其他小家电产品需求的井喷；另一方面，国外疫情导致其他制造企业的生产和供应链受阻，由此而使得产能严重不足，较为丰富的需求资源推动订单转移到中国制造企业。

产品领先、产品驱动是美的战略中的核心之一，美的空调以产品创新、功能迭代、体验升级推动美的品牌和OEM客户在顺利进驻各大渠道的同时，不断稳固提升市场份额，从而带动出口量规模的快速提升。

资料来源：根据新浪网http://k.sina.com.cn/article_1703371307_6587622b020028ypl.html，搜狐网https://www.sohu.com/a/449253364_664244编写。

项目知识

产品是企业的生命线，是企业生产经营活动赖以进行的基础，是社会财富和企业生命力的重要载体，产品策略是企业营销策略的首要因素。企业只有提供满足消费者需求的产品和相关服务，制定正确的营销组合决策，才能赢得消费者，在市场竞争中获得优势。在国际市场竞争中，企业同样要实施品牌策略和产品包装策略，以促销产品，获取更多利润。

任务1 国际产品及国际产品整体概念

一、产品概念

关于产品的概念，有狭义和广义之分。狭义的产品概念是局限于某种物质的形态和具体的用途上，一般被理解或表述为：由劳动创造，具有价值和使用价值，能满足人类需求的有形物品。广义的产品概念具有极其宽泛的外延和深刻的内涵，一般被表述为：能够通过交换满足消费者或用户特定需求和欲望的一切有形物品和无形的服务。其中，有形物品包括产品实体及其品质、款式、特色、品牌和包装等；无形服务包括可以使顾客的心理产生满足感、信任感以及各种售后支持和服务保证等。

二、产品整体概念

关于产品整体概念，学术界曾用核心产品、形式产品和延伸产品（附加产品）三个层次内容加以表述。但近年来，以菲利普·科特勒为代表的北美学者提出产品整体概念包括核心产品、形式产品、期望产品、延伸产品和潜在产品五个层次的内容（图6-1）。他们认为这样做能够更深刻而有逻辑地表达产品整体概念的含义。

1. 核心产品

核心产品是指向购买者提供的基本效用或利益。消费者购买产品并不是为了获得产品本身，而是为了获得能够满足某种需求的使用价值。如消费者购买洗衣机，并不是为了拥有这种机器物品本身，而是为了获得清洗、洁净衣物和安全的效用。核心产品是消费者追求的最基本内容，也是他们所真正要购买的东西。因此，企业在设计开发产品时，必须首先界定产品能够提供给消费者的核心利益，以此作为立足点。

2. 形式产品

形式产品是核心产品所展示的全部外部特征，即呈现在市场上的产品的具体形态或产品核心

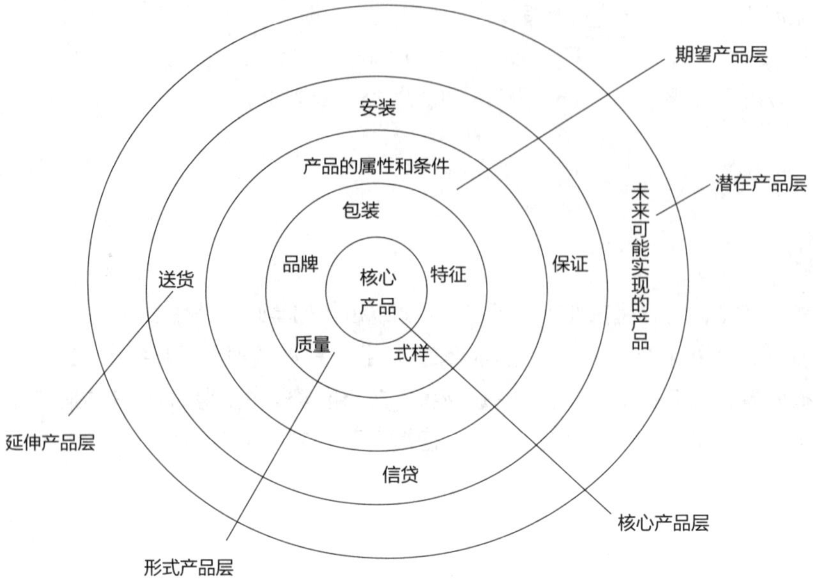

图6-1 产品的整体概念

功能、效用借以实现的外在形式，主要包括品牌商标、包装、款式、颜色、特色、质量等。即使是纯粹的服务产品，也具有相类似的形体上的特点。产品的基本效用必须通过特定形式才能实现，市场营销人员应该努力寻求更加完善的外在形式来满足顾客的需要。

3. 期望产品

期望产品是指顾客在购买该产品时期望得到的与产品密切相关的一系列属性和条件。比如，旅馆的住客期望得到整洁的床位、洗浴香波、浴巾、衣帽间的服务等。由于大多数旅馆都能满足旅客的一般期望，因此旅客在选择档次条件大致相同的旅馆时，通常不是选择哪家旅馆能够提供所期望的产品，而是根据哪家旅馆就近和方便而定。

4. 延伸产品

延伸产品是指消费者在取得产品或使用产品过程中所能获得的除产品基本效用和功能之外的一切服务与利益的总和，主要包括运送、安装、调试、维修、产品保证、零配件供应、技术人员与操作人员的培训等，它能给消费者带来更多的利益和更大的满足。延伸产品来源于对消费者需要的深入认识。消费者购买商品的根本动机是满足某种需求，但这种需求是综合性的、多层次的，企业必须提供综合性的产品和服务才能满足其需要。特别是随着现代社会科学技术飞速发展，企业的生产和经营管理水平不断提高，不同企业提供的同类产品在核心利益、形式产品和期望产品上越来越接近，因此延伸产品所提供的附加价值的大小在市场营销中的重要性就越来越突出，已经成为企业差异化策略赢得竞争优势的关键因素。正如美国市场营销学者西奥多·李维特所指出的："未来竞争的关键不在于企业能生产什么产品，而在于其产品提供的附加价值：包装、服务、广告、用户咨询、消费信贷、及时交货、仓储以及人们以价值来衡量的一切东西。"

5. 潜在产品

潜在产品是指产品最终会实现的全部附加价值和新转换价值，是附加产品服务和利益的进一步延伸，指明了产品可能的演变给顾客带来的价值。潜在产品是吸引顾客购买非必需品、非渴求品最重要的因素。比如人们购买保险产品，在购买当时并未得到可即刻实现的利益，而是一种承诺，即未来可以实现的理赔收益。

三、产品整体概念的具体运用

产品整体概念五个层次的理论，十分清晰地全面体现了以消费者需求为中心的现代营销观念。这一概念的内涵和外延都是以消费者需求为标准的，由消费者需求来决定的。对于企业设计和开发产品、制定市场营销组合策略具有多方面的指导意义。

1. 企业设计和开发产品一定要找准产品的核心利益

产品的核心利益是消费者购买的最本质内容，也是消费者制定购买决策时考虑的最重要因素。消费者购买产品的目的不是占有某种物品本身，而是为了获得产品的核心利益。因此，企业设计、开发产品一定要找准产品对其目标顾客而言的核心利益，否则，顾客的基本需求不可能真正得到满足，产品也就不可能受到市场的欢迎。

2. 重视产品的非功能性利益的开发

消费者对产品利益的追求包括功能性和非功能性两个方面，前者主要是满足他们在生理上和物质上的需求，后者则更多满足他们在心理上、精神上和情感上的需求。随着社会经济的发展、生活质量的提高和消费者自我意识的加强，人们对产品的非功能性利益越来越重视，在很多情况下甚至超过了功能性利益。因此，要求企业全面领悟产品核心利益的深刻内涵，高度重视非功能性利益的开发，更好地满足消费者多层次的需要。

3. 围绕整体产品的多个层次开展竞争

在我国市场经济的发展过程中，企业之间围绕争夺消费者展开的竞争非常激烈，大多数竞争的手段主要还是价格战，特别是当有形商品在功能、品质上极为接近，难以形成明显差异时更是如此。整体产品概念为企业竞争提供了一种新的分析思路，即围绕整体产品来开展竞争，要在整体产品的每一个层次及其每一个要素，如包装、品牌、商标、款式、花色、质量以及安装、调试、维修、融资等售后服务上不断求新，创造特色优势，增强产品的核心利益，来提高企业产品的竞争能力。

思政点滴

一杯咖啡里的脱贫故事

这部三分半钟的短视频作品，用中西合壁的动画，形象生动地演绎了云南咖啡的脱贫故事，以咖啡为媒，从人们手中常见的饮品出发，用蒙太奇式镜头，将观众带到全球阿拉比卡咖啡豆十大种植基地之一——云南普洱。作品由新华社中国搜索“中国好故事”数据库和“复兴路上工作室”联合出品，在国外主流社交平台的点击量超过1亿人次，成为现象级的短视频作品。

2020年云南普洱就有约60万人脱贫，这相当于卢森堡全国的人口总数，普洱咖啡功不可没。“有了配套的智能自助咖啡机，确保每杯咖啡收入的五分之一直接打入云南咖农账户。”“每销售1600~3300杯

一杯咖啡里的
脱贫故事

咖啡，就能帮助一名咖农脱贫”……删繁就简的案例，迅速勾勒出中国产业扶贫、消费助农等一系列减贫措施。

四、产品类型

根据产品的有无形态，可以分为有形产品和无形产品。

（一）有形产品

人们对产品的理解通常局限于具体的、能提供某种实际用途的物质实体，比如茶杯、食物、汽车等，这是传统的、狭义的产品概念，指的是“有形产品”。

根据此类产品的耐用性程度，可以划分为耐用品和非耐用品两大类。

1. 耐用品

耐用品是指使用时间较长，至少在一年以上的物品，如空调机、汽车、洗衣机、机械设备等。此类产品单位价值较高，购买频率较低，往往需要较多的人员推销和服务，销售价格较高，利润空间也较大。

2. 非耐用品

非耐用品是指使用时间较短，甚至一次性消费的物品，如纸巾、食物、化妆品等。这类产品单位价值较低，消耗较快，消费者往往频繁购买、反复购买、随时购买，使用量大，因此需要广泛设置分销网点，方便消费者及时购买、就近购买。多采用随行就市制定价格，企业获利空间较小；多采用拉式促销策略来吸引消费者购买，并促使他们建立品牌偏好，形成习惯性购买行为，以扩大企业产品的销售。

（二）无形产品（服务）

随着新经济时代的到来，服务业在世界经济中所占的地位越发重要。服务作为一种重要的产品形式，越来越成为企业营销的重要内容。所谓“服务”是指能够满足消费者的某种需求，给消费者带来便利、好处、满足感的各种活动，如美容美发、交通运输、金融服务、会计服务、律师服务等。服务具有无形性，生产、销售和消费的不可分离性，产品质量的可变性和不可储存性等特点。因而这类产品的营销需要更多的质量控制、更有效的促销推广和更适用的平衡供求矛盾的措施。

实际上，企业向市场所提供的大多数产品都是既包括有形的物质产品又包括无形的服务，都是物质产品和服务的组合，二者密不可分，融为一体，而纯粹的有形产品形式如食盐、大米，或纯粹的服务形式如医疗、美容等已经越发少见了。物质产品和服务组合的形式主要有三种。

1. 附带服务的产品

这种组合形式以实物产品为主，与产品相伴随的服务为辅。如计算机公司销售电子计算机，计算机是人们购买的主要实物产品，但同时还需要安装、调试、培训、咨询等多种技术服务。如果没有这些支持性的服务，电子计算机的功能得不到真正实现。现在，越来越多的企业意识到对产品支持性的服务是取得市场竞争优势的一个重要方面。

2. 产品与服务的混合物

这种组合形式中实物产品和服务并重。如人们到餐馆就餐，既为了享用美味佳肴，也是为了接受服务。顾客满意程度的高低既取决于菜肴的色、香、味、美，也取决于餐厅的格调、环境、氛围、卫生以及服务员的服务态度与服务技能等方面。

3. 附带产品的服务

这种组合形式以服务为主，支持性的实物产品为辅。如人们乘坐火车、飞机等交通工具所购买的主要是交通运输服务，希望实现的是人体在空间的位移，但整个旅程包括一些有形的物品，如飞机票、火车票、食品、饮料、报刊以及飞机、火车这些交通工具本身，但消费者购买的只是服务，实物产品只是支持性的或辅助性的，是对服务的有益补充，飞机票、火车票只是消费者能乘坐飞机火车的凭证。

思政点滴

中国智造的不凡魅力

中国智造是我国加快推进产业结构调整，适应需求结构变化趋势，完善现代产业体系，积极推进传统产业技术改造，加快发展战略性新兴产业，提升中国“智造”水平，全面提升产业技术水平和国际竞争力的一项重要发展战略。不仅是当前和今后一段时间经济工作的重要任务，而且需要知识产权在其中发挥应有的支撑作用。

五、产品组合策略

产品组合是指企业生产或经营的全部产品线和产品项目的有机组合方式，又称产品结构。产品组合策略是制定其他各项决策的基础，产品组合确定之后，企业的投资组合、定价、分销渠道、促销以及各项资源的配置都基本确定。企业对产品组合进行选择既不是一味追求宽、深、长，也不是越专业化越好，而是立足于准确的市场调研，全面考虑市场需求、竞争态势、外部环境以及企业自身实力和营销目标，遵循有利于促进销售、提高总利润的原则，正确决策，慎重行动。

知识拓展

产品组合基本概念

产品线（product line）指一组密切相关的产品，又称产品系列或产品品类。所谓密切相关，指这些产品或者能够满足同种需求；或者必须配套使用，销售给同类顾客；或者经由相同的渠道销售；或者在同一价格范围内出售。

产品项目（product item）指在同一产品线或产品系列下不同型号、规格、款式、质地、颜色或品牌的产品。例如百货公司经营金银首饰、化妆品、服装鞋帽、家用电器、食品、文教用品等，各大类就是产品线；每一大类里包括的具体品牌、品种为产品项目。

企业产品组合可以从广度、长度、深度和关联度四个维度进行分析。

（1）产品组合的广度。产品组合广度又称产品组合的宽度，指企业生产经营的产品线的数量。大中型的多元化经营的企业集团产品组合的广度较宽，而专业化的企业和专营性商店生产和经营的产品品类较少，产品组合的广度较窄。

（2）产品组合的长度。产品组合的长度指企业生产经营的全部产品线中所包含的产品项目总数，即产品线的总长度。企业产品的项目总数越多，即产品线越长，反之则越短。

（3）产品组合的深度。产品组合的深度指企业生产经营的每条产品线中，每种产品品牌所包含的产品项目的数量。一个企业每条产品线中所包含的产品品牌数往往各不相等，每一产品品牌下又有不同的品种、规格、型号、花色的产品项目。

（4）产品组合的关联度。产品组合的关联度又称产品组合的密度或相关性，指企业生产和经营的各条产品线的产品在最终用途、生产条件、销售渠道及其他方面相互联系的密切程度。

国际市场产品组合策略是指企业在国际范围内生产经营的全部产品结构，包括所有的产品线和产品项目。产品组合的广度、长度、深度和关联度对企业的国际市场营销具有重大意义。一方面，企业扩大产品组合宽度可以扩展企业的经营领域，从而使企业的资源、技术得到充分利用，并可以分散企业的投资风险；另一方面，企业加强产品组合的深度，可以占领同类产品更多的细分市场，满足更广泛的消费者需求；最后，企业加强产品组合的相关性，可以提高企业在某一特定领域市场的声誉度。一般情况下，企业在调整产品组合时，可以采取以下策略。

1. 拓展产品组合策略

企业可以充分利用资源，发展优势，分散企业的市场风险，增强竞争力，其渠道主要是扩大产品组合的宽度和加深产品组合的深度，即增加一条和多条生产线，拓宽产品经营领域和在原生产线的基础上增加新的产品项目。若企业现有的产品线销售和利润下降时，应及时扩大产品组合宽度，增加生产线；若企业需要进军更多的细分市场，满足更多不同需求的消费者，可以选择加深产品组合的深度，增加新的产品项目。实行这一策略的主要特点是降低企业的市场风险或平衡风险，但企业的投入将增加，成本提高，利润可能减少。

2. 缩减产品组合策略

与拓展产品组合策略相反，企业为了减少不必要的投资，降低成本，增加利润，必须对一些获利较少的产品线和产品项目进行缩减。该策略的主要特点是集中企业优势发展利好产品，降低成本，但增加了企业的市场风险。

3. 产品延伸策略

每一企业的产品都有自己的市场定位。产品延伸策略就是企业根据市场的需求，全部或部分改变产品的市场定位。

（1）向上延伸策略。即在原有产品线内增加高档产品项目。之所以这样做是由于高档产品市场有着较大的市场增长率和较高的利润，以及企业具备了相应的技术设备和营销能力。但这一策略也存在一定的风险。消费者不相信，经销商不愿意经营。

（2）向下延伸策略。即在原有产品线内增加低档产品项目。这样做的原因在于高档产品市场竞争激烈和销售增长缓慢；企业想成为一个全面型企业，其风险是经销商不干；损害企业在消费者心目中的形象。

（3）双向延伸策略。即定位于中档产品市场的企业向产品的上下两个方向延伸。

任务❷　国际产品生命周期策略

一、产品生命周期

产品市场生命与产品的使用寿命、技术寿命的概念是不同的，市场营销学所研究的是产品市场生命周期。产品市场生命周期，是指产品从投放市场到被淘汰出市场的全过程，其长短受消费者需求变化，产品更新换代的速度等多种因素的影响。典型的生命周期过程，即从导入期开始，经过成长期、成熟期，最后是走向衰退期（图6-2）。

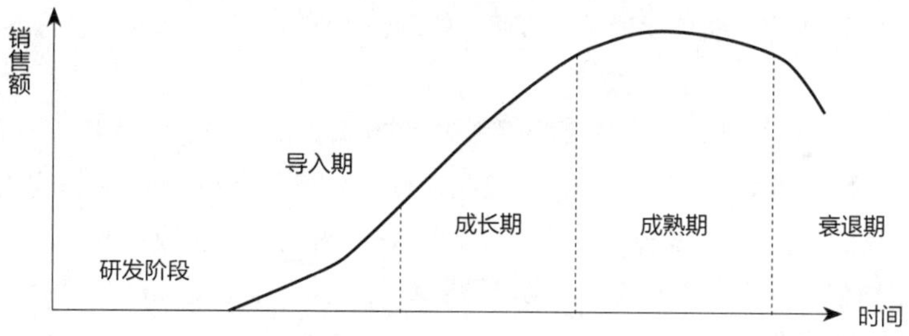

图6-2　产品生命周期曲线图

生命周期曲线的特点是：在产品开发期间，该产品销售额为零，公司投资不断增加；在导入期，销售增长缓慢，初期通常利润偏低或为负数；在成长期，市场销售快速增长，利润也显著增加；在成熟期，市场销售量达到顶峰，但增长率较低，利润在达到顶点后逐渐走下坡路；在衰退期，产品销售量显著衰退，利润也大幅度滑落，产品即将退出市场。

二、产品生命周期各阶段特点及营销策略

在产品生命周期的不同阶段，产品的销售额、成本、利润、市场竞争态势及消费者行为等都具有不同的特点。企业应该根据这些特点，制定相应的营销对策。

（一）产品导入期

产品导入期是从产品开发的设想到产品制造成功的时期，此期间该产品销售额为零，公司投

资不断增加。

1. 产品导入期主要特点

（1）生产成本高。新产品刚开始生产时，数量不大，技术尚不稳定、不成熟，废品、次品率也较高，因而制造成本较高。

（2）营销费用大。新产品刚引进市场时，其性能、质量、使用价值、特征等还未被人们所了解。为了迅速打开销路，提高知名度，需进行大量的广告宣传及其他促销活动，促销费用很大。

（3）销售数量少，销售增长率低。因新产品还未赢得消费者的信赖，未被市场广泛接受，购买者较少，销售量小。

（4）竞争不激烈。因新产品刚引进市场，销路不畅，企业无利可图甚至亏损，生产者较少，竞争尚未真正开始。

2. 产品导入期营销策略

在导入期，企业主要的经营目标是迅速将新产品打入市场，在尽可能短的时间内扩大产品的销售量。可采取的具体对策有：

（1）积极开展卓有成效的广告宣传，采用特殊的促销方式，如示范表演、现场操作、实物展销、免费赠送、小包装试用等，广泛传播商品信息，帮助消费者了解商品，提高认知程度，解除疑虑，培育市场。

（2）积极攻克产品制造中尚未解决的问题，稳定质量，并及时根据市场反馈，对产品进行改进。

（3）采取行之有效的价格与促销组合策略。如表6-1所示，可供选择的价格与促销的组合策略有以下四种：

①快速掠取策略，即企业以高价格和高促销费用推出新产品。成功地采用这一策略可以使消费者更快地熟悉和了解新产品，迅速打开销路；还可以使企业赚取较大的利润，以尽快回收新产品开发的巨额投资。但企业采用这一策略，要注意必须具备一定的条件：产品有独特的功能或利益；目标顾客的求新心理强，并愿意付出高价；市场需要潜力较大；企业面临潜在竞争对手的威胁，须尽早建立产品的市场地位。

表6-1 产品导入期价格—促销组合策略

价格水平	促销水平	
	高	低
高	快速掠取策略	缓慢掠取策略
低	快速渗透策略	缓慢渗透策略

②缓慢掠取策略，即企业以高价格和低促销费用将新产品推向市场。高价格和低促销费用的结合有利于企业减少流通费用，降低成本，获取较大的利润。该策略适用于市场规模有限、产品需求弹性较小、潜在竞争威胁不大、能赢得大多数消费者相当程度的信任、适当的高价能被人们所接受的产品。

③快速渗透策略，即企业以低价格和高促销费用将新产品推向市场，其目的是抢占先机，以

尽可能快的速度将产品打入市场，赢得最大的市场渗透和最高的市场占有率，薄利多销，从多销中获取利润。该策略适用于市场容量颇大，潜在竞争较为激烈，潜在消费者对价格十分敏感，单位制造成本可随生产规模的扩大而迅速下降的产品。

④缓慢渗透策略，即企业以低价格和低促销费用将新产品推向市场。低价格有利于消费者接受新产品，使产品较易于渗透市场，打开销路，并扩大销路。低促销费用有利于降低产品成本，树立“物美价廉”的形象。该策略适用面广，适用于市场容量大、促销效果不明显、需求的价格弹性较大、消费者对价格敏感度较高的产品。

（二）产品成长期

产品成长期是产品在市场上已经打开销路，销售量稳步上升的阶段。

1. 产品成长期主要特点

（1）购买者对商品已经比较熟悉，市场需求扩大，销售量迅速增加。早期采用者继续购买该产品，其他消费者也开始追随购买。

（2）生产和销售成本大幅度下降，大批量生产和大批量销售使单位产品成本减少。

（3）企业的利润增加。

（4）竞争者相继加入市场，分销网点数量增加，竞争趋向激烈。

2. 产品成长期营销策略

在成长期，企业的主要营销目标是进一步扩大市场，提高市场占有率，以实现市场占有率的最大化。可采用的策略有：

（1）进一步提高产品质量，增加花色、品种、式样、规格，并改进产品包装。

（2）广告促销从介绍产品、提高知名度转为突出产品特色，建立良好形象，力创名牌，建立顾客对产品的偏好，提高忠诚度等。

（3）开辟新的分销渠道，扩大商业网点，进一步向市场渗透，拓展市场空间。

（4）在大量生产的基础上，适时适度降价或采用其他有效的定价策略，以吸引更多的购买者。

（三）产品成熟期

1. 产品成熟期主要特点

产品成熟期是产品在市场上普及销售量达到高峰的饱和阶段，其主要特点是：

（1）产品已为绝大多数的消费者所认识与购买，销售量增长缓慢，处于相对稳定状态，并逐渐出现下降的趋势。

（2）整个行业的生产能力过剩，企业利润逐步下降。

（3）竞争十分激烈。

（4）商品销售价格降低。

（5）分销渠道密集。

2. 产品成熟期营销策略

在成熟期，企业的主要营销目标是牢固地占领市场，保持市场占有率，防止与抵抗竞争对手的蚕食进攻，争取获得最大的利润。可采用的具体策略有：

（1）从广度和深度上拓展市场，争取新顾客，并刺激老顾客增加购买，以增加现有产品的使用频率和消费数量。

（2）进一步提高产品质量，进行产品多功能开发，创造新的产品特色，扩大产品的多功能性、安全性和便利性，增加产品的使用价值。

（3）改进营销组合策略，如调整价格、增加销售网点、开展多种广告宣传活动或采用以旧换新、有奖销售、竞猜、拍卖等进攻性的促销手段，以及强化各种服务等。

（四）产品衰退期

产品衰退期是产品销售量持续下降，即将退出市场的阶段。在实践中，有的产品的衰退速度较为缓慢，逐渐地退出市场；而有的产品则很迅速。有的产品的销售量很快就下降到零，也有的可能在一个低水平上持续多年。

1. 产品衰退期主要特点

（1）消费者对产品已经没有兴趣，市场上出现了改进产品或换代产品，市场需求减少，销售量下降。

（2）行业生产能力过剩较多，同行企业为了减少存货损失，竞相降价销售，竞争异常激烈。

（3）企业利润不断降低。

2. 产品衰退期营销策略

在衰退期，企业的主要营销目标是尽快退出市场，转向研制开发新产品或进入新的市场。可选用的策略有：

（1）淘汰策略，即企业停止生产衰退期产品，上马新产品或转产其他产品。

（2）持续营销策略，即企业继续生产衰退期产品，利用其他竞争者退出市场的机会，通过提高服务质量、降低价格等方法来维持销售。

（3）收割策略，即企业尽量减少各方面如厂房设备、维修服务、研制开发和广告、销售队伍建设等方面的投入，同时继续维持产品销售。只要短期内销售量不出现急剧减少，企业就可以从该产品上获得更多的收益，增加现金流量。该策略会使产品的竞争力逐渐削弱而最终失去存在的价值，其适用条件是衰退产品在短期内销售量下降速度比较缓慢，然而从长期来看最终必须放弃。

三、国际产品生命周期及企业营销策略

当企业把国内市场扩展到国际市场时，同一产品生命周期的各个阶段在不同国家的市场上出现的时间是不一样的，由于各国在科技进步及经济发展水平等方面存在差别，导致同一产品在各国的开发生产、销售和消费上的时间存在差异。

国际产品的生命周期一般呈现以下运行规律：经济发达国家首先致力于新产品开发，掌握新产品的发明、制造和应用以满足本国消费者的需求，当产品进入投入期后期及成长期后，国内产品供过于求，因此将发明产品销售到其他较发达国家及发展中国家，同时，一些较发达国家对新产品的生产技术较发展中国家容易掌握，因而他们在此基础上开始仿制、研制该产品；当产品进入成熟期后，产品不断完善，已形成标准化生产并大量生产，因而可以同经济发达国家的产品相抗衡，由进口国转为出口国，而发展中国家在进口基础上，应用新近先进技术，以较低的成本成

功地生产出标准化产品投入市场，使最先出口国的产品失去竞争优势，并逐步放弃市场上已趋饱和的产品，转向发展更新的产品和更新的技术，而从其他国家进口原产品。

知识拓展

弗龙国际市场产品生命周期理论

美国哈佛大学商学院教授雷蒙德·弗龙（Raymond Vernon）以产品生命周期理论为基础，对世界贸易和投资方式提出了新的理论，即“国际市场产品生命周期”理论，他将产品生命周期划分成三个阶段：新产品发明阶段，产品成长和成熟初期阶段，成熟期和产品标准化阶段。由于经济发达国家，较发达国家及发展中国家的经济发展、科技发展水平不同，因此，产品进入这三个阶段的时间先后不一样。

1. 国际市场产品生命周期理论对企业国际营销的重要意义

（1）企业可以利用产品在不同国家市场所处的不同生命周期阶段不断调整市场结构，及时转移目标市场，延长产品生命周期，以达到长久占领国际市场的目的。

（2）企业可以利用产品生命周期理论来不断调整产品结构，及时推出新产品，淘汰没有前途的产品，加速出口产品的更新换代。

（3）发展中国家可利用产品生命周期理论，引进发达国家的新产品，依靠本国自然资源和劳动力优势，以较低成本研制生产，将产品出口到原产国，从而促使本国产品结构不断提高。

2. 国际产品生命周期的三个阶段

（1）创新阶段。创新阶段，是指新产品开发与投产的最初阶段。创新国企业凭借其雄厚的研究开发实力进行技术创新，开发出新产品并投入本国市场。由于需要投入大量的研发力量和人力资本，产品的技术密集度高，且由于生产技术不稳定、产量低，所以成本很高。生产主要集中在创新国，因为新产品的需求价格弹性较小，创新企业通过对新产品技术工艺的垄断地位即可在国内获得高额垄断利润。对于经济发展水平相近的次发达国家偶尔的少量需求，创新企业通过出口即可满足，因此这一阶段无须到海外进行直接投资。

（2）成熟阶段。成熟阶段，是指新产品及其生产技术逐渐成熟的阶段。随着新产品生产和市场竞争的发展，市场出现了一系列变化：新产品的生产技术日趋成熟，开始大批量生产；产品的价值已为经济发展水平相近的次发达国家的消费者所认识，国外需求强劲；需求价格弹性增大，企业开始关注降低生产成本；生产工艺和方法已成熟并扩散到国外，研发的重要性下降，产品由技术密集型逐渐转向资本密集型。与此同时，随着创新国向次发达国家的出口不断增加，进口国当地企业开始仿制生产，而进口国为了保护新成长的新兴产业开始实施进口壁垒限制创新国产品输入，从而极大地限制了创新国的对外出口能力。因此，创新国企业开始到次发达国家投资建立海外子公司，直接在当地从事生产与销售，以降低生产成本、冲破市场壁垒、占领当地市场。

（3）标准化阶段。标准化阶段，是指产品及其生产技术的定型化阶段。生产技术的进一步发展使产品和生产达到了完全标准化，研发费用在生产成本中的比重降低，资本与非技术型熟练劳动成为产品成本的主要部分。企业的竞争主要表现为价格竞争，创新国已完全失去垄断优势。

于是，创新国企业以对外直接投资方式将标准化的生产工艺转移到具有低成本比较优势的欠发达国家，离岸生产并返销母国市场和次发达国家市场。最后当该技术不再有利可图时，创新国企业将其通过许可方式转让。

可见，随着产品及其生产技术的生命周期演进，比较优势呈现出动态转移的特点，国际贸易格局相应发生变动，各国的贸易地位也随之发生变化，创新国由出口国变为进口国，而劳动成本低的欠发达国家最终则由进口国变为出口国。根据该理论，各国应当依据比较优势的动态转移决定生产区位选择与贸易方向。

任务 3 国际市场新产品开发策略

一、新产品

从市场营销学角度来看的新产品与从纯技术角度来看的新产品在内涵与外延上都不相同，前者比后者的内容要宽泛得多。市场营销学认为，产品只要在功能或形态上得到改进，与原有产品产生差异，不论任何一部分的创新或变革，为顾客带来了新的利益，或者企业向市场提供过去未生产的产品或采用新的品牌的产品都可以称为新产品。新产品的“新”，是相对而言的，相对于一定的时间、地点和企业而言。此外，新产品的“新”，不仅是生产者、销售者认可，更重要的是得到消费者认可和接受的“新”属性、“新”功能、“新”用途、“新”特点等。

同步案例

大疆创新

与智能手机、个人电脑和互联网的发展类似，无人机也迅速从一种DIY爱好发展成为风靡全球的主流技术。如今的无人机产品一代比一代更小巧、安全、便宜，其飞行功能和拍摄质量也在快速地提高。而在无人机这个市值数十亿美元的行业中，总部扎根于中国深圳的大疆创新（DJI）是其中的龙头企业。

大疆目前掌控着全球无人机市场约72%的份额，其创新产品战略不断推动品牌推出业内最前沿的无人机产品，使其竞争对手望尘莫及，堪称“创新狂魔”“生产狂魔”。

2019十大年度新锐品牌：大疆创新

大疆这座无人机“帝国”于2006年开始于大学生汪滔的宿舍里。作为大疆的创始人，汪滔痴迷于研究无人机。大疆很早就开始销售DIY无人机和控制器。但直到2013年，大疆才发布第一款消费级无人机——大疆精灵Phantom 1号。大疆自始至终追求创新，专注于设计和技术融合，致力于打造先进又价格亲民的优质产品。从精灵Phantom 1号到最近发布的“御”Mavic Air，大疆向大众展示出了其无人机技术在极短时间内取得的极大进步。

资料来源：知乎https://zhuanlan.zhihu.com/p/358146316，有删减。

按产品创新的程度不同，可以将新产品分为以下五类。

1. 全新产品

全新产品指应用新技术、新原理、新工艺、新结构、新材料研制而成的前所未有的产品，是企业率先发明创造出来的。在这种新产品问世之前，市场上没有相同或类似的产品，如汽车、电视机、电灯、计算机等产品最初上市时，均属全新产品。全新产品的研制生产，往往是重大科学技术取得突破的成果，适合于人们的新需求，并且对人类的生产和生活都会产生深远的影响。对绝大多数企业来说，独立自主开发全新产品十分困难，需要耗费较长的时间、巨大的人力和资金投入，成功率较低，风险很大。

2. 换代新产品

指在原有产品的基础上，部分采用新技术、新材料、新结构制成，在性能上有显著提高的产品，如半自动单缸洗衣机到半自动双缸洗衣机再发展到全自动洗衣机。开发换代新产品相对容易，并且不需要花费巨额资金，企业风险不大。

3. 改进新产品

指采用各种改进技术，对原有产品的品质、特点、花色、式样及包装等作一定改变与更新的产品。改进后的产品或者性能更佳，或者结构更合理，或者精度更加提高，或者特征更加突出，或者功能更加齐全，如装有鸣笛的开水壶，各式新款服装等。改进新产品与换代新产品都是以原有产品为基础进行研制与开发，对企业各方面资源要求不高，风险较小，开发出的新产品容易为市场所接受，是广大企业特别是中小企业开发新产品的重点。

4. 仿制新产品

指模仿市场上已有的产品而企业自己首次生产，又称为企业新产品。开发生产仿制新产品可以有效利用其他企业的成功经验和技术，风险较小。

5. 品牌新产品

指对现有产品稍作改进，突出某一方面的特点，形成某一差异，并使用新的品牌后推向市场的产品。

思政点滴

中国品牌日，擦亮品牌名片，书写中国力量

建设品牌强国，需要高度重视中国品牌建设，“推动中国制造向中国创造转变、中国速度向中国质量转变、中国产品向中国品牌转变”，为品牌强国建设指明了前进方向、提供了根本遵循。2021年，143家中国企业入围世界500强，居世界第一；在国际知名机构最新发布的2021全球最具价值品牌500强榜单中，上榜的中国品牌价值达到1.6万亿美元，占比提升至19%……一项项指标彰显出中国品牌的强劲实力。

品牌创新

二、新产品开发的程序

国际市场新产品的开发过程是一个复杂的系统工程，它需要营销、开发、生产等各部门的参与，而且风险较大，因此遵循科学的开发程序十分重要。新产品设计开发过程分为八个阶段：构思产生，构思筛选，概念发展和测试，制订营销战略计划，商业分析，产品实体开发，市场试销和商业化。

1. 构思产生

具体地，国际市场新产品的构思可来源于诸多方面：国外消费者和用户对现有产品的反映以及新的需求，公司技术人员及经理人员，国外经销商和企业海外营销人员，国外科技情报，国外营销调研公司，国际竞争对手的产品启示，国际产品展览会、展销会、博览会，以及政府出版的行业指导手册等。

2. 构思筛选

新产品构思筛选是采用适当的评价系统及科学的评价方法，对各种构思进行分析比较，从中把最有希望的设想挑选出来的一个过滤过程。在这个过程中力争做到除去亏损大和必定亏损的新产品构思，选出潜在盈利大的新产品构思。构思筛选包括以下两个步骤：

首先，要确定筛选标准。其次，要确定筛选方法。对构思进行筛选的主要方法是建立一系列的评分模型。评分模型一般包括以下几个方面；评价因素、评价等级、权数和评分人员，其中确定合理的评价因素和适当的权数是评分模型是否科学的关键。影响国际市场新产品开发成功的各主要评价因素可以从企业拓展海外市场目标、技术优势、生产的可能性、产品的国际市场吸引力、产品的盈利能力等方面进行评价，以提高筛选的准确程度。

市场营销系数评价法是一种多因素的新产品构思筛选评价方法。首先将影响新产品成功的各主要因素（即要因）分别化简为具体要素，然后用概率加权的办法还原成复合系数，即为市场营销系数，用市场营销系数的大小来判断新产品成功的可能性。

3. 概念发展和测试

从产品构思发展成产品概念，通常要回答下面三个问题：谁使用该产品？该产品提供的主要利益是什么？何时使用该产品？

新产品概念测试主要是调查消费者对新产品概念的反应，测试的内容如下：产品概念的可传播性和可信度；消费者对该产品的需求程度；该产品与现有产品的差距；消费者对该产品的认知价值；消费者的购买意图；谁会购买此产品及购买频率。

4. 制订营销战略计划

营销战略计划包括三个部分：第一部分是描述目标市场的规模、结构和行为，新产品在目标市场上的定位，市场占有率及头几年的销售额和利润目标等；第二部分是对新产品的价格策略、分销策略和第一年的营销预算进行规划；第三部分则描述预期的长期销售量和利润目标以及不同时期的市场营销组合。

5. 商业分析

在新产品进入正式产品开发阶段以前还需对已经形成的产品概念进行商业分析。商业分析的主要内容是对新产品概念进行财务方面的分析，即估计销售额，估计成本和利润，判断它是否满足企业开发新产品的目标。

6. 产品实体开发

新产品的实体开发是将新产品概念转化为新产品实体的过程，主要解决产品构思能否转化为在技术上和商业上可行的产品这一问题。它是通过对新产品实体的设计、试制、测试和鉴定来完成的。新产品开发过程是对企业技术开发实力的考验，能否在规定时间内、用既定的预算开发出预期的产品，是整个新产品开发过程中最关键的环节。

7. 市场试销

市场试销是对新产品的全面检验，可为新产品是否全面上市提供全面、系统的决策依据，也为新产品的改进和市场营销策略的完善提供启示，但试销也会使企业成本增加。由于产品试销时间一般要花费一年以上的时间，这会给竞争者提供可乘之机，而且试销成功并不意味着市场销售就一定成功，因为各国及各地区消费者的心理本身不易准确估计，还有竞争的复杂多变等因素，因此企业对试销结果的运用应考虑一个误差范围。

8. 商业化

如果新产品试销达到了预期的结果，企业就应该决定对新产品进行商业性投放。新产品试销成功后，就可以正式批量生产，全面推向市场。为确保新产品批量上市成功，企业要注意以下几个问题：

（1）正确选择投放时机。一般而言，季节性产品适宜于在使用季节到来之前投放市场；日用消费品适宜于在每年的销售高峰（如五一、十一、元旦、春节等）到来之前投放市场；替代性较强的产品应在企业被替代产品库存较少的情况下投放市场；尚需改进的新产品则应等到产品进一步完善之后再投放市场，切忌匆忙上市而造成初战失利，陷入被动。

（2）正确选择投放地区。新产品不一定立即向全国市场投放，可以先集中在某一地区市场开展公关宣传和广告促销活动，以打开销路，拥有一定市场份额后，再逐渐向其他地区拓展。

（3）正确选择目标市场。目标市场的选择以试销或产品的研发以来所搜集的资料为依据。最理想的目标市场应是最有潜力的消费者群体，一般具备如下特征：最早采用该新产品的带头购买者；大量购买该新产品的顾客；购买行为具有一定传播影响力的消费者等。

（4）制定有效的营销组合策略。新产品批量上市时，还要正确制定消费者愿意接受的价格，选择合适的分销渠道，实施多种多样、行之有效的、富有创意的促销措施，以使新产品能在市场上迅速提高知名度和美誉度，扩大销路。

任务 4 国际市场产品的标准化与差异化策略

进入国际市场的产品必须树立产品的整体观念，以满足消费者综合的、多层次的利益和需求为中心来设计和销售产品；与国内市场营销不同的是国际营销面对的是世界各国或地区不同的市场环境，因此，企业是向全世界所有不同的市场都提供标准化产品，还是为适应每一特殊的市场而设计差异化产品，是出口企业所面临的重要决策问题之一，国际市场营销学家将此归结为国际市场产品的标准化与差异化策略。

一、国际市场产品标准化策略

国际市场产品的标准化策略是指企业向全世界不同国家或地区的所有市场都提供相同的产品，而实施产品标准化策略的前提是市场全球化。与本土化策略相对，全球标准化可以为企业获得较大的利益：以相同价格在同样的渠道提供相同的产品，并以相同的销售与促销计划在全球推广这些产品。

标准按其适用范围可分为国际标准、国家标准、专业标准和企业标准。标准化是现代技术经济科学体系的一个重要组成部分。实行标准化能简化产品品种，加快产品设计和生产准备过程，保证和提高产品和工程质量；扩大产品零件、部件的互换性，降低产品和工程成本；促进科研成果和新技术、新工艺的推广；合理利用能源和资源；便于国际技术交流等。

1．实施标准化策略的意义

实施国际产品标准化具有成本的节省、发展全球商品并达成较佳的营销绩效的优势。

（1）产品标准化策略可使企业实行规模经济，大幅度降低产品研究、开发、生产、销售等各个环节的成本而提高利润。

（2）在全球范围内销售标准化产品有利于树立产品在世界上的统一形象，强化企业的声誉，有助于消费者对企业产品的识别，从而使企业产品在全球享有较高的知名度。

（3）产品标准化还可使企业对全球营销进行有效的控制。国际市场营销的地理范围较国内营销扩大了，如果产品种类较多，则每个产品所能获得的营销资源相对较少，难以进行有效的控制。产品标准化一方面降低了营销管理的难度，另一方面集中了营销资源，企业可以在数量较少的产品上投入相对丰裕的资源，对营销活动的控制力更强。

总之，跨越国界的产品标准化可降低成本，诸如：研发、产品设计与包装之类的成本重复。此外，标准化亦可实现规模经济。而且，标准化可以在处理顾客与产品设计上达成一致性。产品风格的一致性——特色、设计、品牌名称、包装均应建立产品全球一致的共同印象，以协助整体销售量的增加，如熟悉某种品牌的顾客可能会在海外购买同样的品牌。

2．选择产品标准化策略的条件

企业应从以下几个方面来决定是否选择产品的标准化策略：

（1）产品的需求特点。从全球消费者的角度来看，需求可分为两大类；一类是全球消费者共同的与国别无关的共性需求；另一类则是与各国环境相关的各国消费者的个性需求。在全球范围内销售的标准化产品一定是在全球具有相似需求的产品。消费者对任何一种国际产品的需求，都包括对产品无差别的共性需求和有差别的个性需求这两种成分。企业营销人员应当正确识别消费者在产品需求中究竟是无差别的共性需求占主导地位还是有差别的个性需求占主导地位。对无差别的共性需求占主导地位的产品，宜采取产品标准化策略。

（2）产品的生产特点。从产品生产的角度来看，适宜于产品标准化的产品类别为在R&D、采购、制造和分销等方面获得较大规模经济效益的产品。具体表现为，技术标准化的产品，如电视机、录像机、音响等产品；研究开发成本高的技术密集型产品，这类产品必须采取全球标准化以补偿产品研究与开发的巨额投资。

（3）竞争条件。如果在国际目标市场上没有竞争对手出现，或市场竞争不激烈，企业可以采用标准化策略，或者市场竞争虽然很激烈，但本公司拥有独特的生产技能，且是其他公司无法效仿的，则可采用标准化产品策略。

（4）实施标准化产品策略必须做成本一收入分析。严格根据收益情况来进行决策。产品、包装、品牌名称和促销宣传的标准化无疑都能大幅度降低成本，但只有对大量需求的标准化产品才有意义。

此外，还应考虑各国的技术标准、法律要求及各国的营销支持系统，即各国为企业从事营销活动提供服务与帮助的机构和职能。如有的国家零售商没有保鲜设施，新鲜食品就很难在该国销售。尽管产品标准化策略对从事国际营销的企业有诸多有利的一面，但缺陷也是非常明显的，即难以满足不同市场消费者不同的需求。

二、国际市场产品差异化策略

产品差异化是指企业以某种方式改变那些基本相同的产品，以使消费者相信这些产品存在差异而产生不同的偏好。按照产业组织理论，产品差异是市场结构的一个主要要素，企业控制市场的程度取决于它们使自己的产品差异化的成功程度。除了完全竞争市场（产品同质）和寡头垄断市场（产品单一）以外，通常产品差异是普遍存在的。企业对于那些与其他产品存在差异的产品拥有绝对的垄断权，这种垄断权构筑了其他企业进入该市场或行业的壁垒，形成竞争优势。同时，企业在形成产品实体的要素上或在提供产品的过程中，造成足以区别于其他同类产品以吸引购买者的特殊性，从而导致消费者的偏好和忠诚。这样，产品差异化不仅迫使外部进入者耗费巨资去征服现有客户的忠实性而由此造成某种障碍，而且又在同一市场上使本企业与其他企业区别开来，以产品差异为基础争夺市场竞争的有利地位。因此，产品差异化对于企业的营销活动具有重要意义。

产品差异化的本质含义是相对于同质化或者成本优势而言的一种竞争手段或者产品定位。成本优势是指提供具有基本相同的使用价值的产品，通过生产成本或销售价格更低的办法取得竞争优势，就好比同样的一个充电器，A与B两个不同企业成本分别是8元、7元，相同销售价格下B的获利更好，而相同获利下B的竞争力更明显。

（一）国际产品差异化战略的表现

1. 产品质量的差异化战略

产品质量的差异化战略是指企业为向市场提供竞争对手不可比拟的高质量产品所采取的战略。产品质量优异，能产生较高的产品价值，进而提高销售收入，获得比对手更高的利润。20世纪50年代前，“日本货”是劣质货的代名词。50年代中期，日本企业引进美国质量管理专家，开始推行全面质量管理运动。70年代后，日本企业产品在全球市场上成为优质产品的象征。依靠优质的质量和卓越的市场营销，日本的手表、汽车、彩色电视机、录像机、半导体等产品先后占领了美国、西欧等国家的消费市场。

2. 产品可靠性的差异化战略

产品可靠性的差异化战略是与质量差异化相关的一种战略，其含义是，企业产品具有绝对的可靠性，甚至出现意外故障时，也不会丧失使用价值。美国坦德姆计算机公司开发了一种多部系列使用电子计算机系统，这种系统操作时，某一计算机发生故障，其余计算机立即可替代工作。该公司这种独特的产品可靠性在市场上影响很大，甚至连国际商用机器公司开发的操作系统都很难适应。因此，公司将营销重点集中于那些使用计算机的大客户，如联网作业的金融机构、证券交易所、连锁商店等，满足了这些客户不愿因系统故障而停机的要求。

3. 产品创新的差异化战略

一些拥有雄厚研究开发实力的高技术公司，普遍采用以产品创新为主的差异化战略。这些公司拥有优秀的科技人才和执着创造的创新精神，同时建立了鼓励创新的组织体制和奖励制度，使技术创新和产品创新成为公司的自觉行动。

实践证明，产品创新差异化战略，不仅可以保持企业在科技上的领先地位，而且大大增加了企业的竞争优势和获利能力。

4. 产品特性的差异化战略

如果产品中具有顾客需要，而其他产品不具备的某些特性，就会产生别具一格的形象。因此，计算机公司可以在计算机中配置一种诊断性程序，以能自动测知故障来源，也可以包括一整套培训服务。有些产品特性的差异化已为广大顾客所共识，例如，在世界汽车市场上，奔驰轿车是优质、豪华、地位和高价格的象征，丰田汽车具有质量高、可靠性强、价格合理的特征。

（二）国际产品差异化战略的竞争优、劣势

1. 产品的差异化战略的竞争优势

（1）差异化产品可以更好地满足消费者需求，同时也就促使企业提高销售量或允许企业制定更高的价格。

（2）企业提供差异性产品无形中也为潜在进入者设置了一道进入壁垒。现有产品的特色、种类以及所建立的商品信誉可以减少该产品市场的进入点，使潜在进入者难以介入。

（3）差异化战略可以缓解公司所面临的竞争压力。市场竞争激烈时，面对竞争对手利用某一种或几种特色产品在市场上占据主导地位，一个可以生产差异性产品的公司不至于很快被挤垮，而可以在其他产品特色上保持优势，与竞争对手抗衡，达到互相默认、共容的状态。竞争比较激烈的冰箱市场，海尔、新飞、美菱等许多品牌都占据了相当份额，但它们之间并没有掀起残酷的价格战，很重要的一点就是各企业运用了差异化战略。海尔大力推荐其抗菌冰箱，强调模糊控制、节能静音、变温变频、自动杀菌；新飞在节能、环保、除臭方面已取得领先地位，并以“无氟”见长；美菱则独树一帜，通过专制、保温、冰温、深冷和速冻五种保鲜方式大力开发保鲜冰箱。

2. 产品的差异化战略的竞争劣势

差异化战略具有上述优点，如果企业可以针对每一位消费者的需求，生产出能够满足他们的产品，自然可以使产品的效用达到最大化，但这对于企业来说是不可能的。即便是生产几种有差异的产品，也不可避免地会以降低一部分效率作为代价。差异产品要求设计、原材料、生产过程都有所不同，当差异性增加时，这些产品间的协调难度增大，还会增加一些常用开支。企业为生产多种产品，在购买原材料时不能充分利用规模效益，部分丧失与供应商讨价还价的能力而会使生产成本增加。企业还必须储存多种不同的原材料，也将会导致库存成本的增加。对于一个企业来说，差异性产品种数越多，上述缺点所产生的后果也将会越明显。

三、产品标准化与差异化策略的选择

随着经济的发展和人们生活水平的提高，消费者需求的个性化日益凸显，选择产品差异化策

略应是从事国际营销企业的主要产品策略。然而在营销实践中，企业往往将产品差异化和产品标准化策略综合运用。许多产品的差异化、多样化主要是体现在外形上，如产品的形式、包装、品牌等方面，而产品的核心部分往往是一样的。可见，国际产品的差异化策略与标准化策略并不是独立的，而是相辅相成的，有些原产国产品并不需很大的变动，而只需改变一下包装或品牌名称便可进入国际市场，有些原产国产品要想让世界消费者接受则需作较大的改变。由此可见企业的产品策略通常是产品差异化与产品标准化的一个组合，在这种组合中有时是产品差异化程度偏大，有时是产品标准化程度偏大，企业应根据具体情况来选择产品差异化与产品标准化的组合。

四、国际市场产品的适应策略

适应目标市场的消费者需求特点，是从事国际营销活动的企业在产品策略上的主导方向。各国消费者对产品的认识和用途是与其所在国的各种环境尤其是社会文化状况密切相关的，对产品每一层次的不同需求，是随着营销环境的变化而变化的。产品的某一层次在一种营销环境中可能是重要的，而在另一营销环境下则可能不重要，因此，销往国际市场的产品要适应各国营销环境的要求。对产品进行改进，并非企业的本意，这样很可能会削弱企业的规模经济效益，增加成本支出，营销风险也随之增大，但有些因素会迫使企业或吸引企业去改变出口产品。这些因素可分为两类：强制性适应改进产品和非强制性适应改进产品。

1. 强制性适应改进产品

强制性适应改进产品是指企业改进其产品是由于国外市场的一些强制性因素要求它作适应性改进。各国政府为保护本国消费者的利益，维护已有的商业习惯，会对进口商品制定出一些特殊的法律、规则或要求，有些是永久性的，有些则是临时性的。影响产品调整的强制性因素主要表现在以下几个方面：

（1）各国对进口产品的标准所作的特殊规定。各国政府对进口产品在质量标准、包装、商标、安全要求等方面都有其特殊要求，产品出口到这些国家必须遵守这些要求，否则根本无法进入该国市场，特别是发达国家对产品的质量技术要求、安全性能要求都非常高。

（2）各国对计量标准及某些特殊的技术标准的规定有所不同。有些国家采用公制的计量标准，因此，采用非公制计量标准的国家将产品出口到这些国家必须改变其计量标准。

（3）各国气候等自然条件的特殊性。目标市场的气候、地理资源等条件也是企业必须改变原有产品的强制性因素之一。

此外，有些国家政府为保护本国利益，针对外资企业进口商品而专门制定的一些条款、规定，也促使企业必须改进产品的某些方面。

2. 非强制性适应改进产品

非强制性适应改进产品是指企业为了提高在国际市场上的竞争力，适应目标市场的非强制性影响因素，而主动对产品做出的各种改进。非强制性改进产品对企业更有吸引力，但其改进难度也更大。促使企业改变产品的非强制性因素弹性太大，不可能也不会有现成的指导原则，而企业产品对目标市场的适应性关键又在于根据非强制性因素而做出的相应改变。可见，因非强制性的因素而改变产品是企业从事国际市场营销成败的关键。非强制性产品改变的影响因素通常有以下几种：

（1）文化的适应性改变。文化是影响消费者对产品的认知以及购买行为的重要因素。处于不同文化环境中的消费者，对产品的需求差异主要体现在价值观、道德规范、行为准则、宗教信仰、消费偏好以及使用模式等方面，国际目标市场的消费者是否接受新产品和新行为方式的主要障碍既非收入水平，也非由于自然环境的差异，而在于产品所面对的目标市场的文化模式。将一种产品投放到并不需要该物品甚至禁忌该物品的文化环境中，无论该产品如何价廉物美，品牌知名度如何高，也无法赢得消费者的青睐。

要使企业销售的产品适应国际目标市场需求，应考虑目标市场消费者的习惯、生活方式、消费价值导向等方面。当企业将一种文化背景下的畅销产品销售到另一种文化背景中去，而要改变该种文化背景中的消费者的一定的价值观、生活方式、消费习惯时，必须注意克服阻碍改变的阻力。

（2）各国消费者的收入水平。收入水平的高低在很大程度上影响消费者对产品效用、功能、质量、包装及品牌等的要求。收入水平低的消费者通常注重对产品最基本性能的要求，如要求产品价格低廉，经久耐用，而对包装、品牌则不太注重。收入水平高的消费者则更多追求产品的优质、精美的包装、品牌的知名度等。

（3）消费者的不同偏好。各国消费者的不同偏好主要是由社会文化和习惯所决定的。由于文化影响而产生的消费者偏好的差异主要体现在对产品的外观、包装、商标、品牌名称以及使用模式等方面，而很少体现在产品的物理或机械性方面。对一个以市场营销为导向的企业来说，当涉及产品的外观样式、味道，以及包装中颜色图案和文字的禁忌时，入乡随俗是必要的。

（4）国外市场的教育水平。国外市场的教育水平也是促使企业改变其产品的非强制性因素。发达国家的消费者平均受过十年以上的正规教育，而且生长在一个高度商业化、工业化和技术化的社会中，他们文化水平高，易于识别、掌握和使用技术复杂的产品。而在一些贫穷落后的国家中，消费者受教育的程度有限，甚至许多是文盲，他们难以掌握及使用技术复杂的产品。

任务5 国际市场产品品牌与包装策略

一、国际市场产品品牌与商标策略

1. 品牌和商标设计原则

国际市场产品品牌和商标的含义及作用与国内相同，此处重点介绍品牌和商标设计原则。

国际产品品牌和商标的设计除应遵循产品品牌和商标设计的一般性原则，如简单易懂、便于识别、有助记忆、构思独特新颖、引人注目、适应产品性质、便于宣传商品外，还应特别注重以下设计原则：

（1）符合各国消费者的传统文化和风俗习惯。出口商品的商标设计应注意与各国和地区的文化和习俗相适应，因此，必须充分认识和了解各国消费者对颜色、数字、动物、花卉、图案、语言等方面的喜好与禁忌。

（2）符合国际商标法和目标国商标法的规定。符合国际商标法的规定是国际产品商标设计必须遵循的一个重要原则，主要是遵循保护工业产权的《巴黎公约》和关于商标国际注册的《马德里协定》及《商标注册公约》等。这些国际公约对商标的国际注册、商标权利在不同国家互不牵连、驰名商标的保护、商标的转让以及不能作为商标注册的内容等问题都作出了明确的规定。

企业还必须充分了解和遵守目标国有关商标的法规，以避免法律纠纷和蒙受经济损失，使企业的商标得到目标国的法律保护，如美国采用“商标使用在先”的法律，而我国则是遵循“商标注册在先”的法律。

2. 品牌和商标策略

（1）无品牌商标策略。使用品牌和商标有助于对产品的宣传，帮助消费者识别本企业产品，但也会给企业增加相应的成本费用。国际市场产品是否采用商标主要应根据产品的性质、消费者购买习惯及权衡使用商标的得失来决定。下列产品通常可采用无商标策略：农、牧、矿业初级产品，电力、煤炭等这些并不会因生产经营者不同而形成不同的特点的产品；消费者购买对习惯上不辨认品牌和商标或无必要选择品牌和商标的产品，如盐、糖及品种繁多的技术含量不高的小商品等。

近几年随着国际市场竞争的不断加剧，西方一些企业为了促进销售，吸引顾客，对一些传统无须使用品牌和商标的产品也开始使用品牌和商标，注重包装。尽管成本增加了，但的确起到了好的促销效果。

（2）采用制造商或中间商品牌策略。企业进入国际市场的产品，可采用自己的商标，亦可采用中间商的商标。企业产品采用制造商的商标，其好处是可以建立起企业的国际信誉，建立消费者对本企业产品的忠诚，为以后扩大销售打下基础。但生产商常常会面临着如何迅速打开国际市场的难题，许多知名度不高，实力不雄厚的企业，为使产品能顺利迅速进入目标国市场，更倾向选择使用经销者的商标。西方许多批发商、经销商都使用自己的商标。

借助经销商的商标信誉可迅速使产品打开销路，但却抹杀了企业的功绩，不利于企业在国际市场上的进一步发展。总之，企业在选择商标归属时，应衡量生产者商标和经销商商标的声誉、费用开支、企业的未来发展以及企业进入国际市场的方式等因素。如果企业以间接出口、直接出口方式进入国际市场通常面临的选择是采取本企业商标或者采用经销商商标；以许可证贸易方式进入国际市场的企业则是由许可方向国外的受证方提供生产制造技术的使用权、专利使用权的同时，提供其商标的使用权。如果企业采用合资和直接投资方式进入外国市场，其产品的商标策略则面临以下选择：采用本企业的商标，或采用合作伙伴的商标，或采用合资双方的共同商标，或可据目标国的法规及消费偏好，合资双方可共同设计新的品牌商标。

（3）统一品牌商标策略。统一品牌商标策略是企业生产的各种产品都采用同一商标。采用此策略的企业常常具有较强的竞争实力，且该商标在国际市场已获得一定的知名度和美誉度。采用统一商标的产品具有较高的相同质量标准。此外该商标的名称或标识必须符合目标国的法规和风俗习惯。统一品牌策略有利于企业利用品牌已取得的声誉，扩大企业的影响，有利于企业将其他新产品带入国际市场，或扩大原有产品的国际市场份额，同时还可节约品牌及商标设计和广告促销的费用。

（4）个别品牌商标策略。企业根据不同产品的性质和特点分别采用不同的商标。此策略有助于消费者从商标上区分商品的档次、质量和价格差异，以满足不同消费者的需求，当市场机会发生变化时，可以分散企业的风险。在国际市场上运用个别商标策略的缺点也十分显著，对每一商标都必须分别做广告，其促销费用过大；一种产品采用一种商标，造成信息多，不便记忆，不利于企业树立统一的国际形象，因此，企业须根据企业规模、实力及企业已有的国际形象等谨慎选择品牌商标策略。

同步案例

宝洁公司品牌策略

宝洁公司名称P&G宝洁并没有成为任何一种产品和商标，而是根据市场细分护发、护肤、口腔等几大类，各以品牌为中心运作，分化出OLAY（玉兰油），SK-Ⅱ，伊奈美，潘婷，飘柔，海飞丝，沙宣，伊卡璐，舒肤佳，吉列，博朗，护舒宝，佳洁士，欧乐-B，帮宝适，汰渍，蓝诺，金霸王，碧浪，品客，南孚等几乎囊括日用化工的各个知名品牌，根据不同的目标市场推出旗下不同的品牌。

资料来源：http://www.pg.com.cn/Products，有删减。

（5）同一产品的国际品牌商标策略。对于出口到不同国家或地区的同一产品，企业往往面临着是采取单一的国际品牌还是在不同国家或地区分别采用不同的品牌这两种策略的选择。选择单一的国际品牌的理由是：为世界市场创造一种优秀的品牌或商标，比为各国市场创造品牌要容易得多。首先，在所有国家使用同一品牌，可以取得促销的规模经济效益。其次，当今世界由于信息技术的快速发展，国际互联网在全球的开通，广告媒介的跨国界传播信息，都将促使企业使用单一品牌，有利于企业产品信息的传递，如许多把奥林匹克运动会作为促销机会的公司，如果没有统一的国际品牌或商标将影响其促销效果。最后，由于各国消费者的跨国旅游日趋频繁，采用单一品牌便于消费者认出企业的品牌。但是采用单一的国际品牌和商标也会遇到许多意想不到的阻力，需要设计者充分考虑国际市场消费者的消费需求共性，避免与各国的风俗习惯、宗教信仰、禁忌等相冲突。同一产品在不同的国家和地区采用不同的品牌和商标，其目的是迎合目标市场的风俗习惯和消费偏好，以增加品牌和商标的促销效果。

二、国际市场产品包装策略

1. 国际市场出口包装设计的基本要求

国际市场产品包装设计是一项技术性和艺术性很强的工作，应做到美观、实用、经济，具体要求如下：

（1）准确传递商品信息。世界各国一般都对产品包装上应标识的内容有明确的规定，如生产日期、重量、保质期等，企业应如实注明。另外，包装上的文字、图案、色彩均应与商品的特色和风格相一致。切忌包装物上的说明、彩色图片等夸大商品的性能、质量，金玉其外，败絮其中的包装要严格禁止。

知识拓展

包装

产品包装有两层含义：一是指产品的容器和外部包扎，即包装器材；二是指采用不同形式的容器或物品对产品进行包装的操作过程，即包装方法。在实际工作中，二者往往难以分开，故统称为产品包装。

（2）包装应与商品价格相适应。包装物的价值应与商品价值相配套，如高级珠宝应配以高档包装，以烘托商品的名贵。如果包装物的价值超过商品本身的价值则会引起消费者反感，从而影响销售。

（3）考虑国际目标市场的需求。进入国际市场的产品包装要考虑各个国家和地区的储运条件，分销时间的长短，气候状况，消费偏好，销售条件，环境保护，风俗习惯，审美观，收入水平及各国的法律规定等。如在非洲和拉丁美洲一些国家，由于道路状况不太理想，用玻璃作为包装材料则不太适用。在一些发展中国家，包装消费品在分销渠道中滞留的时间可长达六个多月，而在美国只需两三个月，这样对包装质量要求不同。出口到热带国家的食品的包装则重点要考虑产品的保质问题，以避免炎热的气候环境而导致产品变质。包装规格也要因国而异，在低收入的国家消费者更习惯于数量少的包装。在某些国家，环境保护主义者对包装材料是否造成环境污染十分关注。此外，产品包装还需考虑各国零售商的需要。

2. 产品包装策略

（1）类似包装策略。企业对其生产的各种产品都采用相同的图案，近似的色彩，相同的包装材料和相同的造型进行包装，便于顾客识别出本企业产品。

（2）配套包装策略。按各国消费者的消费习惯，将数种有关联的产品配套包装在一起成套供应，便于消费者购买、携带和使用；同对还可扩大产品的销售。

（3）再使用包装。指包装内的产品使用完后，包装物还有用途。

（4）附赠包装策略。即在商品包装物内附赠奖券或实物，或包装本身可以换取礼品，吸引顾客惠顾，导致重复购买。

（5）改变包装策略。即改变和放弃原有产品的包装，改用新的包装。采用新的包装可弥补原包装的不足，企业在改变包装的同时必须配合做好宣传工作，以消除消费者以为产品质量下降或其他的误解。

三、国际市场产品的保证策略

产品的保证策略包括产品的担保策略与服务策略。

1. 产品担保策略

产品担保是卖方向买方提供的对产品质量的承诺，即保证消费者对购买本企业产品的期望效用的实现，如果发现产品的功效达不到规定的要求，买方有权要求退换或卖方负责修理。产品担保往往是受到政府强制的行为，它可使买方消除承担产品质量风险的顾虑，增强对产品的信心，从而产生购买行为。企业为消费者提供良好的产品担保不仅能达到促销效果，也是现代企业竞争的一个强有力的工具。

产品担保的内容会因企业、产品、市场的差异而有所不同，但通常应包括以下内容：产品的基本效用，对产品进行维修的方法和地点，对产品零部件的保证期限等。

国际市场产品担保策略包括最低担保策略和附加担保策略。最低担保策略是对目标市场提供当地法律所要求的最低限度的产品担保。附加担保策略是指企业除提供最低担保以外，还额外提供更为苛刻的担保条件，让消费者的利益得到更大程度的保护。在竞争激烈的市场中，提供额外担保可以吸引更多的顾客，但会增加企业的成本。

2. 服务策略

服务策略是企业通过送货、安装、调试、维修、人员培训等方式来保证产品功能的正常发挥，使产品担保条款得以落实，实现对消费者的承诺的营销手段。消费者购买国外产品的最大顾虑便是担心产品的售后服务得不到保证。事实上，有许多企业因对出口产品在国外市场的担保和服务不够，而导致本来倾向本企业产品的消费者流失。良好的售前、售中和售后服务是企业在国际市场上的重要竞争手段，它有助于消除消费者的顾虑，赢得大量的消费者。

通常企业为消费者提供以下内容的服务：向消费者提供产品和企业信息，帮助消费者了解和选购产品；为消费者提供业务技术咨询，帮助消费者了解产品的性能、正确的使用方法、产品的保养、维护等方面的知识；产品的安装、调试、维修与备品配件供应；处理用户的来信、来电及来访，及时处理各类问题；产品质量的保证服务，为顾客提供信用服务；还可根据用户的特殊要求提供特殊的服务。

国际市场的产品服务还会面临着以下几个问题的决策：

（1）由谁实施产品服务。当企业产品在国外市场拥有较高的市场占有率，销售量极大时，企业可选择在国外设立自己的维修服务网，直接为当地消费者提供服务。对于一些高技术产品、成套设备、精密仪器等，可由企业与国外用户保持经常联系，定期上门检修。若企业产品的国际市场销售面广，企业不可能在每个市场都设立维修服务网时，可委托国外的经销商或代理商向顾客提供服务，也可由企业与经销商或代理商联合共同向顾客提供服务。

（2）维修服务人员的培训。对各国或地区市场维修服务人员的培训计划有三种方式：邀请各地的经销人员到本企业接受培训，这一方式适用于接受训练的人不多，语言障碍较小，且培训内容复杂的情况；由企业选派技术人员到各国或地区市场培训人员；在某些主要市场建立固定的培训中心，对其区域内的服务网点人员进行轮流培训。

（3）国外维修服务网点零配件的供应。适时地为国外维修服务网点提供适量的零配件，既能保证维修服务业务的正常顺利进行，又可为企业减少运输、保管等系列成本费用。这需要企业科学地测定和推算各种零配件的使用限制，对零配件的运输方式、运输时间都要做出精心的安排。

国货之光 · 品牌出海营销实践

美的产品的研发创新之路

2019年3月14~17日，在2019中国家电及消费电子博览会上，美的集团包下一整座场馆，携系列首创的技术产品，以极具视觉的冲击力和身临其境的体验，全面展现美的在高科技技术成果转化方向的最新进展。

1. 创新应把握用户最本质需求

截至2018年年底，美的累计国内专利申请量突破9.4万件，授权维持量4.4万件，仅2018年就申请专利15895件，其中发明专利6102件。连续三年排名全球家电行业创新第一。

通过大胆借鉴潜艇发射导弹的降噪技术，利用微穿孔降噪来降低产品使用过程中的噪声，将降噪技术成功地应用在吸尘器、破壁机、电饭煲等产品上。

美的在2019中国家电及消费电子博览会

美的对旋空调让风尽在“掌握”

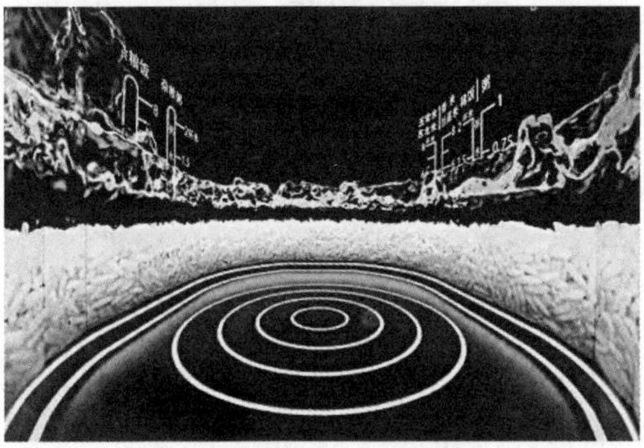
美的超大型“IH电饭煲”

美的会认路的扫地机器人

除了跨界技术应用，美的还积极地拥抱数字化和人工智能技术。在展会现场，美的高端品牌COLMO获得了大量参观者驻足停留。

2. 向行业输出数字化转型经验

美的全面实施了生产线数字化流程的深度改造，将数字化优势从制造端向用户端延伸，打通从设计到制造的数据，缩短产品的研发周期并提升生产效率。

在管理层面，美的将自身的数字化管理和企划经验融入M.IoT平台；在设计层面，美的将库卡旗下的Visual Components仿真软件进行本地化开发注入M.IoT平台，这个仿真软件能实现制造过程仿真、机器人仿真和物流仿真。

美的通过M.IoT提供的不仅仅是云端的链接、海量工业数据的汇聚，还是制造业知识、软件、硬件三者的结合。

3. BUGU平台重构产品与用户关系

美的在这届AWE上发布了首个互联家电品牌“布谷BUGU”，以用户深度共创核心战略，重构产品与用户的关系。通过打造线上用户共创平台“布谷研究所”，建立用户与“布谷BUGU”有效、平等的沟通机制，让用户不再被动接受产品，而是可以通过共创平台“布谷研究所”，深度参与产品从概念创意、工业设计、开发设计到内测、公测的全流程。

在科研技术和商业模式上的一系列丰硕成果，印证了美的向“科技尽善，生活尽美”新愿景稳步迈进的行动力。美的集团依托于深厚的历史积淀、雄厚实力与战略眼光，结合大数据、云计算、工业互联网等数字技术革新，以及在机器人、智慧新零售等领域的深入布局，将勾勒出更广阔的创新图谱。

资料来源：搜狐网https://www.sohu.com/a/302974505_728387，有删减。

项目要点

国际市场产品策略是国际市场营销组合中的核心，是价格策略、分销策略和促销策略的基础。国际市场产品整体由五个层次组成：核心产品、形式产品、期望产品、延伸产品、潜在产品。

产品生命周期理论是企业制定产品策略及市场营销组合策略的重要依据。产品生命周期包括导入期、成长期、成熟期和衰退期四个阶段。这四个阶段分别呈现不同特点，企业需要采取不同的营销策略。由于产品生命周期各个阶段在不同国家的市场上出现的时间不同，而且各国在科学技术及经济发展水平等方面存在差距，导致同一产品在各国的开发、生产、销售及消费上存在差异，形成了国际市场产品生命周期。

新产品的开发程序包括新产品构思、筛选构思、概念形成和测试、营销战略制定、商业分析、产品实体开发、市场试销、商业化几个步骤。

国际产品的标准化策略是企业向全世界不同国家或地区所有市场提供相同的产品。国际产品差异化策略是企业向世界范围内不同国家或地区的市场提供不同的产品，以适应不同国家或地区市场的特殊需求。

品牌与商标策略是产品策略的一个重要组成部分，包括无品牌商标策略、用制造商或中间商品牌策略、统一品牌商标策略、个别品牌商标策略、同一产品的国际品牌商标策略。

包装是产品实体的重要组成部分，国际市场产品包装设计是一项技术性和艺术性很强的工作，应做到美观、实用、经济。产品的保证策略包括产品的担保与服务。

项目实训与测评

◎ 项目实训

一、实训目的

1. 加强学生对国际市场产品整体概念的正确认识，能正确分析企业进军国际市场的产品策略。

2. 提高学生对品牌策略的认识与理解，提升操作与分析能力。

二、实训内容

学生分组对之前所关注的行业、企业自主收集和选择案例做进一步分析：分析该企业的产品策略，包括品牌与包装策略，撰写《某企业产品策略分析报告》，最后成果为书面报告和成果展示（PPT演示），对报告进行讲解。

三、实训步骤

1. 各项目组收集某企业产品策略资料。
2. 分析该企业的产品组合策略。
3. 分析该企业的品牌与包装策略。
4. 对该企业产品策略进行评价，并给出建议。
5. 形成书面报告和建议书，用PPT进行成果展示。

◎ 项目测评

一、单项选择题

1. 某产品的销量迅速增长，企业开始盈利，竞争者纷纷加入，这说明该产品处于产品生命周期中的（　　）。

   A. 投入期　　B. 成长期　　C. 成熟期　　D. 衰退期

2. 企业生产或经营的产品线数目称为产品组合的（　　）。

   A. 广度　　B. 长度　　C. 深度　　D. 密度

3. 美国通用汽车在中国大陆有“别克”“雪佛兰”等不同的品牌号，这种决策是（　　）。

   A. 统一品牌决策　　B. 分类品牌决策

   C. 多品牌决策　　D. 主、副品牌决策

二、简答题

1. 产品标准化策略和产品差异化策略的适用条件是什么？
2. 试举例说明企业如何实施产品系列的适应性。
3. 试述国际产品生命周期的特点。
4. 企业可采用的品牌和商标策略有哪些？

三、案例分析题

中国某国有大银行创新推出“农民安家贷”

为顺应农村城镇化、农民市民化和县域消费升级趋势，缓解当时县域房地产“去库存”压力，2016年年初，某国有大银行（下文简称A行）总行在同业率先推出专门针对农民群体的个人住房按揭贷款产品——“农民安家贷”。

该产品针对进城农民特点，适当降低了准入门槛，简化了收入证明等手续，灵活设置了还款方式，有效满足了广大农民客户进城购房的信贷需求。

该产品具有五大显著特点：

一是对象范围广。面向包括农民工、种养殖户在内的所有农民，是专门为农民设计的专享房贷产品。

二是准入标准实。专门设计了符合农民特点的评分标准，有效解决了农民购房贷款准入难的问题。

三是办理手续简。针对部分农民无法提供收入证明的难题，允许以收入声明加银行流水，或政策性融资担保机构增信证明等形式，认定借款人的还款能力，方便农民申请贷款。

四是还款方式活。在还款方式上，针对农民收入的季节性特点，除按月外，还增加了按季、半年或年的灵活还款方式。

五是贷款定价惠。对首付款比例较高的贷款，提供比同业更优惠的利率，对提前还款的客户免收违约金，切实让农民得到实惠。借款人可自主选择等额本息、等额本金等还款方式。

“农民安家贷”推出后，受到了广大农民客户的欢迎，到2019年年末，贷款余额已达到5640亿元，得到了国务院领导的点名表扬和社会各界的广泛赞誉。

“农民安家贷”是宏观政策引导、精准难点突破的经典案例；是对接国家城镇化战略发展需要、对接市场巨大有效需求而开发的一款产品，产品一经推出便取得了良好的社会效益和经济效益，中央领导充分肯定，农民很是满意，A行既承担了社会责任，也惠及农民、助推了三农事业发展。

资料来源：https://baijiahao.baidu.com/s?id=1707160987169897465&wfr=spider&for=pc有删减。

问题

该银行创新推出“农民安家贷”为什么能获得成功？

项目七　国际市场营销价格策略

项目目标

◎ 知识目标

1. 了解国际市场营销价格形成的影响因素
2. 掌握国际市场营销的定价方法及定价策略

◎ 能力目标

1. 能够针对企业不同产品具体情况，制定相应的定价策略
2. 培养运用价格策略的能力

◎ 素养目标

1. 诚实守信、遵纪守法
2. 树立正确的营销竞争观、职业道德观和价值观

项目思维导图

- 国际市场营销价格策略
  - 国际市场定价依据与定价目标
    - 国际市场定价依据
    - 国际市场定价目标
  - 国际市场定价方法
    - 成本导向定价法
    - 需求导向定价法
    - 竞争导向定价法
  - 国际市场定价策略
    - 新产品定价策略
    - 心理定价策略
    - 折扣定价策略
    - 产品组合定价策略
    - 地理定价策略
  - 国际市场价格调整策略
    - 国际企业削价和提价策略
    - 消费者与竞争对手对国际市场价格变动的反应
    - 国际市场价格调整影响因素及企业对策

导入案例

小米手机在印度市场的营销策略

◎ 案例背景

2017年11月小米印度邀请宝莱坞一线女星Katrina Kaif代言

小米成立于2010年，是一家专注于智能硬件和电子产品研发的移动互联网公司。小米产品线包括：小米手机、小米笔记本及电脑、小米路由器、小米电视盒子等。

小米于2014年7月进入印度市场，通过闪购销售模式（即限时抢购）一炮打响；到2015年其在印度市场份额为3%；2016年为了在印度拓展线下销售渠道，小米与JustBuyLive和富士康旗下的InnoConn建立了合作关系，扩大线下渠道，以深入中小城镇获得更多用户，到2017年第三季度其市场份额已经猛增到23.5%。目前，小米几乎垄断印度智能手机线上市场份额约50%，月销量在150万台左右。印度已经成为小米在中国之后的第二大市场。

小米在印度市场的营销策略

1. 主打中低端智能手机

通过低成本的经营策略，小米赢得了印度消费者的青睐，小米将产品作为策略的核心，拥有技术先进和强大的产品阵容，凭借优质产品，小米得以成为印度前5大手机供应商。

2. 以价格低获得市场认可

印度虽然经济发展迅速，但发展很不平衡，再加上由于人口众多，贫富差距巨大，人均GDP偏低，大部分人口还比较贫穷，消费能力有限，因此高性价比的产品更受市场青睐。小米公司通过其低端产品红米系列逐渐获得市场的认可，印度市场的红米系列产品定价甚至比国内还低了100元。

3. 线上渠道遇阻，寻求拓展线下渠道

印度电商环境尚不成熟，手机厂商利用电商渠道销售在最初取得了不错的市场表现，但随着竞争的加剧，手机厂商想要进一步扩大市场份额却并不顺利。小米在进入印度市场初期的时候，采取了与中国相同的线上模式开拓市场，并且与当地最大的电商开展独家合作，在前期发展比较迅速，但却后劲不足，难以持续。受此影响，小米不得不寻求与社会渠道商合作，拓宽销售渠道。

4. 线上促销方式不奏效，转到线下传统促销方式

在刚进入印度市场时小米选择通过推特、Facebook等社交媒体平台展开营销，同时通过期货营销的方式引起市场的热情。但市场并没有任何的反应，因此小米改变了传统的营销方式，采用线下促销和印刷广告的模式。印刷广告更加适合印度消费者的广告模式需求。

小米在印度市场排第一

◎ **案例启示**

随着国产手机行业的不断崛起和国内市场趋于饱和，越来越多的中国手机企业把目光投到海外，印度由于其得天独厚的条件成为中国手机企业开拓海外市场的热门地区。正处于成长期的印度智能手机市场人口众多，伴随着经济的快速发展，其巨大的消费潜力和市场规模将进一步爆发。中国手机厂商拥有完整的生产链和雄厚的技术实力，进军印度市场对于中国手机企业占领国际市场，树立品牌形象具有积极作用。但是开拓印度市场的过程并非一帆风顺，随之而来的是各种各样的问题和挑战，例如本土化、专利储备不足、渠道选择和建设等问题。与此同时中国手机厂商还将面对各种各样的竞争对手，如苹果、三星以及印度本土厂商等。中国手机厂商想要在印度市场有所作为，不仅要有迎难而上的勇气，还要针对各种各样可能遇到的问题做好充分的准备。

资料来源：根据https://www.sbvv.cn/chachong/1345.html，有删减。

项目知识

在市场营销的产品、促销、分销和定价四个基本营销策略中，企业通过前三个策略在市场中创造价值，通过定价策略从创造的价值中获取收益。价格是营销组合策略中最灵活的、变化异常迅速的因素。选择适当的定价策略是营销者的一大难题，但价格也是企业在国际市场竞争中的有力武器，适当的价格竞争可以提升企业在国际市场中的竞争力和影响力。

任务 1　国际市场定价依据与定价目标

国际市场定价是国际市场营销组合四大策略之一，能否制定合理的价格是企业在国际市场上实现产品的顺利销售及达到营销目标的关键所在。因此，企业在国际市场上的价格策略至关重要，它直接决定着企业在国际市场份额的大小和盈利率高低的情况。

一、国际市场定价依据

与国内市场定价相比，国际市场定价需要综合考虑运费、关税、汇率波动、政治形势等因素，这大大增加了定价工作的复杂性和难度。从事国际市场营销活动的企业必须花更多的时间和

精力去研究确定国际营销中的定价策略。影响企业制定价格的依据主要包括成本因素、市场需求、市场的竞争结构以政府的价格调控政策等国际定价基本问题。

（一）成本因素

对企业的定价来说，成本是企业能够为其产品设定的底价。企业产品定价以成本为最低界限，产品价格只有高于成本，企业才能通过销售收入来补偿生产上的耗费，从而获得一定盈利，但这并不排斥在一段时间内个别产品的价格低于成本。一般来说，成本是构成价格的主要因素，也是制定价格时要考虑的重要因素之一。因为企业制定的价格如果过分高于成本就会有失社会公平，价格过分低于成本，企业则不可能长久维持。

在从事国际市场营销活动时，成本核算十分重要。产品销往的地域不同，其成本组成也会不同。出口产品与内销产品即使都在国内生产，其成本也不会完全一样。例如出口产品为了适应国外的度量衡、检测标准、功能要求等需要做出某些改动，产品成本就有增加或减少的可能。

国际营销与国内营销在成本项目上存在着巨大的差异。例如，运费、保险费、包装费等在国际营销成本中所占比重较大，而诸如关税、报关费、文件处理费等成本项目则是国际营销所特有的。在国际市场营销中所涉及的主要成本项目如下。

1. 税金

关税是税金中的主要部分，是指当货物从一国进入另一国时所缴纳的费用，它是一种特殊形式的税收。关税对进出口产品的价格有直接影响，尤其在国际贸易中，关税影响产品的最终价格。关税一般用关税率来表示，进口企业往往通过把产品归为税率低的类别来降低需要缴纳的关税。例如，宜家在进口家具时会修改某些产品或重新包装以适应税率低的关税类别。另外产品缴纳的其他费用，如进口签证费、配额管理费、交易税、增值税和零售税等，这些税收也会影响产品的最终销售价格。

2. 运输成本

运输成本就是商品流通过程中所支出的各种费用。每个国家的市场分销体系与结构都存在着差异。在有些国家，企业可以利用比较直接的渠道把产品销往目标市场国，中间商承担的储运、促销等营销职能上的成本则比较低。但如果当地目标国市场缺乏完善有效的分销系统，此时中间商在承担相应分销职能时须付出较高的成本。

3. 风险成本

在国际市场营销活动中，企业会面临较多的不确定因素带来的风险。这些风险成本主要包括通货膨胀、汇率波动、融资风险、收付款风险等。企业双方由于货款收付等手续需要比较长的时间，可能导致汇率波动的问题。另外由于企业双方的信任问题，在收付款时往往需要第三方中介，如银行信用的介入，同样会导致费用的增加。

4. 通货膨胀

在国际市场营销活动中需要考虑通货膨胀对成本核算带来的影响。通货膨胀会增加出口产品的生产成本，会导致商品的出口价格上涨。如果某一个国家存在较为严重的通货膨胀现象，出口商的成本势必会提高，则该国的出口商在进行产品出口时也势必会提高出口产品的价格，否则其出口销售利润水平会下降，甚至严重时无法弥补国内生产成本。

5. 汇率波动和变化

国际贸易合同中的计价货币是影响实际价格的波动因素。在经济稳定时期，美元是被普遍接受的标准货币，各种交易都可以按美元计价。但现在企业在签订外贸合同时越来越多地强调以卖方国家的货币计价，提前进行套期保值。因此，国际市场的定价必须考虑因汇率波动所带来增加的成本，因为在交易额较大、货期较长的情况下，从签订合同到发货的时间段内利润都会有所变动。

（二）市场需求

需求是在一定时期、一定价格条件下，消费者对产品的有货币支付能力的需要，它是决定商品在国际市场上的价格的基本要素之一。同一种商品，假定不存在影响需求的其他因素，那么通常价格越低，该商品的需求量就越大。需求包括现实需求与潜在需求的状况、消费者心理、需求弹性等。企业必须通过营销调研，对这些因素尽量准确地把握。国际市场产品定价应对目标市场国的需求状况进行具体的分析研究和调查，每个国家的经济发展状况和水平、居民收入水平决定了消费者的需求水平及其对价格的接受能力。不同的消费观、消费偏好和消费习惯也会影响消费需求及价格水平的高低。

（三）市场的竞争结构

国际营销定价中最难控制的因素便是行业内竞争者对定价策略的反应。市场营销理论认为，产品的最高价格取决于产品的需求因素，产品的最低价格取决于该产品的成本因素。在最高价和最低价的范围内，企业把价格制定在哪一个水平，则取决于市场的竞争因素。因此，企业有必要去了解市场的竞争强度、竞争者的价格策略以及自身的竞争地位。同时，企业还应该关注竞争对手可能针对本企业的价格策略采取何种态度和行为。对于处于不同类型的市场结构中的企业，处于不同竞争地位的企业，处于不同竞争状态下的企业，其定价的目标、方法、策略及定价能力都不相同。

作为营销者，分析竞争者对价格的影响，首先要把握清楚企业在目标市场国的竞争对手的价格策略和同类产品在目标市场上的价格水平。在国际市场上，由于绝大多数产品都处于买方市场，制造商之间竞争非常激烈。当两家企业的产品同类时，价格就成为消费者做出购买决策的决定性因素，因而价格竞争成为国际市场竞争的主要因素之一。但是竞争者之间打价格战对双方都有损害，为了保证一定的利润和维护市场稳定，某些产品的国际供应商组成了正式或非正式组织，制定出有约束力的协议价或垄断价。其次，根据市场竞争程度的不同，市场可以分为完全竞争、不完全竞争、垄断竞争和寡头竞争等几种形式。当前在国际市场上，诸多大宗交易商品，如谷物、咖啡等，基本处于完全竞争状态，而某些高科技产品和稀缺资源产品等，基本处于垄断状态；其余绝大多数产品均处于垄断竞争或不完全竞争的状态。除了在垄断市场条件下，企业对产品有较大的定价权力外，在完全竞争和不完全竞争市场条件下，企业在制定价格策略时，都必须充分考虑竞争对手所采用的价格策略，并做出合适的反应。

（四）政府的价格调控政策

当一个企业进行国际市场营销活动时，会同时受到母国政府和目标市场国政府的双重干预和影响。国内政府多半采用价格补贴形式来降低企业出口产品的价格，增强企业在国际市场上的竞争实力。例如，我国出口产品退税制便是为了增强出口产品的竞争力。

东道国政府对价格的控制主要是通过立法形式或利用行政手段来规定产品价格的上限与下限；或通过制定反倾销法来反对倾销政策；同时也可通过直接定价限制进口产品的消费来保护国内市场。例如，日本政府曾对进入日本市场的美国小麦制定高于本国国产小麦价格的2倍。同时，东道国政府也可以从其他方面影响企业的定价策略，例如税收、汇率、利息及行业规划政策等。一些国家为了保护民族工业的发展而制定的关税和其他限制政策使得进口商品成本增加很多。

除东道国政府的干预和影响外，企业还需面临国际价格协定的问题。国际价格协定指同行各企业之间为了避免恶性竞争，尤其是竞相削价而达成的价格协议。这种协议有时是在政府支持下，由同一行业中的企业共同协商达成；有时则是由政府直接出面，通过国际会议达成的多国协议。企业必须注意目标市场国的价格协议，同时关注各国的公平交易法（或反不正当竞争法）对价格协定的影响。

二、国际市场定价目标

针对不同的目标市场国和不同的产品，企业的定价目标不可能完全一样。企业的定价目标主要有以下几种。

（一）利润目标

利润目标是企业最基本的定价目标。获取利润是企业生存和发展的必要条件，也是企业经营的直接动力和最终目的。通常，企业所追求的最大利润可分为长期和短期两种形式。一般而言，企业追求的应该是长期的、全部产品的综合最大利润，继而企业可以获得较大的市场竞争优势和更多的市场份额。对于一些中小型企业则可以谋求短期利润最大化。企业在制定利润目标时一定要结合自身产销量、投资成本、竞争结构以及市场接受程度等因素来制定适度利润，以适度利润为目的制定的价格不会显得太高，可以有效避免不必要的市场竞争，获得长期利润，而且适当的价格也易于被消费者接受，符合政府的价格指导方针。

（二）销售额目标

销售额目标是指企业在保证一定利润水平的前提下，谋求销售额的最大化。通常情况下，产品的销售额是由该产品的销售量和价格共同决定的，因此销售额的最大化不是销售量的最大化，也不是价格最高。企业在以销售额最大化作为定价目标时，确保企业的利润水平显得尤为重要。由于销售额的增加，并不一定会带来利润的增加。有时企业的销售额上升到一定程度后，利润便很难上升，甚至销售额越大，亏损越多的现象也是存在的。因此，企业在制定价格时销售额和利润必须同时考虑，若两者发生矛盾时，除非是特殊情况（如为了尽快回收资金），应以保证最低利润为原则。

（三）市场占有率目标

市场占有率又称市场份额，指企业的销售额占整个行业销售额的百分比，也有学者认为市场占有率指某企业的某产品在某市场上的销量占同类产品在该市场销售总量的百分比。市场占有率是企业经营状况和企业竞争力的直接反映。有些企业希望通过定价来使市场占有率最大化，其方法是以较长时间的低价策略来保持和扩大市场占有率，增强企业竞争力，最终获得利润最大化，但这一目标的顺利实现必须具备以下三个条件：

（1）企业经济实力雄厚，可以承受一定时期内的亏损，或者企业本身的生产成本本来就低于其他竞争对手。

（2）目标市场的消费者对价格高度敏感，低价能刺激其需求的快速增长。

（3）低价能有效防止现有和潜在竞争。

（四）竞争目标

竞争是市场的核心，企业在市场中可以通过产品、价格、促销及渠道等策略同竞争对手展开竞争，这既为企业的发展提供各种机会，也会给企业带来威胁。因此，作为营销者，不仅需要具备善于抓住机遇，勇于应付挑战的能力，同时还要能够在激烈的市场竞争环境中扬长避短，趋利避害，充分发挥企业在市场上的优势。从长远来看，企业在竞争中屹立不倒，不是靠短暂的打价格战，而是要凭借优质的产品和合理的价格来取胜。

（五）信誉目标

信誉被看作是企业的生命，一个企业信誉的好坏，直接影响着产品的销量、市场占有率、利润的高低及竞争力的强弱。一般而言，一个拥有良好信誉的企业，在价格制定方面都有着特定的要求。例如对名牌产品的价格要求制定得高一些，而一般产品的价格则要求制定得低一些，通过价格的对比来显示名牌产品与普通产品的差别，才能获得消费者的认可。由此可见，价格也可作为树立企业信誉的一种手段，而信誉也可成为企业制定价格的依据，它能为企业带来丰厚的利润，是企业的无形资产。

任务2 国际市场定价方法

定价方法是企业为了在目标市场上实现自己的定价目标，依据对成本、需求及竞争等状况的研究，对产品价格进行计算的具体方法。国际企业在定价时，其基本方法与国内定价是相同的，即以产品成本为导向的成本导向定价法；以市场需求为导向的需求导向定价法和以竞争为导向的竞争导向定价法。其中，产品成本规定了价格的最低限，竞争者的价格和替代品的价格提供了企业在制定价格时必须考虑的参照范围，企业应根据实际情况择优选择定价法。

一、成本导向定价法

成本导向定价法是企业定价首先需要考虑的方法。以产品单位成本为基本依据，再加上预期利润来确定价格的成本导向定价法是中外企业最常用、最基本的定价法。它是一种按卖方意图来制定价格的方法。成本导向定价法主要包括成本加成定价法、边际成本定价法、目标利润定价法和盈亏平衡定价法。

（一）成本加成定价法

成本加成定价法是一种传统的产品定价方法，指在产品单位成本的基础上，加上一定比例的预期利润来制定产品的销售价格的方法。由于利润的多少是按一定的比例来确定，因此习惯上称为“几成”，加成幅度通常用百分比来表示，其计算公式如下：

单位产品价格=单位产品成本×（1+加成率）

其中，单位产品成本=可变成本+（固定成本/销售量）

如何确定加成率是成本加成定价法的核心问题。不同的产品应根据不同的性质、特点、行业情况、流通环节和市场环境等制定不同的加成率。成本加成定价法操作简便，许多刚从事出口业务的企业，由于对国际市场的需求、竞争状况等了解甚少，为了能把产品卖出去，通常只能采取这种方法来制定价格。

（二）边际成本定价法

边际成本是指每增加或减少单位产品所引起的总成本的变化量。边际成本定价法又被称为变动成本定价法或边际贡献定价法，以变动成本为基础来制定价格的一种方法，其计算公式如下：

单位产品价格=单位变动成本×单位边际贡献

其中，单位变动成本（或边际成本）是每增加或减少一单位产品产量所产生的成本变化量；单位边际贡献是每增加或减少一单位产品销量所带来的收益。

只要单位产品的价格大于单位变动成本就能够补偿一部分固定成本。因此，在市场竞争激烈、产品供大于求或订货不足时，企业为了增强竞争和生存能力，可采用这种方法来制定价格。边际成本定价法改变了售价低于总成本便拒绝交易的传统做法，在竞争激烈的市场环境下具有极大的定价灵活性，可以有效地对付竞争对手，开拓新市场，调节需求的季节差异，形成最优产品组合发挥巨大作用。

（三）目标利润定价法

目标利润定价法又被称作目标收益定价法，指根据企业的投资总额、预计的总销量和投资回收期等因素，确定其达到的目标收益率，进而推算出产品价格的一种方法，其计算公式如下：

$$单位产品价格=\frac{总成本+目标利润}{预期总销售}$$

其中，目标利润根据不同的目标收益率来计算，其计算方式主要有以下几种情况：

目标利润=总投资额×目标投资利润率

目标利润=总成本×目标成本利润率

目标利润=销售收入×目标销售利润率

目标利润=资金平均占用额×目标资金利润率

【例7-1】

某企业生产M产品，其最高年产量为100万件，估计未来市场的预期销量为80万件，其全部投资为1000万元，企业的目标收益率为20%，则该产品的单价应定为多少？

企业的目标利润=总成本×目标成本利润率=1000万元×20%=200万元

$$单位产品价格=\frac{总成本+目标利润}{预计总销售}=\frac{1000万元+200万元}{80万件}=15元/件$$

目标利润定价法是一种强调生产者导向的定价法，很少考虑到市场竞争和需求的实际情况。另外，先确定产品销量，再计算产品价格的做法颠倒了价格与销量的因果关系，过多地关注销量，强调销量是价格的决定因素，这在实际中很难行得通。但对于需求比较稳定的大型制造企业、供不应求且价格弹性小的产品，以及市场占有率高且处于垄断地位的产品等可以考虑采用此种方法来定价。

（四）盈亏平衡定价法

盈亏平衡定价法又叫收支平衡定价法。通常，在销量既定的条件下，企业产品的价格必须达到一定的水平才能做到盈亏平衡、收支相抵。这里既定的销量就是盈亏平衡点。对于企业来讲，科学地预测销量和已知固定成本、变动成本是收支平衡定价的前提，其计算公式如下：

$$盈亏平衡点价格=\frac{固定成本}{销售}+单位变动成本$$

【例7-2】

某公司固定成本为200000元，生产A产品的单位变动成本为50元/件，预测年销售量为4000件，求该公司的收支平衡点价格。

$$盈亏平衡点价格=\frac{固定成本}{销量}+单位变动成本=\frac{200000}{4000}+50=100（元/件）$$

在营销实践中，将盈亏平衡点价格作为价格的最低限度，通常企业在加上单位产品目标利润后才作为最终市场的售价。有时，为了展开价格竞争或应付供过于求的市场格局，企业采用这种定价方式可以获得更多的市场竞争主动权。

二、需求导向定价法

根据市场需求状况和消费者对产品的感觉差异来制定产品价格的方法叫作需求导向定价法，又称“市场导向定价法”“顾客导向定价法”，主要包括差别定价法、认知价值定价法和逆向定价法。

（一）差别定价法

差别定价法又称作需求差异定价法，指同一产品或劳务针对不同顾客、不同需求强度、不同购买地点以及不同购买时间等因素，分别制定不同的价格进行销售。差别定价法常见的四种形式如下：

（1）以顾客为基础的差别定价。它指对同样的产品或服务，针对不同的顾客或用户，制定不同的价格。例如，对老顾客和新顾客、男性消费者和女性消费者、工业用户和居民用户；同样的产品卖给批发商、零售商和卖给顾客，企业分别制定不同的价格。

（2）以产品为基础的差别定价。不同款式、花色、型号、尺寸、用途的产品，企业制定的价格也不同。但需注意的是它们在价格上的差异并不完全反映成本之间的差异，而主要在于需求的不同。例如居民用水和工业用水的收费往往不同。

（3）以地点为基础的差别定价。随着地点的不同而收取不同的价格，例如演唱会、体育场、歌剧院、飞机等，因座位不同，票价也不同。

（4）以时间为基础的差别定价。同样的产品在不同的季节、不同的日期，甚至不同的钟点也可以制定得不同。例如，KTV在白天和晚上的收费不同；服装往往在换季时打折；旅行社在旅游旺季和淡季的收费标准不同等。

需求导向定价法针对不同需求而采用不同的价格，能够在满足顾客不同需求的同时，也能够为企业带来更多的利润。但企业也应明白，实行差别定价必须具备以下条件，否则，不仅达不到差别定价的目的，甚至会产生负面影响。

（1）市场必须可以细分，且每个细分市场表现出不同的需求强度。

（2）以较低价格购买某种产品的顾客没有可能以较高价格把这种产品倒卖给别人。

（3）竞争对手没有可能在企业以较高价格销售产品的市场上以低价销售。

（4）细分市场和控制市场的成本费用不得超过因实行差别定价而得到的额外收入。

（5）差别定价不会引起顾客的厌恶和不满。

（二）认知价值定价法

所谓认知价值，也称“感受价值”“理解价值”，它指消费者对某种商品价值的主观评判。认知价值定价法则指企业以消费者对商品价值的认知程度作为定价的依据，运用各种营销策略和手段，影响消费者对商品价值的认知，形成对企业有利的价值观念，进而根据商品在顾客心目中的价值来制定价格的方法。认知价值只是消费者在观念上所认同的价值，并不代表产品的实际价值。

通常，消费者对产品的功能、用途、质量、外观等都有一定的认知和评价。企业如果过高估计消费者的认知价值，则制定的价格就可能偏高，难以达到应有的销量；反之，如企业低估了消费者的认知价值，则会制定出低于应有水平的价格，使企业收入减少。因此，企业必须通过市场调研，认真了解和把握消费者的需求偏好，根据自身产品的属性，判定消费者对该产品的认知价值，进而制定合理的价格。

（三）逆向定价法

逆向定价法也称反向定价法，这种方法主要不是考虑产品成本，而是重点考虑需求状况来制定价格的方法。企业可以依据消费者能够接受的最终销售价格，逆向推算出中间商和生产企业出厂价格。

通过逆向定价法制定的价格能反映市场需求状况，有利于加强企业与中间商之间的良好合作关系，保证中间商的正常利润，使产品得以迅速渗透市场。同时企业也可根据市场的供求情况及时调整价格，操作较为灵活。

同步案例

自动降价，顾客盈门

在美国波士顿城市的中心区，有一个自动降价商店，它以独特的定价方法和经营方式闻名遐迩。这家商店的商品不仅全都标有价格，而且标着首次陈列的日期，价格随着陈列日期的延续而自动降价。在商品开始陈列的头12天，按标价出售，若这种商品未能卖出，则从第13天起自动降价25%。再过6天仍未卖出，即从第19天开始自动降价50%。若又过6天还未卖出，即从第25天开始自动降价75%，价格100 元的商品，只花25元就可以买走。再经过6天，如果仍无人问津，这种商品就送到慈善机构处理。

该店利用这种方法取得了极大的成功，受到美国人及外国旅游者的欢迎。从各地到波士顿的人都慕名而来，演员、运动员，特别是妇女，格外喜欢这家商店，波士顿的市民更是这家商店的常客。商店每天接待的顾客比波士顿其他任何商店都多，熙熙攘攘，门庭若市。现在，自动降价商店在美国已有20多家分店。

资料来源：https://wenku.baidu.com/view/b82b3b5d3c1ec5da50e27029.html，有删减。

三、竞争导向定价法

竞争导向定价法是企业为了应对国际市场竞争的需要而采取的特殊定价方法，指以国际市场上相互竞争的同类产品价格为定价的基本依据，根据企业自身的竞争实力、竞争状况的变化来确定企业的产品售价。竞争导向定价法主要包括以下三种具体定价方法。

（一）随行就市定价法

为了避免价格竞争带来的损失，大多数企业都采用随行就市定价法，该方法指企业将某产品的价格保持在市场平均价格水平上，利用此价格来获取平均报酬。通过此定价法，企业就不必全面了解消费者对不同价差的反应，从而为营销、定价人员节约大量时间。竞争激烈的大宗产品可以采用此定价法。

（二）产品差别定价法

若说随行就市定价法是一种防御性的定价方法，那么产品差别定价法则是一种进攻性的定价方法，指企业通过不同的营销活动，使同种同质的产品在消费者心目中树立不同的产品形象，进而根据自身特点选取低于或高于竞争者的价格作为企业产品的价格。实施产品差别定价的企业必须保证自身企业的产品具备顾客认为有价值的差异性，才能使企业在长期竞争立利于不败之地。

（三）密封投标定价法

密封投标定价法是一种依据竞争情况来定价的方法。在国外，许多大宗商品、建筑工程项目、政府采购项目等，往往采用发包人招标、承包人投标的方式来选择承包者，确定最终的承包价格。一般情况下，招标方只有一个，处于相对垄断的地位，而投标方有多个，处于相互竞争的地位。投标者根据招标者的招标内容和具体要求在规定期间内密封报价，参与竞争。在招标方式下，投标价格是企业能否中标的关键，所报价格以低于竞争者的报价、高于企业的边际成本为准。

任务3 国际市场定价策略

国际市场营销者要想顺利进入国际市场，灵活地选择定价策略是一个关键因素。所谓定价策略是指企业运用某种策略、技巧对如何制定价格、调整价格做定性回答。国际市场营销的定价策略主要有新产品定价策略、心理定价策略、折扣定价策略、产品组合定价策略和地理定价策略。

一、新产品定价策略

企业向国际市场推出新产品时，可以采用撇脂定价法和渗透定价法。

（一）撇脂定价法

撇脂定价法又叫取脂定价法，是一种制定高价的策略。它指企业在新产品上市之初，将价格定得较高，以在短期内获取厚利，尽快收回投资；而当竞争者进入市场或市场销量减少时，则逐渐降低定价以提高产品竞争力的策略。撇脂定价法有如下优点：

（1）新产品上市，顾客对该新产品尚无理性认知，利用较高价格可以提高身份，适应顾客求新心理，以较高价格刺激消费，有助于开拓市场。

（2）主动性大，产品进入成熟期后，价格可分阶段逐步下降，有利于吸引新的购买者，同时也符合顾客对价格由高到低的心理。

（3）价格高，限制需求量过于迅速增加，使其与生产能力相适应。

撇脂定价法的缺点在于新产品尚未建立声誉时，高价不利于打开市场；同时高价带来的高利润，极易招来竞争者，替代品会大量出现，迫使价格下降，好景不长。

同步案例

低价不好销，高价反抢手

美国亚利桑那州的一家珠宝店，采购到一批漂亮的绿宝石。由于数量较大，店主担心短时间销售不出去，影响资金周转，便决心只求微利，以低价销售。本以为会一抢而光，结果却事与愿违。几天过去，仅销出很少一部分。后来店老板急着要去外地谈生意，便在临走前匆匆留下一纸手令：我走后若仍销售不出，可按1/2 的价格卖掉。几天后老板返回，见绿宝石销售一空，一问价格，却喜出望外。原来店员把店老板的指令误读成“按1~2 倍的价格出售”，他们开始还犹豫不决，就又提价一倍，这才使绿宝石一售而空。

资料来源：http://www.doc88.com/p-2992071961734.html，有删减。

（二）渗透定价法

渗透定价法是一种制定低价的策略。它指企业在新产品投放之初，价格制定得尽可能低一些，其目的是获得最高销售量和最大市场占有率。新产品没有显著特色，竞争激烈，需求弹性较大时可以采用渗透定价法，其优点如下：

（1）产品能迅速被市场所接受，打开销路，增加产量，使成本随大量生产而下降。

（2）低价薄利，使竞争者望而却步，可以有效阻止竞争对手进入，获得一定的市场优势。采用渗透定价策略，企业的利润微薄，投资回收期较长、见效慢、风险大，一旦渗透失利就会一败涂地。另外低价也可能会损害企业优质产品的形象。

对于企业来说，无论是采取撇脂定价法还是渗透定价法，均需综合考虑市场需求、竞争状况、市场潜力、价格弹性、产品特征、企业自身发展战略等因素。

二、心理定价策略

心理定价策略是企业根据消费者的心理特征和心理需求，采取使其乐于接受的价格的策略，主要包括尾数定价法、整数定价法、声望定价法、招徕定价法和习惯性定价法。

（一）尾数定价法

尾数定价也称零头定价，即给产品定一个零头数结尾的非整数价格。根据一些消费心理学家的调查，消费者从习惯上乐于接受尾数价格，不喜欢整数价格，例如6.90元或4.99元等。一般认为，5元以下的商品，末位数为9最受欢迎；5元以上的商品末位数为95效果最佳；百元以上的商品，末位数为98、99最为畅销。尾数定价法会给消费者一种经过精确计算的、最低价格的心理感觉；有时也可以给消费者一种是原价打了折扣，商品便宜的感觉；同时，顾客在等候找零期间，也可能会发现和选购其他商品。

（二）整数定价法

整数定价法与尾数定价法正好相反。消费者常根据价格来辨别产品质量的高低，对价格较高的产品，如耐用品、礼品或服装等消费者缺乏必要信息和技能来判断产品质量时，实行整数定价反而会抬高产品的身份，从而达到扩大销售的目的。

（三）声望定价法

声望定价指对一些名牌产品，企业往往可以利用消费者仰慕名牌的心理而制定远远高于其他同类产品的价格。通过“优质高价”既可以增加企业盈利，又可以让消费者在心理上得到满足。

（四）招徕定价法

企业利用消费者“求廉”的心理，将产品价格定得低于一般市价，个别产品甚至低于成本，目的吸引顾客、扩大销售的一种定价策略。虽低价产品没有利润，但低价同时也拉动了其他产品的销售，企业还是有利可图的。

同步案例

醉翁之意

珠海九洲城里有只3000元港币的打火机。这只名曰“星球大战”的打火机看上去极为普通，它真值这个价钱吗？站在柜台前的观光者人人都表示怀疑，就连售货员对此亦未知可否地一笑了之。它被搁置在柜台里很长时间无人问津，但它旁边的3元港币一只的打火机却是购者踊跃。许多走出九洲城的游客坦诚相告：我原是来看那只“星球大战”的，不想却买了这么多东西。

无独有偶，日本东京都滨松町的一家咖啡屋，竟然推出了5000日元一杯的咖啡，就连一掷千金的豪客也大惊失色。然而消息传开，抱着好奇心理的顾客蜂拥而至，使往常冷冷清清的店堂一下子热闹了，果汁、汽水、大众咖啡等饮料却格外畅销。

资料来源：https://wenku.baidu.com/view/b82b3b5d3c1ec5da50e27029.html，有删减。

（五）习惯性定价法

多数产品在长期的市场交换过程中已经在消费者头脑中形成了一个参考价格，这便是习惯价格。企业对此类产品定价时需要充分考虑消费者的习惯倾向来制定价格。消费者已习惯了的价格，企业不易改变。若企业定价低于此价格水平，则会引起消费者对产品质量的怀疑，定价过高则会引起消费者的不满，导致购买转移。若企业不得不提升价格，可以考虑采取改变包装或增加功能等措施，减少消费者的抵触情绪，并积极引导消费者逐步接受新的习惯价格。

三、折扣定价策略

大多数企业为了鼓励顾客及早付清货款，或鼓励大量购买，或为了增加淡季销量而酌情调整价格的策略被称作折扣定价策略，主要包括以下几种方式。

（一）现金折扣

现金折扣是指企业对及时付清货款的购买者的一种价格折扣。例如“2/10，net30天”表示付款期限为30天，若购买者能在10天内付清货款，则给予其2%的折扣。

（二）数量折扣

数量折扣是企业给那些大量购买某种产品的顾客的一种折扣，以鼓励顾客购买更多的货物。例如顾客购买某种商品100件以下，每件单价为10元；购买100件以上，每件单件为9元。

（三）季节折扣

季节折扣是企业鼓励顾客淡季购买的一种价格折让，目的是使企业的生产和销售一年四季能保持相对稳定。

（四）功能折扣

功能折扣也叫贸易折扣，是厂家给予中间商的一种额外折扣，使中间商可以获得低于目录价格的价格。针对不同的中间商，厂家可以提供不同的功能折扣。

（五）推广津贴

厂家为扩大销路，向中间商提供促销津贴。如零售商为厂家刊登广告或设立橱窗，厂家除负担部分广告费外，还可以在价格上给予一定优惠。

四、产品组合定价策略

产品组合定价策略是指将产品依据特定标准细分后，分别就每个组成部分定价，从而形成组合价格，而不是一项单一价格。常用的产品组合定价有以下几种形式。

（一）产品线定价

产品线定价是指企业根据产品线内各项目之间在质量、性能、档次、款式、成本、顾客认知、需求强度等方面的不同，参考竞争对手的产品与价格，确定各个产品项目之间的价格差距，以使不同的产品项目形成不同的市场形象，吸引不同的顾客群，扩大产品销售，争取实现更多的利润。如服装店对某型号的牛仔裤制定三个价格：160元、240元、320元，在消费者心目中形成低、中、高三个档次，这样消费者在购买时会根据自身的消费水平选择不同档次的牛仔裤，消除他们在选购时的犹豫心理。

（二）互补产品定价

互补产品又叫附属产品，是指必须与主要产品一同使用才能发挥出某种使用价值的产品，如剃须刀与刀片、隐形眼镜与护理液、打印机与墨盒等。多数企业在采用这种定价方法时，将主要产品价格定得较低，而互补产品定价较高，从而以高价的互补产品获取高额利润，补偿主要产品因低价而造成的损失。例如惠普打印机给打印机定低价，墨盒定高价，增强了打印机在同行中的竞争力，又保证了原有的利润水平。

（三）产品捆绑定价

企业常常将一些产品捆绑在一起进行销售，目的在于鼓励顾客成套购买，扩大销售量。捆绑价格往往低于单件产品的价格总和。如化妆品公司将润肤露、洗发水、防晒霜等捆绑在一起销售，虽然有的顾客并不需要其中的某种产品，但可能会因为捆绑产品的价格比单件便宜而购买。

（四）两段定价

两段定价是服务企业常采用的定价策略，指企业为其服务先收取一定的固定费用，在此基础上加收一定的可变使用费的方法，如电话月租和通话费等。企业采用此定价法时，一般对固定费用制定较低的价格，以便吸引顾客使用其服务项目，而对可变使用费则制定高价，可以保证企业充足的利润。

（五）选择特色定价

选择特色定价是指企业在对主要产品定价的同时，还针对可提供的各种选择产品或具有特色的产品另外制定价格的方法，例如酒吧、餐馆推出的各种套餐等。酒吧将食品的价格定得比较高，而将酒类产品的价格定得较低吸引爱酒人士前来购买；餐馆则是将食品的价格定得较低，而将酒类产品价格定得较高，主要是靠酒类产品盈利。

五、地理定价策略

地理定价策略的实质就是考虑商品交易时的地理差异而进行定价。

（一）FOB、CIF、CFR

FOB（Free on Board）是一种国际贸易条件，又被称作离岸价格或原产地价格，是指卖方需负责将产品（货物）运到产地的某种运输工具（如飞机、火车、船舶、卡车等）上交货；交货后，产品的所有权就转移给了买方，由买方来承担随后发生的一切费用和风险。这种定价法对卖方来说较为有利，费用低、风险小，适用于销路好、市场紧俏的商品，但不利于吸引距离遥远的顾客。

CIF（Cost Insurance and Freight）又称到岸价。与FOB价格正好相反，CIF是指在成本的基础上加保险费和运费，企业需将商品运送到买方指定的地点，到达指定地点前的一切手续费、运费和保险费等均由卖方承担。这种定价法虽手续较烦琐，卖方承担的费用和风险也较大，但有利于扩大产品销售。

CFR（Cost and Freight）被称为成本加运费交货价或离岸加运费价格，指卖方不负责保险费，但需支付将货物运送至买方指定地点所需的运费，承担货物装载以前的各项费用及一切风险。

（二）统一交货定价

所谓统一交货定价是指企业对于卖给不同国家或地区的消费者的某种产品，不论距离远近都实行一个价格水平。这个价格水平是企业按照相同的出厂价加上等额的运费形成的。实际上是近距离的买方在运费上补贴了远距离的买方。

（三）分区定价

分区定价是指企业把国际销售市场划分为若干个价格区，对于不同的价格区制定不同水平的价格。距离企业较远的价格区制定高价，距离企业较近的价格区制定低价，在每个价格区范围内实行一个价格水平。这种定价方法容易出现“窜货”，同时在同一个价格区内，距离相对较近的买方会对因补贴他人运费而感到吃亏。

（四）基点定价

有的企业会选定某些城市作为基点，然后按照一定的出厂价加上基点城市到顾客所在地的运费来制定价格，而不去考虑货物实际上是从哪个城市起运的问题。有的企业为了提高灵活性而选择多个基点城市，按照买主最近的基点计算运费。

（五）运费免收定价

运费免收定价是指企业为弥补FOB定价法的不足，减轻买方的运费、保险费等负担，由卖方承担全部（有时为部分）运费。这种定价法有利于减轻距离较远地区顾客的运费负担，同时企业为了进入一个新市场时可以采用此方法以加强市场渗透。

任务4　国际市场价格调整策略

国际企业在为其产品制定出价格以后，并不意味着就大功告成。随着国际市场营销环境的变化，国际企业必须对现行价格予以适当的调整。

一、国际企业削价和提价策略

（一）国际企业削价及其策略

国际企业削价的原因很多，可能有企业内部的战略转变、成本变化等因素，也可能有企业外部需求及竞争等因素的变化，以及国家的政策、法律条文的制约和干预等，都可能导致企业调整价格策略。

在紧缩通货的经济环境下或市场处于疲软、经济萧条时期，币值上升，价格总水平下降，企业产品价格也应随之降低，以适应消费者的购买力水平。削价最直截了当的方式是将企业产品的目录价格或标价绝对下降，但更多时候，企业采用的是各种折扣形式来降低价格，如通过数量折扣、现金折扣、津贴等形式。

此外还有一种形式就是变相的削价。变相的削价形式包含赠送样品和优惠券、实行有奖销售；给予中间商推销奖金；准许顾客分期付款、赊销；为顾客提供免费送货上门、维修咨询服务等。这些方式都较为灵活，在市场环境变化时，即使取消也不会引起消费者太多的反感。

对于企业来说，确定何时削价是调价策略难点之一，通常需要综合考虑企业的实力、产品在相应市场上所处的生命周期、销售季节等因素。影响削价的因素较多，企业营销决策者必须认真分析判断，选择削价的最佳时机，制定最优的削价策略。

（二）国际企业提价及其策略

提价在能增加企业利润率的同时，也会引起竞争力的下降、消费者不满、中间商抱怨，有时还会受到政府的干预和同行的指责。但在营销实践中，企业往往会因为产品成本的增加、通货膨胀、产品供不应求等因素提价。

为了保证企业提价策略的顺利进行，提价时机可选择在以下几种情况下进行：产品在市场上处于优势地位；产品进入成长期；季节性产品达到销售旺季；竞争对手产品提价。

在提价方式的选择上，企业应该尽可能多地采用间接提价法，尽量把因提价带来的不利因素减小到最低，使提价不至于影响产品的销售和利润，且被消费者普遍接受。同时，企业提价时应向顾客阐明提价的原因，并帮助顾客寻找节约成本的途径，以减少顾客不满，维护企业形象，提高消费者对企业的信心，刺激消费者的需求和购买行为。

二、消费者与竞争对手对国际市场价格变动的反应

（一）消费者的反应

消费者对企业价格变动的反应有以下几种：

（1）在一定范围内的价格变动是消费者可以接受的；提价幅度超过可接受价格的上限，则会引起消费者不满，产生抵触情绪，从而不愿意购买企业的产品；而降价幅度低于下限，会导致消费者的种种怀疑，对实际购买行为会产生一定程度的抑制作用。

（2）在产品知名度因广告而提高、收入增加、通货膨胀等因素影响下，消费者可接受价格上限会提高；若消费者对产品质量已有明确认知、收入减少、价格连续下降等因素影响下，消费者可接受价格的下限会降低。

（3）若企业某种产品削价，消费者的可能反应会有：企业遇到财务困难；产品成本降低或产品因式样陈旧、质量低劣而快被淘汰等。消费者对企业的提价行为的反应有：质量的改进；名牌效应；卖家想要获得更多的利润等。

（二）竞争者的反应

对于企业而言，想要清晰了解竞争对手对价格变动的反应几乎不可能，但为了保证调价策略的顺利实施，主动调价的企业又必须考虑竞争对手的价格反应。通常，竞争者对企业调价的反应有以下三种类型。

1. 相向式反应

所谓相向式反应是指你提价，他涨价；你降价，他也降价。这种一致的调价行为，对企业影响并不大，不会导致严重后果。但企业必须坚持合理的营销策略，否则会失掉市场以及导致市场份额的减少。

2. 逆向式反应

逆向式反应与相向式反应相反，你提价，他降价或保持原价不变；你降价，他提价或保持原

价不变。这种相互冲突的调价行为，竞争者的目的就在于争夺市场，对企业会造成严重影响。因此，企业需要进行缜密的调查分析，摸清竞争对手的具体目的和实力，以制定应对措施和策略。

3. 交叉式反应

竞争者对企业的调价行为反应不一致，有相向的，有逆向的，也有保持原价不变的。企业在不得不进行价格调整时应注意提高产品质量，加强广告宣传，保持分销渠道的畅通等，以保持企业自身的竞争优势。

三、国际市场价格调整影响因素及企业对策

（一）国际市场价格调整影响因素

1. 税则和税率

在国际市场上，各国（地区）的税则和税率差别较大，跨国公司的母公司处于高税率国家，子公司处在低税率国家，若母公司向子公司出售技术和劳务时，通过调低转移价格，可以降低子公司的进货成本，增加子公司的利润。反过来，若子公司向母公司出售商品时，通过调高转移价格，增加母公司的进货成本，可以减少母公司的利润以使整个公司的税负减少。很多企业在“避税港”设计控股公司，通过低价买进高价卖出的方式，公司可获得较高利润，减少税负。

2. 汇率

许多跨国公司采取在内部支付时间上的变动和调整来应付汇率风险，如可以通过提前付款或错后付款来减少汇率变动造成的影响。

3. 政局或政策的变化

东道国政局、政策的变动，或东道国对外国公司实行不利政策时，跨国公司可以通过转移价格，从子公司抽回利润，甚至使子公司陷入财政赤字，从而撤回投资。

4. 市场竞争力

母公司可以利用低价供应子公司原材料或服务等，高价买进子公司产品，使其在账目上有较高利润。子公司要扩大市场，或遏制强有力的竞争对手时，母公司集中优势资源以低价向子公司提供原材料或劳务，目的在于降低子公司成本，增强子公司竞争力，从而有效占领市场。

（二）国际企业对策

国际企业在实施价格调整策略之前，通常需经过长时间的深思熟虑，仔细权衡调价的利弊。企业面对竞争对手的调价策略需考虑以下几个方面的问题：

（1）竞争企业调价的目的是什么？

（2）竞争企业调价是长期的还是短期暂时的？

（3）竞争企业调价将对本企业的市场占有率、产品销量、利润、声誉等方面带来什么影响？

（4）同行其他企业对该竞争企业的调价行为有何反应？

（5）企业有几种反应方案？竞争企业对本企业每个方案可能做出何反应？

在综合考虑以上问题后，企业还须结合其所经营产品的特性确定对策。一般情况下，在同质产品市场上，若竞争企业削价，企业必须随之削价，否则大部分顾客将转向价格较低的竞争企业；但面对竞争企业的提价，本企业可以选择跟进，也可持观望态度。在异质产品市场上，每个企业的产

品在质量、服务等方面都有着明显差异，企业面对竞争对手调价时，有更大的选择余地，主要可以采用以下几种应对方法：

（1）价格不变，顺其自然，任顾客随价格变化而变化，通过顾客对产品的忠诚度来抵御竞争企业的价格进攻，待到有利时机出现再作行动。

（2）价格不变，加强非价格竞争。例如，企业可以通过增加销售网点，强化售后服务，提高产品或服务质量等方式来改进产品。

（3）部分或完全跟随竞争企业的价格变动，采取较稳妥的策略，维持原有市场格局，巩固现有市场地位，在价格上与竞争对手一较高低。

总之，国际企业对其竞争对手的调价策略应采取何种反应，这是一个非常值得研究的问题。

国货之光·品牌出海营销实践

格兰仕价格营销策略分析

通过降价销售，格兰仕获得了长足的发展。2000年，格兰仕共生产微波炉1200万台，占中国市场份额近70%，占全球市场份额近35%，稳居全球第一。如此庞大的产销规模，为格兰仕进一步实施总成本领先战略奠定了基础。

一、格兰仕价格策略特点

（1）价格下调幅度大。格兰仕的降价策略是，要么不降价，要降就大幅度地降。所以，格兰仕每次下调价格，调价幅度都在20%以上，甚至达到40%。如此高的降价幅度能够在消费者心目中产生极大的震撼效果，并对竞争对手形成巨大的震慑作用，这也是格兰仕降价策略较为成功的重要因素之一。

（2）降价策略多样。格兰仕的降价策略每次都有所不同，有时是全面降价，有时是只调低一个，有时是调低一个系列。

（3）降价策略与其他促销形式密切配合。格兰仕的价格调整，变化多、力度大，同时配合强大的媒体宣传、促销攻势等方式，使其降价活动可以达到最大的宣传效果，使格兰仕的降价事件几乎人尽皆知。从这一点来看，格兰仕在市场推广方面可谓优秀之极。

（4）降价效果显著。格兰仕的每次降价活动都取得了较好的市场效果。1998年7月，格兰仕平均降价12.5%，占有率上升9.4个百分点，价格弹性系数为0.75。由此可见，格兰仕的降价弹性系数不低于0.5，充分显示出格兰仕降价的效果。

（5）以阶梯式降价打击竞争对手。这是格兰仕降价策略最显著的一个特点。格兰仕的降价策略受到充分的计划指导，基本上是企业规模每上一个台阶，就大幅下调一次价格。

二、格兰仕的其他营销组合

1. 拓展空调市场

作为微波炉业的老大，格兰仕已将微波炉做到极致，在此之后，格兰仕开始将注意力投向空调。空调是一个垄断竞争的市场，品牌忠诚度较低，其竞争态势与寡头垄断的市场不同，竞争激烈但不残酷。而且，空调企业很少对进入者采取有针对性的富有成效的防御或进攻行动。所有这些因素都为进入者提供了很好的机会。

2000年12月，格兰仕集团的空调正式上市，与同型号的海尔、格力和海信空调比，每台价格便宜300～400元。

大国品牌之格兰仕

2. 注重质量

格兰仕的价格战只不过是该企业的总成本领先战略的反映，它是依靠生产集约化、专业化来提高生产力水平的，这种方式必然导致成本的降低。而降低成本的降价，则是靠规模生产降低生产成本而降价的，是有基础、有条件的降价。格兰仕的降价正是这一种形式，因此，基本可以认为，格兰仕并非以次充好欺骗消费者，因为它明白消费者对它意味着什么。

3. 文化营销

格兰仕没有采用大规模的形象广告宣传，而是在全国400多家报纸、电视上开设专栏介绍微波炉的知识、菜谱和消费指南，通过这种独辟蹊径的引导方式，塑造企业形象、传播企业文化，让人们认识微波炉。他们花费时间编写的《微波炉使用大全》及《菜谱900例》，是当时微波炉使用最全的菜谱。他们将这些菜谱和使用指南用光碟形式免费送给消费者。因此，在消费者眼中，格兰仕是在用知识和文化来培育市场，引导消费者正确使用产品。

格兰仕之所以能够在微波炉领域获得成功，是因为它形成了多方面的竞争优势：

第一，规模化、集约化、专业化。这是格兰仕的企业特色和基本战略。

第二，全面掌握核心技术。通过这几年的努力，格兰仕已基本掌握核心技术，开发出300多种新产品，在全球市场有了较大的主动权。

第三，提升服务水平。在这一点上，格兰仕通过消费引导，培育了国内市场，口碑一直不错。同时又与国内外企业共同开发“微波美食家”网站，以更大规模地引导消费者，拉动消费需求。

第四，懂得市场，擅长价格促销和品牌宣传。

第五，分销网络完善，市场运作有序。

第六，重视产品质量。为了跻身国际市场，格兰仕从最初的环节起就严格按国际质量管理和质量保证体系组织生产和管理。格兰仕通过了ISO 9001国际质量体系认证，成为中国同行业中首批获此认证的企业，从而为格兰仕产品进入国际市场提供了便利条件。

资料来源：营销学堂http://www.iqinshuo.com/1440.html，有删改。

项目要点

国际产品定价是国际企业营销组合策略的重要内容之一，它必须考虑竞争环境、产品成本、供求关系和企业定价目标、政府政策等因素的影响。

定价有三种基本方法：成本导向定价法、需求导向定价法和竞争导向定价法。不同企业应根据其自身具体情况确定采取哪种定价方法。

定价策略多种多样，新产品定价时可以通过撇脂定价策略、渗透定价策略；根据消费者心理特征和心理需求定价的策略主要有尾数定价策略、整数定价策略、声望定价策略、招徕定价策略和习惯定价策略；折扣定价策略的具体实施方法有数量折扣、现金折扣、季节折扣、功能折扣、推广津贴等；产品组合定价策略包括产品线定价、互补品定价、产品捆绑定价、两端定价、选择特色定价等；对于地理定价策略的实施方法包含FOB、CIF、CFR、统一定价、分区定价、基点定价和运费免收定价等。

国际市场价格调整策略主要有国际企业削价和提价策略，消费者和竞争企业对国际市场价格变化会做出不同程度的反应。

项目实训与测评

◎ 项目实训

一、实训目的

1. 培养学生的价格意识，使其能灵活运用定价方法和价格策略解决企业的实际问题。
2. 培养学生对周围企业经营管理活动具有较高的洞察力、领悟能力和敏感度。
3. 培养学生对国际市场的洞察能力，通过结合理论分析问题，提高解决实际问题的能力和学生的学习兴趣。

二、实训内容

学生分组对本市知名企业产品在我国市场、国际市场的定价策略进行分析，写出调研报告。最后成果为书面报告和成果展示（PPT演示），对报告进行讲解。

三、实训步骤

1. 各小组分别调查本组选定企业的定价影响因素。
2. 列出该企业在我国及国际市场上的定价策略。
3. 分析该企业的国际市场定价策略
4. 针对该企业的定价策略给出合理化建议。
5. 形成书面报告和建议书，用PPT进行成果展示。

◎ 项目测评

一、单项选择题

1. 企业为迅速吸引大批购买者，并赢得一个很大的市场份额时宜采用（ ）。

A. 市场撇脂定价　　B. 产品捆绑定价

C. 心理定价　　D. 市场渗透定价

2. 企业的新产品定价策略包括渗透定价策略和（　　）。
   A. 标准化定价策略　　B. 差异化定价策略
   C. 撇脂定价策略　　D. 低价策略
3. 当企业有意愿和同行和平共处而且自身产品成本的不确定因素又较多时，企业往往会采取（　　）定价方法。
   A. 倒退　　B. 投标　　C. 差别　　D. 随行就市
4. 以市场上相互竞争的同类产品价格作为定价的主要依据，确定自己产品价格的定价方法是（　　）。
   A. 市场导向定价法　　B. 竞争导向定价法
   C. 成本导向定价法　　D. 以上都不是
5. 跨国公司为实现其全球战略和谋求最大利润，由上层决策者人为确定的内部贸易的价格叫（　　）。
   A. 统一定价　　B. 多元定价　　C. 转移定价　　D. 协调定价
6. 采用（　　）策略，企业应具备雄厚的实力，足以承担由于低价策略所导致的新产品进入期的亏损。
   A. 撇脂定价策略　　B. 多元化策略
   C. 统一定价策略　　D. 低价渗透策略
7. （　　）的缺点是没有从消费者的利益出发考虑产品的定价，忽略了市场竞争。
   A. 市场导向定价法　　B. 竞争导向定价法
   C. 成本导向定价法　　D. 以上都不是

二、多项选择题

1. 影响企业定价的主要因素有（　　）。
   A. 定价目标　　B. 产品成本　　C. 市场需求
   D. 经营者意志　　E. 竞争者的产品和价格
2. 企业定价目标主要有（　　）。
   A. 维持生存　　B. 当期利润最大化　　C. 市场占有率最大化
   D. 产品质量最优化　　E. 成本最小化
3. 只要具备了（　　）这一条件时，企业就可以考虑通过低价来实现市场占有率的提高。
   A. 市场对价格反应迟钝　　B. 市场对价格高度敏感
   C. 产品质量优良　　D. 低价能吓退现有的和潜在的竞争者
4. 当出现（　　）情况时，商品需求可能缺乏弹性。
   A. 市场上出现竞争者或替代品
   B. 市场上没有竞争者或没有替代品
   C. 购买者改变购买习惯较慢，也不积极寻找较便宜的东西
   D. 购买者对较高价格不在意
5. （　　）价格形式属于差别定价。
   A. 公园门票对某些社会成员免费或者给予优惠

B. 对大量购买的顾客给予折扣或优惠
C. 对同花色、不同款式的产品设定不同的价格
D. 演唱会不同位置的座位票价不同
E. 节假日或换季时的“减价大酬宾”“大甩卖”等活动

三、简答题

1. 简述影响企业定价的成本因素有哪些。
2. 简述撇脂定价策略的优缺点。
3. 简述顾客导向定价法的具体表现形式。
4. 简述竞争导向定价包括哪些方法。

四、论述题

国际企业在制定价格时的定价依据是什么？

五、案例分析题

中国汽车在俄罗斯爆发 日系车遭到重创被迫抬价

俄罗斯《新闻报》报道称，在俄罗斯市场上就汽车经销中心而言，中方的数量（668家）超过了俄方（667家）。一年内中国经销中心数量增加了161家，俄方则减少了44家。力帆汽车和奇瑞汽车拥有的经销中心数量领先同行，分别是153家（增长27%）和105家（增长3%）。

中国汽车品牌在俄罗斯市场上最大的竞争对手是欧洲、日本和韩国品牌中低价位的部分，后者将被迫抬价，因为它们的费用是以欧元、美元和其他外币标价的。中国企业享有政府机构提供的“政治层面上的某些支持”。

普华永道对俄罗斯经销中心数量减少的解释分为两个方面：一方面是经济危机；另一方面是提高服务质量和标准的战略。普华永道列举俄汽车制造商“伏尔加汽车制造公司”（AvtoVAZ），该公司在推出优质新系车型前夕，“推行经销网改组政策，提高标准”。利特维年科认为，俄产汽车品牌，首先是伏尔加，能够保持价格，而其在市场的份额不会有很大变动。

资料来源：http://auto.163.com/14/1204/15/ACKOHRSL00084IKO.html，有删减。

问题

1. 如果日系汽车被迫抬价，那么日系汽车采用的是哪种定价策略？
2. 结合本文案例，谈谈影响企业定价的因素有哪些。

项目八　国际分销渠道策略

项目目标

◎ 知识目标

1. 掌握国际分销渠道的概念和基本结构模式
2. 了解国际中间商的类型、掌握国际中间商的选择标准、掌握渠道管理的相关环节

◎ 能力目标

1. 能够选择国际中间商
2. 能够对国际分销渠道进行有效管理

◎ 素养目标

1. 培养顾客至上和诚实守信的商业理念
2. 树立“凝聚中国力量，实现中国梦”的理想信念

项目思维导图

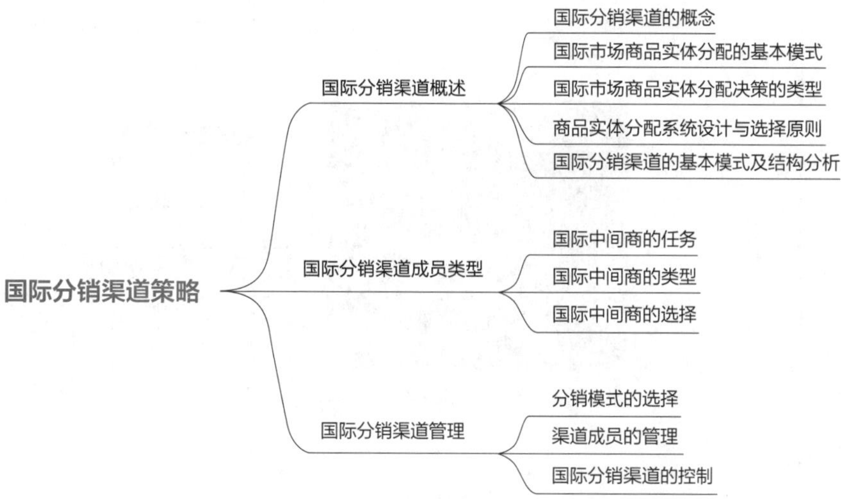

导入案例

渠道变革背景下奥克斯营销策略改进

◎ 案例背景

长期以来空调行业的竞争格局呈现寡头垄断的态势，形成了以格力、美的、海尔三家为龙头的竞争状态，其他品牌份额始终只能维持在比较低的水平。2018年奥克斯力压格力和美的成为空调全网销售冠军，全年出货量超越老牌家电企业海尔，跃居市场第三（奥克斯做到行业第三只用了6年时间），动摇了格力和美的的争霸局面。奥克斯的突围很大程度上要归功于以下几个方面。

一、产品聚焦三四线消费群体

奥克斯空调瞄准三四级市场，主打高性价比，在同类竞品中是具备价格优势的。对比格力、美的等品牌，奥克斯的价格段位是最低的，价格优势明显，可以说在同等价位奥克斯空调的质量不输志高、长虹甚至美的等。

奥克斯并非一开始就瞄准三四线市场，而是在2012年前后国家空调补贴推出后集团的战略转型——整体产品线重心下移、渗透三四线市场，避免与一线品牌形成正面竞争。

奥克斯聚焦“85、90后”年轻低消费群体，从用户出发进行产品微创新。基于自身高性价比的产品定位，公司选择“90后”这一细分群体，从“90后”的消费习惯（偏向网购）、理念（潮，个性）出发，早在2010年就入驻了京东、天猫电器城等电商平台。近年公司和京东、苏宁易购展开深入合作，通过平台积淀消费大数据进行产品定制，并联手京东、F1超跑等进行跨界营销，赋予奥克斯空调更多的潮流感和科技感。对奥克斯而言，电商已不仅是一条销售通路，更是公司产品创新、品牌营销的源泉。

奥克斯与京东、F1超跑等进行跨界营销，抢占年轻群体的消费心智

二、快速扩张生产端产能

截至2019年9月底，奥克斯空调产能突破2000万套，超过海尔成为继格力、美的之后的国内第三大空调厂商，并拥有宁波、南昌、天津、马鞍山四大产业基地，空调产能已增长3倍，产能扩张之快业内罕见。

在成本端强化费用控制，保持低成本生产模式，并推出“互联网直卖”“电商+线下网络”等渠道策略，帮助公司精简供应链环节、降低中间费用。

三、联手京东物流打造“一盘货”新模式

随着奥克斯电商渠道占比突破50%，收入增长边际下降的同时，电商与线下代理商的利益冲突也在激化。为解决不同渠道的利益冲突，早在2016年年底奥克斯就联手京东自营、京东物流探索线上线下“一盘货”模式，2017年下半年在全国推行。

该模式的核心是少压货+库存统一调配。2016年年底奥克斯成为京东首个库存、财务、售后等运营数据完全开放的空调品牌。2017年7月在华东地区试点推行“网批”模式，即去中间代理环节，借助京东物流成熟的仓配管理体系实现精准布仓、快速入库、保证现货、迅速出货，倡导经销商“勤进快销”，线上下单，8台起送，京东配送。

同时，“一盘货”模式下原有的34家营销中心从“产品分销商”向“品牌运营商”转变，人员考核也由原先的销售额、回款为主变为区域市占率、回款为主。从存货周转和回款进度来看，渠道打款积极性未明显下降。

奥克斯携京东、SCC打造赛车季

◎ 案例启示

在激烈的市场竞争环境下，奥克斯能够“逆市”实现双线增长，除了受益于线下空白市场的覆盖，更得益于渠道模式的调整，主要体现为：

（1）“网批”模式的核心之一是去代理商，构建“工厂—经销商—消费者”的垂直零售模式，让线下的渠道成本逐渐向电商靠拢，将双线互搏变为双线共赢。

（2）在双线共赢的基础上，借助社会化的物流和大数据服务，奥克斯构建从工厂到消费者的高效率营销服务模式，有针对性地进行全渠道营销，使得品牌营销效率最大化。

奥克斯的“网批”模式或线上线下“一盘货”模式是空调厂商在全渠道融合道路上做出的一次成功探索，现阶段能有效解决线上渠道和线下渠道的利益冲突，但这并不意味着当前奥克斯的渠道模式是绝对优越的，奥克斯也在不断调整中。奥克斯弯道超车的模式，总结起来看，可以认为是渠道创新和内部改革相结合，实现超越行业增长的典型案例。

资料来源：知网2021年4月《渠道变革背景下奥克斯营销策略研究》和百度新闻，有删减。

项目知识

在国际市场上，绝大多数生产商都是通过各种不同的营销中介机构将产品出售给工业用户或最终消费者的，服务产品也是如此。营销机构的作用就在于它能更加有效地推动商品广泛地进入最终市场，实现商品的转移和价值。本项目主要研究有关国际分销渠道策略的问题，即各种营销机构的特点及其选择和管理，包括分销渠道的概念和结构、国际市场商品实体分配决策、分销模式、中间商的选择、中间商管理、寻找、选择和激励渠道成员、互联网与分销渠道等内容。

任务 1 国际分销渠道概述

一、国际分销渠道的概念

企业的分销渠道策略所要解决的问题，是如何将企业的产品在适当的时间，以适当的方式转移到适当的地点，便于购买，扩大销售。在国际市场营销中，生产者和消费者不在同一个国家，双方不能面对面地交易，商品的流通大部分由中间商来完成。商品从生产者向国际市场消费者转移所经过的流通渠道、流通环节和流通方式，就称为国际市场分销渠道。

国际市场上分销渠道是通过市场沟通，及时有效地把商品转移到消费者购买地点，实现所有权在国际市场上的转移。它包括两方面的含义：一是实体转移；二是所有权的转移。从广义来讲，分销渠道一般应包括以下组织和个人：出口商、进口商、进出口代理商、进出口佣金商、经销商、批发商、零售商、与贸易有关的单位（如储运、银行、保险等）、销售服务单位（如广告公司、市场调研公司等）。在国际市场上，它一般具有采购、分配、加工、储存、运输、包装、融资、承担风险、销售和提供服务等多种功能。

二、国际市场商品实体分配的基本模式

实体分配，又称实体流通、物流等，指通过有效地安排商品装卸、储存、运输、加工、包装、整理，顺利实现商品的实体转移。市场营销不仅意味着发掘并刺激购买者的需求和欲望，而且还意味着货物的实体分配。制定正确的实体分配决策，对于降低费用、刺激顾客需求、提高经营效益具有重要意义。

商品实体分配的目的是实现产品从生产者手中到消费者手中的空间移动，满足顾客的需求并取得一定的利润，其基本模式是：

生产企业→仓库→出口商→进口商→仓库→经销商或代理商→仓库→零售商→用户。

该模式表明，一个企业要正常进入国际市场必须有一套完善、畅通的实体流通系统。这个系统的中心是储存和运输管理，即具备商品实体转移的功能。储运作为联系生产企业、中间商和顾客的纽带，二者互相影响，互相制约，运输量和环节会因消费者需求增加、产量增加而增加，存货水平会因消费者需求增加而降低。产品从装配线上下来，经过包装、厂内储存、进出口运输、国际市场中间商储存、运交顾客与服务等程序。

在国际市场上，实施实体分配决策的难度比国内市场大，成本费用上升和决策失误是两个主要问题。按照国际市场实体分配系统的要求，该系统的各个部分、各个环节不能以自己在国内的业务范围为准则，重要的是与企业外部环境相协调，特别是与国际市场政治、经济、文化和法律环境相协调。要做到这一点，企业开展国际市场实体流通，应以市场为出发点。首先，考虑目标用户的位置、中间商和用户对产品流通的便利性需求，以及竞争者的服务水平等，据此制定一套全面的系统的实体流通决策，完成商品从国内到国外的空间转移，并向用户提供良好的服务。

由此可见，国际市场实体分配决策的主要内容包括：订货方法、存货控制、仓库管理、运输方式的选择及相关的配套服务等。

三、国际市场商品实体分配决策的类型

1. 一个工厂，一个市场

企业只有一个生产厂，在国外有一个销售市场。在这种情况下，企业可以把产品直接运交顾客；也可通过中间商把产品交付用户；还可以把产品直接送到市场，在当地租用仓库储存，随时供应给用户或经销商。这几种策略必须通过成本费用和收益比较，才能做出决策。

2. 一个工厂，多个市场

企业在国内有一个生产厂，却分散销售好几个市场。在这种情况下，企业通常可采取的策略有：

（1）把产品直接运到几个市场上销售。

（2）通过中间商把产品转移给用户。

（3）几个不同市场区别对待，分销策略各异。

（4）把产品运到目标市场上储存起来，随时供应给用户。

（5）对销量少、距离远的市场，可以把零配件送到靠近市场的外国企业，请它们装配，就地销售。

3. 多个工厂，一个市场

这种现象虽不普遍，但仍存在。如企业在国内一个厂家难以满足国际市场的需求，可以设几个厂同时生产，满足国际市场需求；企业为拓展国际市场，也可能利用多个工厂生产，满足一个大的市场需求。

4. 多个工厂，多个市场

许多企业，特别是跨国公司和大型联合企业，并不是只建立一个大工厂来生产，满足多个市场的需求，而是在国内外建立多个工厂、多个仓库，多条流通渠道的国际分销系统。这种决策最为复杂，同时也需要最高效管理。

四、商品实体分配系统设计与选择原则

商品实体分配决策的设计和选择，应把握三个基本原则：服务性、经济性和系统性。所谓服务性，就是给国际市场用户提供高质量的产品和服务，并通过分销服务水平的提高吸引潜在消费者。随着物流的社会化，储运企业之间的竞争也日益加剧，从而促进物流功能得到进一步的补充和完善。作为专业化的储运企业及企业中的储运部门除了向社会提供运输、保管、装卸、包装、流通加工等几大基本职能以外，还增设如分拣、组装、配货、维修、租赁、代办托运和保险，以至报关、保税仓库等服务项目，实行系列化的分配服务，使物流向多功能、系统化、综合化方向发展。

根据物流活动专业化发展和服务于整个社会的要求，在激烈的商业竞争中，物流活动将日益呈现出联合化的趋势。这种联合经营既可以减轻各联合企业的投资负担，又可以采用先进的技术设备，提高设备利用率，降低分配成本，从而实现实体分配系统的经济性。

企业实体分配的目标和宗旨是以最低成本提供顾客最满意的服务，但这仅是一种理想化的目标，在实际中缺乏具体的指导意义。物流系统的基本产出为对顾客的服务水平，其投入是物流成本，可见经济性、服务性、系统性都是相对的。即要想使物流更系统化、服务水平更高，必须增

加其成本；成本的降低，必然会使服务水平随之降低。所以，企业在选择实体分配决策时，既要考虑自己的状况，又要考虑市场环境的变化，要进行投入产出的综合分析。

五、国际分销渠道的基本模式及结构分析

在国际市场上，出口产品从出口国生产者流转到国外最终消费者手里，要经过出口国和进口国两个方面的分销渠道。虽然各国的营销环境差异较大，使国际市场上分销渠道呈现出不同的特点，但在长期的国际市场营销活动中，仍然有基本的分销渠道模式和分销渠道选择惯例，如图8-1所示。

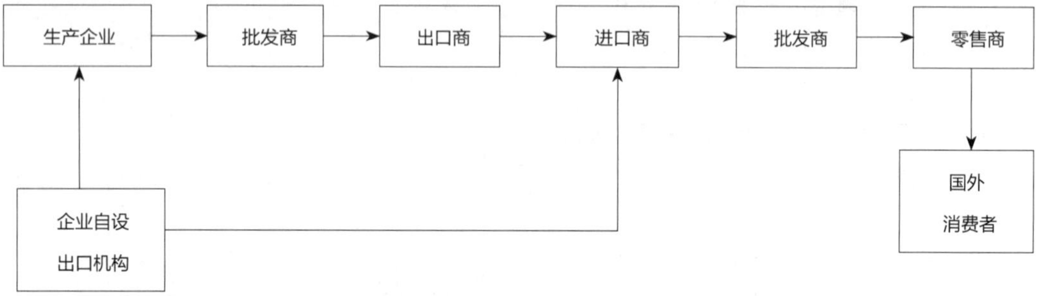

图8-1　国际分销渠道的基本模式

以上仅仅是出口商品的最基本的模式或总体模式，在实践中可以省去中间若干个环节。如生产企业直接交付给国外用户，如邮购等直接渠道。出口企业使用或不使用中间商、使用多少、使用哪些中间商，构成了不同形式的国际分销渠道，如图8-2所示。

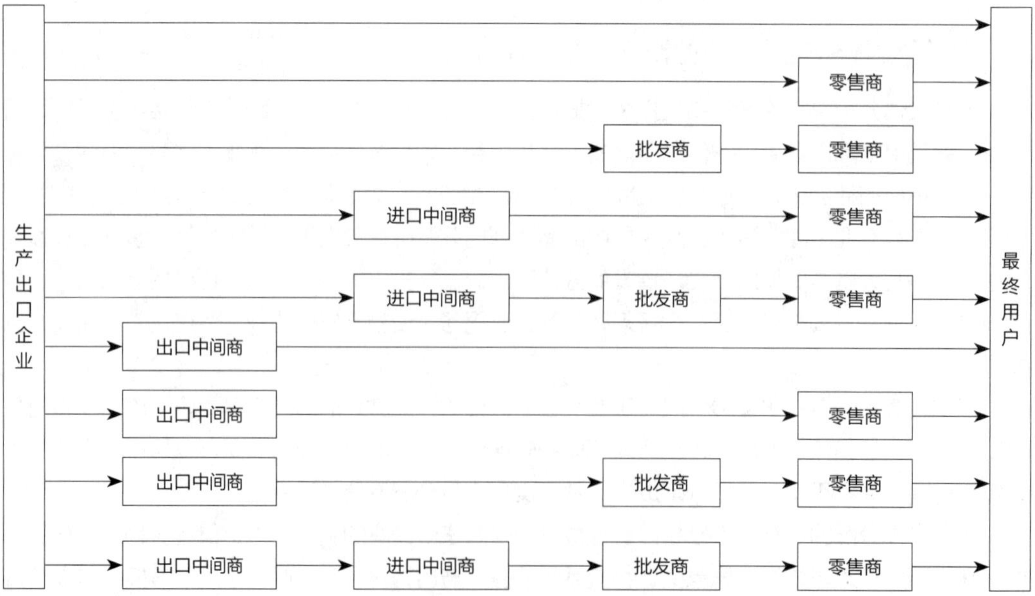

图8-2　国际分销渠道的基本结构

从图8-2中可以看出，国际营销者必须对两种渠道施加影响：一是国内分销渠道，二是国际分销渠道。在国内，营销者必须有一个机构来沟通国与国之间的各个分销环节。在国外，营销者还必须监督检查向最终消费者供应商品的渠道。最佳的做法是营销者能够控制整个分销渠道或参与其中。但初期从事国际营销企业往往重视进口国国内的分销渠道，认为产品卖给进口商就万事大吉，仅把进口商作为销售对象。实际上，进口商是中间商，他们购买商品的目的是为了再出售，赚取差价。若产品不如竞争者产品能满足消费者的需求，他们就会转而去经营竞争产品。若出口产品卖给进口商，而他不经过本国适当的渠道使产品与最终消费者见面，那么商品就没有和同类商品在消费者面前竞争的机会，即使质量再好，也无法被消费者所选购。因此，国际营销企业的任务并没有随产品抵达海外市场而告完成，而是应该关心从生产者到最终购买者的整个分销渠道，即使它并不总能对所有中间环节的行为和政策施加直接影响。这就是现代营销学中的整体渠道概念。

如今，几乎没有任何国家能够完全封闭，不受国际经济和政治变化的影响。这些变化趋势正在改变经济结构的各个层次，包括分销结构。传统的渠道结构让位于新的形式、新的联盟和新的过程，虽然速度各不相同，但是无一不在变化。

思政点滴

洋河开启中国品牌出海新时代，让世界感知中国文化之美

2022年1月13日，“第七届全球外交官中国文化之夜”在北京举行，梦之蓝M6+作为官方指定白酒亮相“全球外交官梦之蓝之夜”；洋河股份还与全球外交官中国文化之夜组委会签署了出海战略协议。以酒为媒，梦之蓝M6+的绵柔之美营造出超越语言的奇妙氛围，让各国嘉宾心相通、情相融，为不同文明交流互鉴搭建桥梁、织就纽带。

“全球外交官中国文化之夜”，是国内公共外交资源规格与规模最高级别的盛会。在“一带一路”倡议下，该活动自2015年创办以来，已得到160多个国家驻华大使馆和众多国内知名企业的支持和认可。

“全球外交官中国文化之夜”旨在传播中国优秀文化，融入世界文化，创造和谐共生的文化生态。活动的举办，可以为中国企业提供对外交流的平台，促进国际经济贸易旅游合作，增强国家与人民之间的文化交流与融合。

亮相“全球外交官中国文化之夜”，行业再度见证洋河主动担当传统产业和民族品牌的社会责任，引领白酒集体出海，将洋河发展的“小梦想”融入国家腾飞的“大梦想”，“以梦筑梦”的时代担当。

资料来源：https://baijiahao.baidu.com/s?id=1722250992222841350，有改编。

任务❷ 国际分销渠道成员类型

从商品在国际市场营销中的流通顺序来看，国际中间商可分为国内中间商和国外中间商两大类。由于国际中间商在企业的国际市场营销中起着关键的桥梁和连接作用，因而企业既要将中间商看成顾客，又要将其看成是战略协作伙伴。

一、国际中间商的任务

（一）产品实体移动

分散的生产商和消费者与用户都希望能够迅速地运输和转移产品，因而实体移动是中间商的一项重要任务。在产品实体移动中，基本的指导思想是以最快的速度、最短的时间、最合理的路线，将产品进行空间转移，并实现其价值。

（二）调节生产与消费的矛盾

由于供需双方在地域、时间、信息沟通、价值评估及对商品的所有权上存在着许多矛盾，使供需双方之间的交易存在许多困难。这些矛盾的存在，客观上要求在生产商、消费者和用户之间建立某种营销中介，中间商在生产和消费之间起着桥梁和纽带作用。

（三）减少交易次数，降低交易成本

中间商的介入可以减少直接交易的次数，大大降低交易成本。在没有中间商介入的情况下，生产者直接面对消费者，交易十分复杂，每一个生产商都要与每个消费者进行交易。如果中间商参与其中，整个交易过程和活动都得到了简化，不仅降低了成本，而且提高了效率。

（四）资金融通

国际中间商要利用自身的信誉和能力，向生产商提供金融服务。例如，帮助生产商融通资金，提供商业信贷，代替生产商催收货款等，从而为生产企业节省人力、物力和财力。

（五）分担风险

生产商在产品研制过程中已经进行了巨大的投入，中间商的加入可以帮助生产商开拓市场，降低经营的风险。这种作用主要体现在以下几个方面：第一，中间商要根据市场和产品的要求，在流通环节中对产品进行一些加工、整理和分装，从而使中间商的产品能够更方便地提供给国外最终消费者和用户；第二，生产商在开发新市场时，往往会遇到缺乏经验和不了解市场情况的障碍，中间商应利用贴近市场、了解市场行情、市场营销经验丰富的优势，在生产商开发市场的过程中发挥作用；第三，生产商向市场推出新产品时往往会由于缺乏营销经验、财力支持等原因而影响新产品的推广，甚至贻误市场的时机，中间商则可以利用营销的经验、已有的市场营销网络，帮助生产商推销新产品，从而使新产品的成功概率大大提高。

（六）信息反馈

中间商最了解市场情况，知道哪些商品在哪些市场畅销，哪些商品在哪些市场滞销，中间商要利用这一优势，及时将市场信息反馈给生产商，使其能够根据市场情况组织生产，避免生产中的盲目性。

二、国际中间商的类型

（一）以母国为基地提供营销服务的出口中间商

1. 出口商

在国际市场上，凡经营出口业务的企业，无论是生产企业，还是贸易企业，只要它以自己的名义在本国市场上购买产品，再出口到国外的贸易商，都称为出口商，有的国家是国际贸易公司，在日本则是综合商社，在我国一般是外贸公司或进出口公司。

出口商都以自己的名义在本国市场上购买产品，拥有商品的所有权，自己选择货物的种类并决定买卖的价格。大的出口商自己备有运输工具、自办转运业务。有些出口商在国际市场上为自己经营的商品进行各种促销宣传，以广招客户。比较大的百货商品出口商，经营品种齐全，在国际市场上有巨大的销售网络，众多的国际商业关系和庞大的信息机构，有的还向国际市场派驻自己的或雇用的推销人员。有时也给国外买主资金上的通融。同时，他们一般还兼营进口业务。

出口商开展出口业务，一般有两种形式：一种是先买后卖，即先在国内采购商品，再卖给国外买者。这种形式要求出口商经常备有存货，一手交钱，一手交货，成交快，信誉好，但风险大且占压资金；另一种方式是先卖后买，即先接受国外订单，再依订单在国内购买相应商品。该方式风险小，占压资金少，但由于没有存货，会因为买不到合适货物或不能按时交货而失去商机和信誉。

出口商最典型的形式是日本的综合商社。日本的综合商社是日本经营进出口业务的主要企业，又兼营国内贸易，承担外汇风险和各种信贷风险，从事管理咨询并参与生产制造。经营范围广，资金雄厚，市场覆盖面大。它们在国内控制各种销售渠道，既代表制造商出口货物，也作为商人买进卖出，同时还为买主代理进口。它们的经销额占日本商品生产总量的25%，占日本年出口额的50%和国际市场贸易额的9%。综合商社在国际上也有强大的推销网，商情灵通，有丰富的谈判经验和业务知识，并能给国内外买主和卖主以资金上的融通和其他方面的支持。外商若绕过这些综合商社是很难深入日本市场的。

从我国情况看，出口商可分为专业进出口公司和国际贸易公司。专业进出口公司是指专门从事进出口业务的外贸企业。我国企业出口产品到国外市场，长期以来都是使用这种方法。这些公司在人才、资金、销售渠道、海外客户等方面的优势是生产企业所不能比拟的。国际贸易公司是高度多样化的大型贸易企业。改革开放以来，在我国已出现了相当一批处于发展壮大之中的国际贸易公司，其功能和经营范围类似于综合商社，因而成为我国专业外贸公司的发展方向。

2. 出口代理商

出口代理商与出口商不同，它不以自己名义向本国卖主购进货物，而只是接受卖方的委托，在规定的条件下代委托人向国外市场销售，交易成功后，收取一定佣金。它可以是一个机构也可以是个人。在国际市场上，出口代理商主要有以下三种形式：

（1）销售代理人。销售代理人是独立的中间商，它代理出口企业的产品销售，并为生产企业提供较其他出口商更多的服务，如负责全部促销活动，设置商品陈列处，召开订货会，参加国际展览会，开展市场调研，并提供咨询和产品售后服务等。

销售代理人与生产企业是委托代理关系，它没有商品所有权。在法律上，所有业务活动都是由生产企业作最后决定，但它在实际上又可以完全控制产品的定价、渠道和促销，等于生产企业的销售经理。生产企业按销售额的一定比例付给销售代理人佣金，这笔佣金一般在汇付货款时予以扣除。

（2）厂商出口代理人。厂商出口代理人接受厂商的委托，从事商品销售，相当于执行厂商出口部的职能，但它在价格或营销策略上无决定权。它们在收到外商的订单后转给有关企业，或由外商直接把订单交给厂商。代理人须征得厂商同意后才能正式成交。生产企业可将产品直接发运给买主，也可交给代理人，由代理人办理出口运输和保险手续。

和销售代理人相比，二者有明显差别：①厂商可同时使用几个厂商出口代理人，各限其于一定地区销售产品；而厂商只能使用一个销售代理人，且在地区上不加限制。②出口代理人可以同时代理几个厂商互不竞争的产品；销售代理人则可以代理互相竞争的产品。③出口代理人没有营销控制权；而销售代理人则有。④出口代理人通常只代理厂商产品类别中的一部分，或限定市场的全部产品；销售代理人则可代理全部产品。

厂商出口代理人的报酬，除由厂商按销售额付给一定比例的佣金外，还可付给一定的津贴，佣金和津贴多少依具体情况而定。在美国，代理新产品出口一般收10%~15%的佣金，较畅销的产品只收2%的佣金。在国际市场上，中小型企业较多使用厂商出口代理人，因为出口代理人可代理多家厂商产品，货源广，每种产品分担推销费用较少。

（3）国际经纪人。国际经纪人是指经营进出口业务的经纪人。它只负责联系买卖双方达成交易，没有商品所有权，也不持有商品，也不代办货物运输保险等具体业务。因此，它只起牵线搭桥的作用，与买卖双方一般没有长期固定关系。

在下列情况下可选用经纪人：本小利微的小企业或缺乏国际市场营销经验的企业；季节性较强的产品；产品需求面广且分散的情况；想开拓市场但缺乏相应销售机构的企业；不值得花费大力气促销的产品等。

和其他代理商比较，国际经纪人工作简单，又不承担风险，所以它收取的费用也较低。在美国一般不超过2%，西欧、日本则低于5%。

3. 出口佣金商

出口佣金商是一种接受委托代办出口业务的外贸中间商。它的报酬是委托人付给的佣金，其业务主要是代国外买主采购佣金商所在国的商品出口，有时也代理国内厂商在国外销售产品。

出口佣金商代国外买主办理委托业务时，是根据买主的订单或委托购物书进行的，委托购物书是买主寄给出口佣金商的购货单，出口佣金商接收后，买主就不能再变更他的委托，而受委托的佣金商也必须按照购物书内规定的条件进行采购，运交指定地点，由买方交付佣金，一切风险与费用都由买主负担。

出口佣金商在代理国内厂商办理委托出口业务时，一般采用两种方法：一种是寄售，厂商先将商品交佣金商，委托其寄售，由佣金商在国外寻找买主；另一种是佣金商先接受国外买主订货，然后由生产企业供应货物。

佣金商所收佣金，因商品性质、交易额大小、国际市场供求状况、国际惯例等情况而定，一般占交易额的2%~6%。第二次世界大战后，佣金商的地位下降。目前，单纯从事出口代办业务的佣金商越来越少，一般都兼营其他业务。

除了以上三种中间商外，国际上较大的工业和贸易组织的分支机构、厂商自设的出口机构也是非常重要的分销机构。

（二）以销售国为基地提供营销服务的进口中间商

1. 进口商

凡自国外进口商品向国内市场出售的贸易企业，都可称为进口商。它们从事买进卖出业务，承担一切贸易风险，并赚取商业利润。

进口商通常是先买后卖，即先从国外买进商品，然后卖给国内中间商或用户。有时也可以先卖后买。进口商经营的业务范围一般分为三种：第一种是从不同国家或地区购入某种或某类商品的专业性进口商；第二种是集中从一个或几个国家购入商品的地区性进口商；第三是广泛从多国购进各种商品的进口商。

2. 进口佣金商

它是一种代办进口、收取佣金的贸易企业，又称进口代办行，其业务主要有三种：一是代国内买主办理进口，在国际市场上选购商品，并按买主授权范围进行代理性质的进口业务，其性质类似于进口代理商；二是代国外出口商销售寄售商品；三是以代理人的身份代国外出口商销售商品。从事后两种业务，佣金商的职能是销售商品，得到佣金。

进口佣金商的业务，很多是由进口商兼营的，因为许多进口商与国内买主联系密切，熟悉市场状况。但随着经营品种增多，风险增大，从事一部分代理业务反而非常有利，有的进口商甚至从自营转向专门代办业务。

3. 经销商

生产企业可指定国外一家或多家商号销售其商品，并在价格上给予一定优惠，货源上给予一定的保证，双方通过经销合同，建立经常性的买卖关系。这种经销产品的商号，称为经销商。

经销商独立从事商品经销业务，拥有商品所有权，以自己的名义购销货物，对用户提供服务，赚取买卖差价。不过，在购货数量、价格、服务、分销机构、广告宣传等方面，生产企业可以通过经销合同加以控制。经销商只能在一定限度内自行定价。对于市场地位重要、用户分散、需看样订货和大量广告宣传、售后服务的商品，如耐用消费品、汽车、高技术产品等，一般适合采用经销的形式。

（三）目标市场国国内的批发商

批发商是从事批发活动的中间商，是在目标市场国国内销售进口商品的重要渠道。批发商经营的商品主要由本国进口商或经销商供应，但也有一些批发商（如日本的综合商品、欧美的大型贸易集团）直接从国外进货，其销售对象是零售商、工业用户或政府购买者。批发商按其经营范围可分为综合批发商和专业批发商。综合批发商一般备有花色品种齐全的存货，雇有推销员，主要销售对象是零售商；专业批发商则以生产厂家为推销对象，主要经营生产设备、零配件和保养维修用品，经营品种相对较单一。

批发商的功能主要有以下几个：①购买：即大量买进各种商品作为存货；②销售：直接配售给零售商，赚取差价；③分割：分成小单位出售；④运输：提供中间运输服务；⑤储存：中间存货功能；⑥资金辅助：可以给用户或厂商以资金上的帮助；⑦风险负担：批发商拥有商品所有权，自担风险；在信用、赊欠方面也有风险；⑧管理服务：可给零售商提供管理及咨询方面的服务。

对于从事国际营销的企业来说，各国批发商的批发活动都是重要的分销模式，有些批发商对企业在国外市场上的经营成败起着决定性作用。

（四）目标市场国国内的零售商

零售商是向最终消费者出售商品的中间商，通常是商品分销渠道中的最后一环。由于它能较迅速、灵敏地反映消费者的需求变化，受到各地出口企业的普遍重视。近年来，出口企业为了减少出口中间商从中赚取差价，趋向于把货物直接卖给零售商。另一方面，零售业也趋向集中，也愿意直接从国外进货，以获取更多的商业利润。

1. 零售商的服务范围

零售业是一个十分繁杂的行业，服务范围非常广，相对于生产者而言，可提供的服务一般包括产品储存、产品陈列、产品促销、售后服务及提供市场信息等。由于零售商的规模各不相同，提供服务的质量和能力也各不相同。发达国家的零售商经营范围广，规模大，资金雄厚，提供的服务全、质量优，而发展中国家的零售商或规模小，或资金欠缺，或经验不足，难以很好地提供全面的服务。

2. 几种典型的零售商

（1）百货公司。通常是指组织水平高、规模大、经营品种齐全的零售商。1830年始创于法国巴黎，很快传遍世界各地。它有两个特点：一是商品种类多，各种消费品一应俱全；美、日、英、法的百货公司商品品种都在万种以上，多的达50万种；二是分部管理，各商品部自负盈亏。有的百货公司还设有辅助性的加工部门，形成一套完整的经营体系。

百货公司由于实力雄厚，经营规模大，故大多设有进口采购部，直接从国外进口商品。

（2）超级市场。它是一种自助服务式的大型零售商场。在国际市场上有以下特点：①商品陈列在货架上，自动售货；②实行薄利多销；③商品品种繁多，从食品到日用百货，无所不包；④四周有较大停车场，满足顾客停车需要。

超级市场在各国发展迅速。近年来，一些国家的超级市场正在向巨型超级市场过渡，它把仓库和售货市场连在一起，面积更大，货品更多，服务更周到。

（3）邮购商店。邮购商店是一种主要通过邮政销售产品的零售商店，其特点是不设门市部，但配有丰富的存货与宽敞的配货场地，采用邮寄方式推销商品。邮购商店的零售方式有：①样本邮售：寄送商品图片或样本给顾客，让其据此订货；②广告邮售：通过电台、电视台做广告，说明产品特点，以供消费者来函或电话订货；③电话推销：接受电话订货。

在国外，邮售商店发展迅速，已成为一种大规模的零售活动。

（4）连锁商店。连锁商店通常是指在同一资本经营下，拥有多家店铺，分散于各地销售同类商品的一种大型零售商。有两种形式：一是由大工厂或大商店在各地设分支机构，各店门面装潢、陈列布置大致相同，经营管理权由总店掌握；另一种是许多独立的零售商店联合起来，在采购中心统一管理下，统一配送，各自销售。

连锁商店的特点是大量进货，低价销售；分支机构多，强调规模经营；进货渠道广泛。由于其进货量大，店面多，营销费用低，成为许多出口企业选择的分销商。

（5）折扣商店。折扣商店是一种在实行明码标价的基础上，出售时给予一定折扣的零售商。这种商店从设施投资、进货规模、人员成本等方面减少商店的开支，降低商品的售价。以大众需求和廉价吸引顾客、扩大销售。它一般设备简陋，选址不在闹市区而在租金低廉的近郊地段，自助售货，服务较少，一般削减10%~25%的价格出售商品。

（6）购物中心。这是一种规模很大，多店铺聚在一起吸引顾客选购商品和游览的场所。在购物中心有各行各业的店铺、门市，配备齐全，同时还有服务业。在西方发达国家，购物中心颇为流行。

除了上述零售组织之外，在国际市场上还有合作社、专业商店、特价商店、方便店、拍卖行等零售商。

3. 零售商的变化趋势

国际市场上的零售商和各国的政治、经济和文化相适应，也在不断变化。国际营销人员不但要了解其现状，还应把握其发展趋势。只有这样，才能正确制定国外市场上的分销渠道策略。零售商发展趋势主要表现为以下四个方面：

（1）国际化。一个国家的零售商跨出国门到其他国家经销商品，甚至采取国际连锁的方式进行跨国经营，如美国的西尔斯公司在很多国家设立了分店。西欧的零售业大举进入美国，已占有美国杂货零售业务的10%。美国的沃尔玛在中国等国家设立分支机构。

（2）规模越来越大。近几十年来，西方发达国家零售商的规模越来越大，数量不断减少。在一些发展较快的新兴国家和地区也表现出同样趋势，发生这些变化的原因是收入增加、汽车增加、工作妇女数量的增加等。这一趋势对生产者来说意味着零售商对产品分销的控制权增大，以及在价格谈判中的实力增加，意味着零售商规模增加。

（3）直销方式更加需要。直接营销是指通过电话推销、上门推销、互联网、邮售等手段将产品直接卖给顾客。近几十年来，这一销售方式表现十分突出。它主要适用于书籍、保险、大宗商品、家庭用品及化妆品等，如美国雅芳、安利在亚洲直销业务非常发达。很多运动器材厂商通过电视直销传递信息。

（4）折扣商店迅速发展。折扣商店近年来规模越来越大，数量越来越多。在有些国家，折扣连锁店已取代百货商店，成为最大的零售组织，如日本。这一趋势必然会给生产者的定价、分销等决策带来很大影响。

三、国际中间商的选择

生产商在进行国际销售渠道设计时，只有准确选择了理想的国际中间商，才能为今后的渠道建设工作打下坚实的基础。中间商选择是否合适直接关系着生产企业在国际市场的经营效果。国际中间商的选择应建立在对国外市场的详细考察和充分了解的基础上。例如，某公司在向中国销售其自动计量产品时，采取直接到中国销售的方式，它鼓励其公司的销售人员积极到中国考察，以达到消除文化和语言障碍的目的。该国内公司在进入中国市场之前，其总裁曾多次到中国考察了解中国人的特点和经商方式，以及对于计量产品的一般要求等，为其产品顺利地进入中国市场，采用合适的销售渠道和选择理想的国际中间商提供了充足的依据。

选择国际中间商要着眼于长远的规划，不能简单地考虑中间商的知名度、经营实力等常用和静态的指标。国际中间商的选择标准一般包括目标市场的状况、所处的地理位置、经营条件、经营能力与特点等。

（一）目标市场的状况

企业选择中间商的目的就是要把自己的产品打入国外目标市场，让那些需要企业产品的国外最终用户或消费者能够就近、方便地购买或消费。因此，企业在选择销售渠道时，应当注意所选择的中间商是否在目标市场拥有自己需要的销售通路，如是否有分店、子公司、会员单位或忠诚的二级分销商；是否在那里拥有销售场所，如店铺、营业机构。国际中间商应对自己的实力和特长有清醒的了解，有固定的服务对象，应与目标市场的顾客建立起良好的关系，国际中间商的销售对象应该与企业的目标市场一致，这样生产企业才能够利用国际中间商的这一优势，建立高效率的营销服务网络。

（二）所处的地理位置

国际中间商要有地理区位优势，所处的地理位置应该与生产商的产品、服务和覆盖地区一致。具体地说，如果是批发商，其所处的地理位置要交通便利，便于产品的仓储、运输；如果是零售商则应该具有较大的客流量，消费者比较集中，道路交通网络完备，交通工具快捷等特点。

（三）经营条件

国际中间商应具备良好的经营条件，包括营业场所、营业设备等。例如，零售商营业场所的灯光设施、柜台等设施应齐全，才能有效地支持零售商的业务经营。

（四）经营能力与特点

国际中间商的业务能力是决定销售成功与否的关键因素。需要对中间商的经营特点及能够承担的销售功能进行全面考察。一般来说，专业性的连锁销售公司对于那些价值高、技术性强、品牌吸引力大、售后服务较多的商品具有较强的分销能力。各种中小百货商店、杂货商店在经营便利品、中低档次的选购品方面力量很强。只有那些在经营方向和专业能力方面符合所建分销渠道要求的中间商才能承担相应的分销功能，组成一条完整的销售渠道通路。在考察中间商的业务能力时，有以下几个方面的具体考量：

（1）经营历史。国际中间商应有较长的经营历史，在顾客中树立了良好的形象。

（2）员工素质。国际中间商的员工应具备较高的素质，具有较高的运用各种促销方式和促销手段的能力，并愿意积极地直接促进产品的销售。员工要具备丰富的产品知识，对相关产品的销售有丰富的经验和技巧。要具备较高的服务技能，随时解答顾客的疑问，并为顾客提供诸如安装、维修等服务。

（3）经营业绩。国际中间商要有良好的经营业绩，在经营收入、回款速度、利润水平等方面都有完善的规章制度和良好的效果。

（4）信誉。国际中间商还应该具有较高的声望和良好的信誉，能够赢得顾客的信任，能与顾客建立长期稳定的业务关系。具有较高声望和信誉的中间商，往往是目标消费者或二级分销商愿意光顾甚至愿意在那里出较高价格购买商品的中间商，这样的中间商不但在消费者的心目中具有较好的形象，还能够烘托并帮助生产商树立品牌形象。

（5）合作态度。生产企业在选择中间商时，要注意分析有关分销商分销合作的意愿、与其他渠道成员的合作关系，以便选择到良好的合作者。分销渠道作为一个整体，每个成员的利益来自于成员之间的彼此合作和共同的利益创造活动，从这个角度讲，共同承担分销商品的任务，通过分销把彼此之间的利益“捆绑”在一起。只有所有成员具有共同愿望、共同抱负，具有合作精神，才有可能真正建立一个有效运转的销售渠道。因此，生产商所选择的中间商应当在经营方向和专业能力方面符合所建立的销售渠道功能的要求，愿意与生产商合作，共同担负一些营销职能，如共同促销等。生产商与中间商良好的合作关系，不单是对生产厂家、对消费者有利，对中间商也有利。

任务3　国际分销渠道管理

根据一定的影响因素，选择合理的分销模式，是国际营销分销系统合理化的重要方面。分销模式主要是研究各国中间商问题。中间商功能及其管理模式的不同，将会影响对中间商的选择。选择不同的中间商就构成不同的分销模式。在分销模式确定之后，在既定的分销系统中去选择、激励和控制中间商。

一、分销模式的选择

（一）标准化与多样化的选择

1. 标准化分销模式

标准化分销模式是指企业在国外市场上采取同样的产品销售方式。采用这一做法的主要优点是可以实现规模经济效益，营销人员能较容易利用自己的经验来提高营销效率，但其缺点是忽视了各个目标市场的差异，从而丧失了市场机会。

2. 多样化分销模式

多样化分销模式是指企业根据所要进入的目标市场的国别不同，采用不同的分销模式，以增强企业产品在各目标市场的竞争能力。

采用该模式原因是多方面的。第一，各国的分销结构不同，如批发商、零售商的数量、特点不一样，要求企业在不同的国家采用不同的分销模式。例如，企业在甲国所采用的渠道，乙国根本不存在；在许多发展中国家，中间商数量较少，或已成为竞争对手的独家经销商。这时，企业就需要根据各市场国的不同情况，重新设计分销模式。第二，各国消费者的特点也有所不同，促使企业采用不同的分销模式。第三，竞争对手的渠道策略也可能要求企业采取不同的分销模式。如竞争对手长期在某国采用一种渠道模式，使得该国只接受这一种模式，当企业进入该国时，也只能仿效竞争对手的做法。第四，企业自己的因素也会影响对分销模式的设计，如企业规模大小、产品组合、渠道经验以及整体营销战略等。

总之，标准化与多样化各有利弊。但在实际中，采取多样化分销模式更能适应各目标市场的不同特点。

（二）渠道长度的决策

渠道长度是指中间商层次的多少。最短的渠道可由生产者直接将商品出售给最终用户，我们称它为直接分销。最长的渠道要经过出口商、进口商、批发商、零售商等诸多层次才能使产品抵达最终用户，称为间接分销。对于企业来说，究竟选择什么样的分销模式，取决于多种因素，主要有以下几种。

1. 产品特点

一般来说，技术性强、价格高的商品，需要较多的售前售后服务的商品，如机械设备、汽车和家电等，采用较短的渠道，以避免层层转手，维修、服务等无人负责。保鲜要求高的产品，应尽快送达顾客手中，也应采用较短的渠道。而单价低、标准化的产品如日用品等，一般适宜较长的渠道。

2. 市场状况

顾客数量少而购买力集中，购买量大时，宜用短渠道；反之，则宜用长渠道。此外，目标市场国的渠道结构也应考虑到。多数发达国家渠道较发展中国家要短，如尤尼莱佛公司在印度的分销渠道模式：尤尼莱佛公司→印度进口代理商→存货商→零售商→消费者。当然，有些发达国家中的渠道也较长，如宝洁公司在意大利的分销渠道和尤尼莱佛公司在印度的渠道几乎一样长。日本的甚至更复杂、更长。

3. 企业条件

企业规模大，拥有较强的推销力量，可以少使用或不使用中间商，渠道较短；企业规模小，推销力量有限，有必要使用较多中间商，渠道较长。

此外，渠道的长短还取决于企业的经营目标、业务人员素质、国家法规的限制等因素。

（三）渠道宽度的决策

渠道的宽度是指分销系统中每个层次上使用的中间商的数目的多少。企业在制定宽度决策时有以下三种选择。

1. 广泛分销

广泛分销又称为密集性分销，即在某一市场上使用尽可能多的中间商，加宽分销渠道。在国际市场上，日用品等价格低、购买频率高而量小的商品，工业标准件如小工具、螺母等，多采用广泛性分销，其优点是市场覆盖面宽，缺点是对价格、销售方式等难以控制，且中间商的责任心较差。

2. 独家分销

独家分销是在目标市场上仅指定一家中间商经营其产品，授予对方独家经营权。名牌、高档消费品，技术性强、价格高的工业品，多采用这一分销模式，其优点是中间商积极性高，责任心强；缺点是市场覆盖面窄，风险较大，市场的开拓完全取决于一家中间商的经营成果。

3. 选择性分销

选择性分销是指在目标市场上精选少数符合要求的中间商，经销本企业产品。它适用于许多商品，特别是消费品中的选购品、特殊品和工业品中的零部件。进入国际市场初期，当企业缺乏经验时，可采用该模式选择几个中间商进行试探性销售，等条件成熟后，再进行调整。采用该模式时，若中间商选择适当，可以兼得上面两种形式的优点；反之，则难以避免其缺点。

国际分销模式的目标是提高效率获得更多的利润，但要合理地进行分销模式选择与实施，还需要考虑：开发渠道和维持渠道的费用高低；建立渠道的预期资金规模；企业对整个分销渠道的控制程度；产品市场覆盖面；分销模式的适应性及连续性等。

二、渠道成员的管理

一个企业选择了渠道方案后，必须对每个中间商（即渠道成员）加以选择、激励和评估，并随着时间的推移，调整其渠道方案以适应环境的变化。这就是渠道成员的管理过程。渠道成员管理好坏直接关系渠道的分销效率。

（一）渠道成员的发展

对于初次从事国际营销的企业来说，与国外中间商建立联系，并从中发现、发展中间商是企业首先要进行的工作。广泛的、稳定的国外客户联系是国际企业的宝贵财富。与国外中间商建立联系的方式即渠道成员的发展途径如下：

（1）主动建立联系。一是通过查阅国内外报刊广告、行业名录等，主动发函联系；二是通过专业报纸、杂志登载广告，自我介绍，招徕客户。

（2）通过国外商会介绍。请国外企业主联合会、商会、同业公会等介绍客户，请原有的国外客户介绍其他行业的客户等。

（3）通过银行介绍。请国内经营外汇的银行和驻国内的外国银行介绍。银行信息灵通，对各国工商企业界非常熟悉，由其介绍客户较为稳妥。

（4）通过国内外的展览会、交易会建立联系。

（5）函请国家驻外商务机构和各国驻国内商务机构介绍；函请联合国有关机构介绍。

（6）与国外企业直接挂钩。直接与国外大型的贸易公司、百货公司、跨国公司等联系，沟通业务关系。

（7）通过私人关系介绍。

（二）渠道成员的选择

制造商为了选定的渠道招募合适的中间商，其吸引力有所不同。某些企业毫不费力，像丰田公司就很容易找到不计其数的经销商，但另一种情况是企业历尽艰辛才能找到合适的中间商。

不管中间商发展是难是易，必须确定选择中间商的标准，因为这直接关系产品在国际市场上的销路、信誉、经济效益和发展潜力。选择的一般标准如下。

1. 经济实力

中间商的经济实力在很大程度上决定了它的经营能力。没有足够的财力作保证，中间商很难履约、守信，特别是那些自负盈亏的经销商，一旦发生资金短缺，往往会弃信毁约。因此，选择中间商应考虑审查它的经济实力、财务状况。这可以通过审查其资产负债表、注册资本情况、公司性质等情况得到。当然，对中间商的经济实力不能一概而论。比如，对于经销商，应重视其经济实力，成交额一般不宜超过其资产额，以免发生不测。对于一般国外经纪人，因他只起一个桥梁作用，并不涉及商品所有权，可不必关心其经济实力。

2. 中间商的经营能力

由于国外中间商的社会地位、经历、经营风格、人员素质和渠道分布等各不相同，其经营能力也各有差异。而经营能力的高低关系产品销售量的大小，可以通过考察中间商历年的经营实绩来了解其经营能力。

3. 中间商的专业知识

中间商对自己经营范围内的产品、市场、分销渠道等有关情况的了解和专业知识，有助于产品的销售。在科技日新月异，新产品层出不穷的今天，考察中间商的专业知识更为重要。特别是在高科技产品、机电产品、耐用消费品等方面，由于对服务要求高，缺乏专业知识的中间商很难做好营销。

4. 中间商的商业信誉

信誉是产品营销的灵魂。对中间商信誉的了解，可以通过国内外银行、咨询机构、驻外商务机构等进行。对于那些资信状况不清楚的客户，应慎重对待，切不可急于求成。

5. 中间商的合作态度

买卖双方之间的友好合作是巩固业务关系和扩大市场销售的基础。双方合作是一个双向选择的结果。俗话说强扭的瓜不甜，所以厂商应考虑中间商的合作态度，选择那些乐意合作，能积极配合，努力经营的中间商。

6. 人员、装备和设施

中间商所雇用的人员、装备和设施也应当予以考察。从事分销活动的人员的数量和质量如何，是否具有良好的公共关系，以及分销商的设施和装备是否被适当安置，都直接影响到中间商的经营能力。

7. 未来销售增长潜力

通过观察中间商目前的经营状况和销售增长情况，分析其未来的发展潜力，发展潜力大的中间商，可以作为备选渠道成员。

8. 提供信息的能力

中间商比企业更直接接触用户，更了解市场，能为企业提供更多的市场供求信息和有关竞争的信息。一般来讲，规模大、实力强、人员素质高的中间商在这方面的能力也强一些。

以上各项只是选择分销渠道的一般标准。企业在选择时，应考虑自身的经营目标、产品、市场和竞争等具体情况，拟定更为详细的考察标准，选择真正合格的中间商作为渠道成员。

（三）渠道成员的激励

给中间商以适当的激励，目的是促使双方友好合作，互惠互利，更进一步加强中间商的责任心，提高其积极性。激励措施主要有以下几种。

（1）降低价格。降低卖给中间商的价格，使其更有利可图。这种做法很有效，但问题是，以后再调高很困难。同时，如果渠道成员是代理商，降价有利于其推销产品。但在代理产品数额不变的情况下，代理商的收益可能会减少，所以，代理商有时不希望产品降价销售。

（2）授予中间商以独家经营权。这样可以使经销商在同行业竞争中占有一定优势，从而提高其经营积极性，加强其对产品的促销宣传。若中间商是大企业或名牌产品的独家经销商，还可以树立在市场上的声誉和地位。

（3）为中间商培训推销和服务人员。当企业产品技术性较强，推销和服务都需要一定专门技术时，这种培训就显得尤为重要。如福特汽车公司在向拉美国家出售拖拉机的过程中，为其经销商培训了大批雇员。培训内容主要是拖拉机的修理、保养和使用方法等。此举使福特公司加强了与其经销商的关系，提高了经销商的服务能力。在工业用品市场上，该措施已成为重要的非价格竞争手段。

（4）广告促销方面的支持。企业可以出资在市场上做广告，或出资请中间商在当地做广告或给予广告津贴，都有利于促进中间商的销售。

（5）给成绩突出的中间商一定的奖励。渠道奖励包括物质奖励和精神奖励两方面，其中物质奖励主要体现为价格优惠、渠道费用支持、年终返利、渠道促销等，这是渠道激励的基础手段和根本内容。而精神激励的作用也不可低估，渠道成员同样有较高的精神需求。精神激励包括评优评奖、培训、旅游、助销、决策参与等，重在满足分销商成长的需要和精神的需求。

（6）向中间商提供信贷帮助，或允许其延期付款。

（7）帮助中间商进行市场调研，提供经营咨询。

上述各种形式都能不同程度地激发国外中间商的经营积极性。企业在采用之前，要进行调查研究，比较其成本与收益，考察其可行性；同时，不同的中间商、同一中间商在不同时期，其需求是不同的，企业应具体分析，选择最能满足其需求的方式来激发其积极性。

（四）渠道成员的修改和更换

1. 渠道成员的修改

企业不只是制定良好的渠道系统并使之投入运行，还需要定期修改渠道系统，使之适应市场不断出现的新情况。当消费者的购买方式发生变化、市场扩大或缩小、产品进入生命周期的下一阶段以及竞争状况发生变化时，都需要对现有的渠道结构进行修改。

修改渠道可能发生在三个方面：增加或去掉某些渠道成员；增加或去掉某些市场渠道；或者在所有市场制定全新的渠道策略。

对于第一层次的渠道修改，一方面是由于某些中间商不能很好地完成销售任务，违背了企业的经营意图；另一方面原因是企业变换进入市场方式，使得需要增减渠道成员。在国外的市场上更换或者增减中间商，往往要花费较高的代价，这是由于许多国家都对经销商或代理商进行法律保护，双方在解除代理或经销协议时，企业通常要付给中间商各种补偿费用，甚至今后几年的利润。企业做出增加或去掉某些市场渠道的决策，往往会影响整个系统。去掉某些市场渠道会减少销售量，使单位成本上升；一些人员和设备被闲置起来；竞争者会抢占这些市场的份额等。企业必须考虑所有这些影响因素。最困难的决策是对整个分销渠道的修改，如企业决定用自有的经销商代替独立的经销商等，这些决策可能在更大程度上改变企业的营销组合，需要渠道管理者更仔细地分析，以做出正确的决策。

企业走向国际化的进程也是一个不断改变分销渠道的过程。在企业进军国际市场初期，对国外的市场不够了解，缺乏国际营销的经验，自己从事海外分销的困难较大，企业通常利用贸易公司来为自己进行海外营销。同时，企业自己也派联络人员到国外目标市场去调研，掌握情况，以便日后实现由企业自己来进行直接营销。企业一旦对自己产品的质量和成本竞争力建立信心以后，就开始致力于改变自己低效的营销方式，逐渐越过贸易公司和经销商，开始自己直接营销，推动业务发展。

2. 渠道成员的更换

没有一条渠道能保证产品在市场上的永远竞争优势。当国外的中间商不能很好贯彻企业的意图，或不能完成既定的销售额，消费者购买模式发生改变，新的分销渠道出现，市场扩大等情况出现时，更换渠道成员，修改渠道是必不可少的。

但是，在国外市场上更换中间商并非易事，往往要付出很大代价。如在洪都拉斯，企业要终止一个代理协议，必须向该代理商支付相当于五年的毛利，并补偿该代理商所进行的一切投资和各种附加开支。在比利时，则必须在实际终止前三个月通知将被终止的经销商或代理商，并赔偿其名誉损失费、开展业务费、辞退雇员费等。在奥地利，没有正当理由终止可导致多达1~15年平均佣金的损失。因此，企业在做出这种决策时，必须权衡利弊，综合分析。

三、国际分销渠道的控制

将产品委托给中间商后，出口企业应当进行适当的控制。中间商作为独立的商业机构，往往同时销售很多家企业的商品，他们关心的是高利润，快周转。他们完全可能不重视某个企业产品的销售，从而可能使该企业丧失市场机会，所以加强对中间商的控制，对企业来说是很重要的。另外，企业还应从渠道成本、覆盖率以及持续性三个方面对国际分销渠道进行控制。

（一）渠道成本

国际分销渠道的成本包括渠道开发成本和维持成本。前者是一种一次性支出，后者是连续的产品营销成本。近年来，分销成本普遍具有增长趋势，这对企业开辟新市场极为不利，如何降低营销成本成为众多企业关注的中心。一般认为企业可以通过缩短分销渠道来降低分销成本，而实际情况并非全都如此。有些企业确实通过缩短分销渠道降低了成本，但也有的企业是通过较长的渠道才使分销成本得以控制的。另外，不同的渠道方式成本不同。当企业的产品要开拓一个新市场时，使用代理商或经销商来推销产品，比使用企业自己的推销人员成本低。但随着销量的增长，使用代理商的成本增长加快，比企业自己推销的成本增长要快，使得企业利用自己的推销人员销售产品更合适。

（二）覆盖率

分销渠道覆盖程度决定了出口企业产品的竞争力、市场份额和销售量。较高的渠道覆盖率并不意味着单纯地理上的高覆盖率，因为这往往伴随着很高的营销成本。在进口国人口稠密地区，在细分市场上提高渠道覆盖率，是控制渠道覆盖率的有效措施。

（三）持续性

企业建立产品的国际分销渠道，支付了各种成本，总是希望各个渠道成员能够长期、高效地为企业服务。企业不断地激励渠道成员，与之加强各方面的合作，也是希望能够比较长期地与中间商保持良好关系，控制分销体系的持续性。影响分销体系持续性的因素有中间商本身的原因和市场竞争的因素。经营不具备长期性、经营品种经常变化、规模较小的中间商因市场变化或经营不善而倒闭也是常有的，这使得分销渠道的连续性得不到保证。另外，激烈的市场竞争常能够使中间商转向竞争对手一边。竞争对手利用优惠的条件，甚至使用其他压迫手段使中间商中止与原企业的合作关系，使原企业遭受损失。所以，企业一定要选择合适的国外中间商，并与之加强合作，同时要为他们提供较好的条件，使之能长期为企业服务，从而保持企业国外分销渠道的持续性。

国货之光·品牌出海营销实践

格力的渠道变革

在格力过去发展的时间里，格力的“区域股份制销售模式”为格力保持持续的销售增长发挥了重要的作用。这种模式将厂商利益与格力利益结合在一起，打造格力与厂商命运共同体，厂商利用其有力的渠道优势为格力打开市场，扩大市场份额创造了巨大的便利，并为之后格力的稳步发展提供了持续的动力支持。格力实行这种模式主要是因为当时格力的主要任务是扩大市场份额，而现在，该模式导致经销商主动权太大，不好管理，总公司对经销商缺乏控制，这便使得格力公司痛下决心进行渠道变革。从格力渠道变革的过程来看，可以说格力企业文化创新，以变治变贯穿了格力渠道变革的全过程。

一、以人为本，坚持学习创新

以人为本就是要重视员工的发展，员工才是企业持续创新的基本要素。格力在各个分厂都设有培训部门，培训内容涉及企业的文化知识以及专业的技术能力，甚至会针对各个员工的兴趣爱好，开设书法、读书等培训，促进员工身心发展。重视员工的身心发展，把员工当作家人，员工才会把公司当家，全心全力为公司出谋划策，把自己的利益同公司的利益结合起来。

创新是企业发展的发动机，学习是创新的动力源泉，只有不断学习，才会有创新的思路。格力公司一直把“学习”作为其不断创新的重要因素，通过设立各种培训班，为员工提供学习和提升的机会。

二、追求卓越，追求企业持续发展

追求利益最大化并不是格力的最终目标，其根本目标是实现可持续发展。随着打开市场，扩大市场份额这一目标的实现，格力的目标转化为追求可持续发展，格力渠道变革的主要目的是实现可持续发展，创建格力品牌。但是以往的“区域股份制销售模式”追求的是销售利润最大化，这显然与格力追求企业可持续发展，建立品牌效应的企业文化是不相符的，因此在不同的发展阶段采取不同的渠道模式，这正是格力公司以变制变企业文化最好的体现。充分发挥这一企业文化，随着环境变化调整销售模式，逐渐实现企业可持续发展的目标。

三、敢于创新

在技术创新方面，格力在空调领域已经累计申请12000多项专利。敢于创新不仅体现在技术创新上，而且也体现在制度创新和文化创新上。格力的渠道变革，抛开大的经销商，摆脱经销商的控制，重心向下转移，直接与二三级销售渠道联系，这种模式节约渠道维护成本，这也是一种创新。渠道创新给格力公司节约了成本，并且为格力公司可持续发展也奠定了基础。

四、包容开放

包容开放是中华民族的优良品德，格力将其作为公司优秀的企业文化之一，在格力渠道变革过程中也充分体现出来。格力渠道变革后，建立了格力专卖店品牌，但专卖店内并不一定只有格力的产品。格力本着为客户服务的原则，全套配备客户所需要产品，方便客户购买。专卖店内，家居类、厨具类产品应有尽有，这些产品也可能是其他品牌的。格力这种包容开放的精神也为企业产品创新提供了新思路，丰富了格力产品的内涵。

格力渠道变革中体现的企业文化正是格力文化的核心部分，格力公司渠道变革的成功给了我们重大的启示：在企业文化塑造中，要注重培养核心层面的企业文化，在企业变革中也要善于发挥企业文化的作用。

资料来源：知网，杨园园，《“格力”渠道变革的启示》，有删减。

项目要点

有多种分销渠道模式可供企业选择，企业在选择具体的分销渠道时，应综合考虑企业自身的优势和特点、竞争者的分销渠道策略、目标国家的环境因素、最终消费者的生活习惯和消费模式等因素。此外，国际营销企业对国际分销渠道的管理和控制是非常重要的。

企业在国际分销渠道中可利用的中间商有许多类型。依据中间商经营的业务不同，可以将之分为出口中间商和进口中间商；依据其是否拥有产品的所有权，可以将之分为经销商和代理商。这些中间商根据具体情况又可以分为各种不同的类型，但是对中间商的划分不是绝对的，有些中间商是混合型的。

在国际分销渠道的选择中，有长渠道和短渠道、直接分销渠道和间接分销渠道、宽渠道和窄渠道之分。企业在选择分销渠道时，应重点考虑六个因素，即成本、资金、控制、覆盖面、特性和连续性。

国际分销渠道的管理，包括分销渠道的目标，选择、控制渠道成员，以及分销渠道的调整等。

项目实训与测评

◎ 项目实训

一、实训目的

1. 熟悉、掌握中小企业选择分销渠道模式并进入国际市场的方式。
2. 了解某出口企业现有渠道运行的状况及存在的问题。
3. 了解某出口企业是如何化解渠道矛盾和冲突的。

二、实训内容

教师向学生给出市场上某行业、某企业、某类产品渠道使用的基本案例资料，并对其采取的渠道策略进行分析，便于学生实践训练时参考。

学生针对相近产品所在企业渠道运行、管理中存在的问题，结合自己小组产品的各种特点、市场情况、企业情况等，提出自己产品的具体渠道策略方案。

三、实训步骤

1. 小组进行实地调查，对生产与本小组所选定的产品相近、目标市场所在国相同的企业进行走访，了解其渠道选择、运行、管理的状况（如可询问商店营业员某产品的货源情况等）。
2. 总结所走访企业的渠道状况及渠道选择的一般模式。
3. 指出调查企业渠道设计、运行、管理中存在的问题。
4. 设计本小组所选定产品的渠道方案。
5. 形成书面报告和建议书，用PPT进行成果展示。

◎ 项目测评

一、单选题

1. 接受用户订货是一种（　　）。
   A. 直接渠道　　B. 间接渠道　　C. 长渠道　　D. 短渠道
2. 分销渠道的每个层次使用同种类型中间商数目的多少，被称为分销渠道的（　　）。
   A. 宽度　　B. 长度　　C. 深度　　D. 关联度
3. 物流的主要职能是将产品由其生产地转移到消费地，从而创造（　　）。
   A. 时间效用　　B. 企业实力　　C. 地点效用　　D. 占有效用
4. 当目标顾客人数众多时，生产者倾向于利用（　　）。
   A. 长而宽的渠道　　B. 短渠道　　C. 窄渠道　　D. 直接渠道
5. 财务薄弱的企业，一般采用（　　）的分销方法。
   A. 选择分销　　B. 佣金制　　C. 代理　　D. 直销

6. 经纪人和代理商都属于（　　）。

A. 批发商　　B. 零售商　　C. 供应商　　D. 实体分配者

7. 对于服装经营者来说，（　　）营销策略是最不适宜的。

A. 无差异性市场营销　　B. 产品多样化营销

C. 集中性市场营销　　D. 差异性市场营销

二、简答题

1. 国际分销渠道中间商的类型和作用有哪些？
2. 如何确定销售产品的渠道长度？
3. 国际分销渠道宽度主要有哪几种类型？
4. 影响渠道选择的因素有哪些？

三、论述题

如何实施对国际分销渠道的有效控制？

四、案例分析题

奢侈品牌“必修课”——抖音开店

当全球奢侈品行业因疫情“黑天鹅”日显颓势时，中国奢侈品消费市场却率先恢复并逆势增长。用户体量庞大、年轻用户活跃的抖音正不断吸引奢侈品品牌们的注意力，截至2022年3月，已有古驰、路易威登、迪奥等大量知名奢侈品品牌入驻抖音并开通官方账号。

2021年12月，Prada官方旗舰店入驻抖音电商，发起了#P家渔夫帽挑战赛，李易峰、蔡徐坤、徐璐、魏大勋等在内的20多位明星达人，陆续发布变装视频参与话题挑战赛，推动热度持续走高，话题播放量迅速突破7600万。同时通过“蓝V号店一体+短视频挂车+综搜小店”，打通了Prada在抖音的电商全链路。

目前抖音电商日活跃用户数已破6亿，沉淀了大量的高净值奢侈品兴趣用户，未来，抖音电商奢侈品行业还会在搜索和抖音官方商城重点发力，为奢侈品品牌提供更多电商运营支持。

资料来源：https://www.cyingxiao.com/yenei/0314232520222325.html，改编。

案例

1. 通过案例谈谈奢侈品为何在抖音开店？
2. 分析新媒体渠道营销的重要性。

项目九　国际市场促销策略

项目目标

◎ 知识目标

1. 理解促销的实质，掌握促销的基本程序
2. 了解广告、公共关系、人员推销和销售促进决策的主要内容

◎ 能力目标

1. 具备为企业制定促销组合方案的能力
2. 具备为企业选择和操作不同促销组合的能力

◎ 素养目标

1. 理解大数据产业对有效营销的重要影响
2. 遵守广告法、商标法等法律法规，具备诚信经营意识

项目思维导图

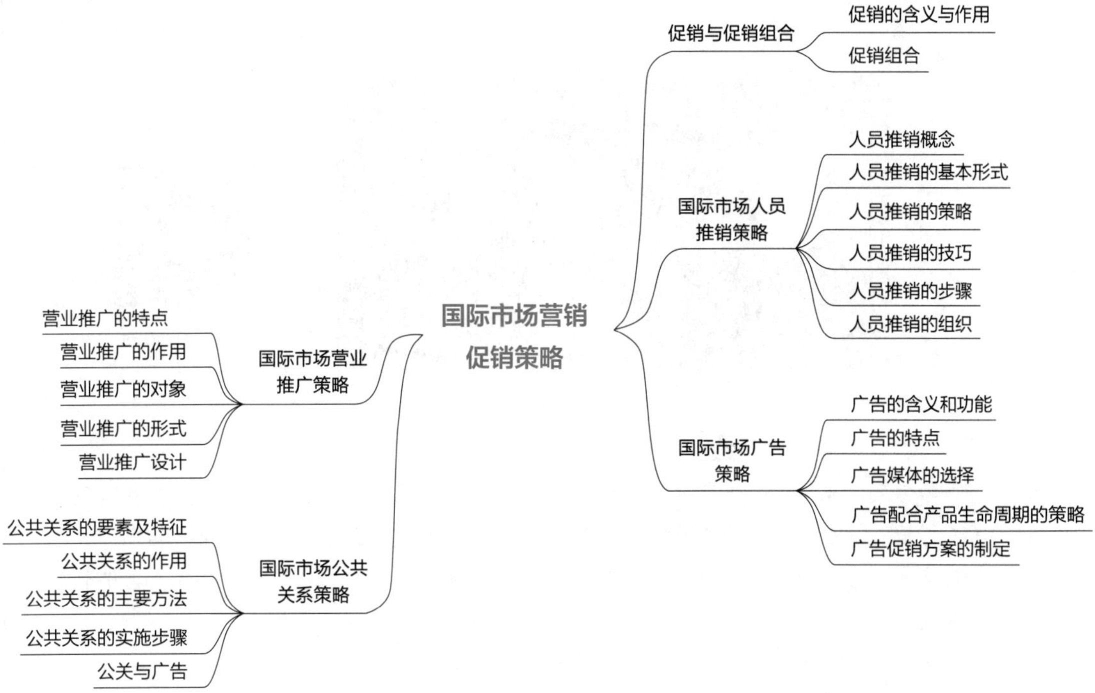

导入案例

华为“走出去”过程中的国际市场促销策略

◎ 案例背景

据第三方通信业务统计公司于2022年3月发布的2021年全球通信设备市场份额显示，华为再次以29％的市场份额遥遥领先于众多竞争对手排名第一；诺基亚和爱立信则是15％的市场份额；中兴通信以11％的市场份额排名第四。

一、国际信息沟通与促销组合

由于促销预算相对较多，华为几乎使用过各种类型的促销工具，如广告、人员推销、公共关系和营业推广等，和多种促销组合。2014年，华为自创新词“Groufie”，还为这个词申请了专利——华为想依靠“团体自拍”（Groufie）帮助其最新款旗舰机Ascend P7大热起来；2016年，华为与徕卡合作举办的“P9看世界”手机摄影大赛等活动均是较为成功的促销组合。

二、国际广告决策

除了专注品质与科技，华为更是在营销与广告方面下了功夫，其中最具代表性的是华为手机的海外发布会和海外广告。在海外各大机场随处可见华为的大幅广告，甚至为了争取广告牌还与三星进行语言竞赛；更是耗费巨额资金赞助了诸多的欧洲球队，例如马德里竞技、AC米兰、巴黎圣日耳曼、阿森纳等。

既是国货精品，同时也在国外走高端路线的华为，在品牌形象上可以说已经摆脱了“中国制造”的固有形象，高举“中国创造”的有力旗帜。华为用五年的时间实现了全球81％的品牌认知。

华为P10最新海外广告

三、国际人员推销决策

华为直接雇用国外推销人员，同时注重企业文化等方面的培训，通过良好的绩效方式更好地鼓励推销员。2021年，福布斯公布全球100家最佳雇主，华为就位列其中，这也许能充分解释华为产品为什么在比利时、白俄罗斯、阿联酋等遍及四大洲的市场中取得的骄人成绩。

资料来源：此案例由知网、百度等多渠道资料整合而成。

项目知识

国际市场促销是指企业在国际市场上应用各种沟通方式和手段向顾客传递产品或服务及企业信息，实现双向沟通，使顾客对企业及其产品产生兴趣、好感与信任，进而做出购买决策的活动，其实质是一种信息沟通活动。国际市场促销活动的基本方式包括国际市场人员推销、国际广告、国际市场营业推广和国际公共关系，其中国际广告、国际市场营业推广和国际公共关系又统称为非人员推销。

知识拓展

推式与拉式策略

推式策略是指利用推销人员与中间商促销，将产品推入渠道的策略。这一策略需利用大量的推销人员推销产品，它适用于生产者和中间商对产品前景看法一致的产品。推式策略风险小、推销周期短、资金回收快，但其前提条件是须有中间商的共识和配合。

推式策略常用的方式有：派出推销人员上门推销产品，提供各种售前、售中、售后服务促销等，如图9-1所示。

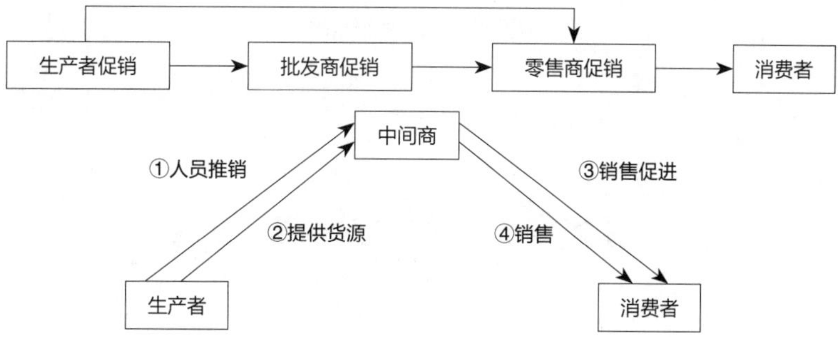

图9-1　推式策略

拉式策略是企业针对最终消费者展开广告攻势，把产品信息介绍给目标市场的消费者，使人产生强烈的购买欲望，形成急切的市场需求，然后“拉引”中间商纷纷要求经销这种产品。

在市场营销过程中，由于中间商与生产者对某些新产品的市场前景常有不同的看法，因此，很多新产品上市时，中间商往往因过高估计市场风险而不愿经销。在这种情况下，生产者只能先向消费者直接推销，然后拉引中间商经销。

拉式策略常用的方式有：价格促销、广告、展览促销、代销、试销等，如图9-2所示。

推拉结合策略：在通常情况下，企业也可以把上述两种策略配合起来运用，在向中间商进行大力促销的同时，通过广告刺激市场需求。

在“推式”促销的同时进行“拉式”促销，用双向的促销努力把商品推向市场，

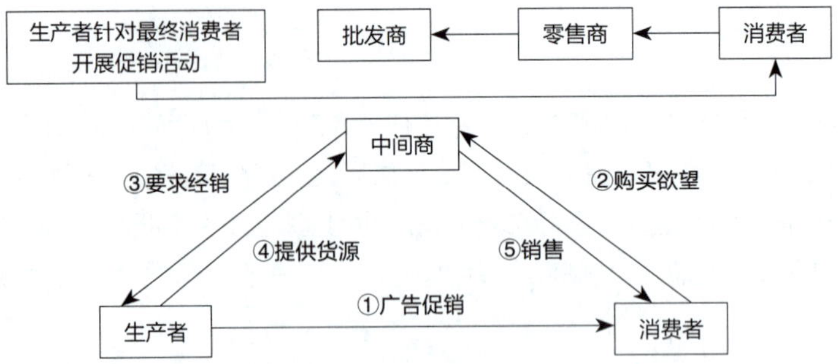

图9-2 拉式策略

这比单独地利用推式策略或拉式策略更为有效，如图9-3所示。

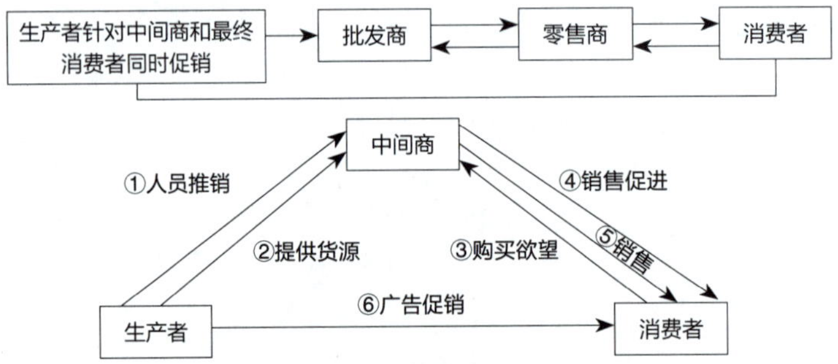

图9-3 双向促销策略

任务1 促销与促销组合

一、促销的含义与作用

（一）促销的含义

促销，即促进销售的简称。它来自拉丁语（Promotion），原意指“前进”，用在商品销售上，指企业通过各种形式向消费者宣传报道本企业及其商品或劳务的信息，来引起消费者的注意，激发消费者的购买欲望，促进和影响消费者采取购买行为，从而达到扩大产品销售目的的活动。

国际促销，由于各地风俗习惯不同，文化差异很大，因此其促销的困难程度比国内促销要大。国际促销的主要方法包括人员促销和非人员促销两种。人员促销是生产经营单位通过推销人员直接向顾客介绍商品以达到销售目的的活动，因此它又称为直接促销；非人员促销，是指通过一定的媒体来传递商品和劳务的信息以实现商品销售的活动，又称为间接促销，包括广告、公共关系、营业推广等。

（二）促销的作用

1. 传递信息，沟通产销

销售产品是市场营销活动的中心任务，产品顺利销售的最主要的保证是信息传递。信息传递有单向和双向之分。单向信息传递指卖方发出信息，买方接受信息，它是间接促销的主要功能；双向信息传递是买卖双方互通信息，双方都是信息的发出者和接受者，直接促销有此功效。

2. 突出特点，强化竞争实力

在竞争激烈的市场环境中，各企业提供的许多同类商品的差别甚微，这时，企业运用促销既可宣传自己，还可帮助消费者认识购买本企业商品所获得的特殊利益，从而在市场上树立企业以诚待客、优惠让利的独特形象。

3. 诱导需求，促进销售

一般情况下，消费者的购买行为除受自身消费需求影响外，还会受到外界因素的诱导。促销正是利用可以向购买者提供额外利益的优势，不但能够鼓励和报答现实消费者重复购买和大量购买，而且可以吸引潜在消费者，激发其产生购买欲望，促成其购买活动。

4. 提高声誉，稳定销售

在激烈的市场竞争中，企业产品的市场地位常不稳定，致使有些企业的产品销售情况此起彼伏，波动较大。企业运用适当的促销方式，开展促销活动，可使较多的消费者对本企业的产品滋生偏爱，进而稳住已占领的市场，达到稳定销售的目的。对于消费者偏爱的品牌，即使该类商品需求下降，也可以通过一定形式的促销活动，促使对该品牌的需求得到一定程度的恢复和提高。

思政点滴

年轻人爱上故宫文化

近年来，在文创产业带动下，故宫化身成为“网红”。故宫的雪、故宫的猫、故宫文创、故宫展览，如今，故宫已不再仅仅是一座博物馆，更是利用文化创意产品走进百姓生活的一个样板。

目前，故宫博物院拥有4家文创网络经营主体：2021年年底正式运营的“故宫博物院文化创意馆”，售卖创意生活用品的故宫博物院文创旗舰店，主打年轻化的故宫淘宝店，以及更趋于大众化的故宫商城。4家经营主体面向社会不同人群，产品风格各有特色，实现差异化经营，共同塑造故宫文创的整体形象。

近年来，故宫定位于“根植于传统文化，紧扣人民群众大众生活”原则，做出许多社会大众能够乐于享用、将传统文化与现代生活相结合的产品。例如故宫娃娃系列，因具有趣味性而受到少年观众的喜爱。手机壳、电脑包、鼠标垫、U盘等，因具有实用性而持续热销。

为了更好地塑造品牌形象，故宫博物院在确保每件文化产品都拥有故宫创意元素的同时，也不断加强对产品设计、生产、营销各个环节的把控，力争使每件产品均具备高质量。

故宫博物院要改变传统的传播方式，学会运用多种方式来传播优秀传统文化，让故宫文化遗产资源活起来。

资料来源：《人民日报海外版》2019年03月01日 第10版。

二、促销组合

（一）促销组合的含义

所谓促销组合（promotion mix），是指企业根据促销的需要，对各种促销方式进行的适当选择和综合编配。促销方式分为人员推销、公共关系、销售促进及广告等，企业对四种促销方式进行适当选择，综合使用，以求达成最好的促销效果。

促销组合体现了现代市场营销理论的核心思想——整体营销。促销组合是一种系统化的整体策略，四种基本促销方式则构成了这一整体策略的四个子系统。每个子系统都包括了一些可变因素，即具体的促销手段或工具，某一因素的改变意味着组合关系的变化，也就意味着是一个新的促销策略。在选择采取哪一种或哪几种促销方式时，要确定合理的促销策略，实现促销手段的最佳组合，必须注意把握影响促销策略的各种因素。

企业在实际促销活动中，是采用一种促销方式，还是采用两种或两种以上的促销方式时，这就需要选择。如果选择两种或两种以上的方式，就要涉及以哪种方式为主、以哪几种方式为辅的问题。把各种促销方式有机搭配和统筹使用的过程就是促销组合。在国际市场营销中还要考虑国情、文化和法律等其他相关的因素。经过促销组合所形成的某种企业可实施的对策叫作促销策略，也叫促销组合策略，也就是说，促销组合策略是促销组合的某种结果或具体表现形式。

（二）促销组合的方式

促销组合主要方式有四种：广告促销、人员推销、营业推广和公共关系。这四种方式的组合与搭配称为促销组合。所谓促销组合策略，就是这几种促销方式的选择、运用与组合搭配的策略。

任务2 国际市场人员推销策略

一、人员推销概念

（一）人员推销概念

人员推销是指企业的推销人员直接与顾客或潜在顾客接触、洽谈、介绍商品，以达到促进销售目的的活动过程。这个过程既是一个向市场提供商品的供应过程，又是一个激发顾客的需求、引起顾客的购买欲望的需求引导过程，还是一个了解顾客需求、为顾客提供服务以满足顾客需求的过程。

（二）人员推销的特点

1．信息传递的双向性

人员推销是一种双向沟通的促销形式。在推销过程中，一方面，推销人员必须向顾客宣传介绍商品的质量、功能、用途以及售后服务等，为顾客提供有关的商品信息，达到促进销售的目的；另一方面，推销人员还必须通过与顾客的交谈，了解顾客对本企业及所推销产品的态度、意见和要求，在推销过程中不断地收集和反馈信息，为企业的经营决策提供依据。

2．推销目的的双重性

人员推销的目的不仅是推销商品，更重要的是要帮助顾客解决问题，与顾客建立长期合作关系。因此，它具有推销商品和建立合作关系的双重目的，这二者是相互联系的。

3．满足需求的多样性

人员推销活动中，不仅要通过推销商品，满足顾客对商品的使用价值的需要，而且要通过宣传介绍商品，满足顾客对商品信息的需要；通过售前、售中、售后的服务，满足顾客对技术和服务方面的需要；通过文明经营、礼貌服务，满足顾客心理精神上的需求。

4．推销过程的灵活性

人员推销过程中，买卖双方当面洽谈，易于形成一种直接、友好的相互关系。推销人员可以通过交谈和观察，掌握顾客的购买动机，有针对性地从某个侧面介绍商品的特点及功能，抓住有利时机促成交易；可以根据顾客的态度和特点，有针对性地采取必要的协调行动，满足顾客的需要；还可以及时发现问题，进行解释，消除顾客的疑虑，清除顾客的不满意感。

5．推销成果的有效性

人员推销过程是推销人员直接将产品“推”给顾客的过程，通过面对面的看货、议价、谈判来达成交易，使推销人员与顾客之间建立起长期合作的关系，比非人员推销更具有人情味，因而常能当场成交，成功率较高。

由于人员推销的开支大、费用高、对推销人员的素质要求高，因此，人员推销的运用有一定的局限性，多用于对产业用户和中间商的销售。

（三）人员推销的任务

人员推销的主要任务包括与现实的和潜在的顾客进行沟通、开拓市场、销售、提供服务和调研等。

二、人员推销的基本形式

人员推销主要包括上门推销、柜台推销和会议推销三种形式。

1．上门推销

由推销员携带样品、说明书和订货单等走访顾客，推销商品。这是一种推销员向顾客靠拢的积极主动的“蜜蜂经营法”，是一种被企业和公众广泛认可和接受的推销形式。

2. 柜台推销

由营业员接待进入商店的顾客，销售商品。因此，零售和批发商店的营业员以及服务性企业的服务员实质上都是推销员。他们在与顾客当面接触和交谈中，介绍商品，回答询问，促成生意，这是一种“等客上门”式的营销方法。

3. 会议推销

利用各种会议的形式介绍和宣传商品，开展推销活动，如推销会、订货会、物资交流会、展销会等，都属于会议推销。这种推销形式具有群体推销、接触面广、推销集中、成交额大的特点。在各种推销会上，往往是多家企业同时参加推销活动，企业之间在会内会外有广泛接触，与会的买卖双方都有明确的目标，只要商品对路，价格合理，容易达成大批量的交易。

三、人员推销的策略

推销人员应根据不同的销售环境、推销气氛、推销对象和推销商品，审时度势，巧妙而灵活地采用不同的推销策略，吸引顾客的注意，激发顾客的购买欲望，促成交易。

人员推销的策略主要有以下三种：

（1）试探性策略，又称“刺激-反应”策略。即推销人员利用刺激性较强的方法引发顾客购买行为的一种推销策略。在推销人员不十分了解顾客需求的情况下，事先设计好能引起顾客兴趣、刺激顾客购买欲望的推销语言，投石问路，对顾客进行试探，观察其反应，然后根据其反应采取具体推销措施。

（2）针对性策略，又称“配方-成交”策略。即推销人员利用针对性较强的说明方法，促使顾客发生购买行为的一种推销策略。推销人员在已经基本了解顾客有关需求的前提下，事先设计好针对性较强、投其所好的推销语言和措施，有的放矢地宣传、展示和介绍商品，说服顾客购买。在运用这一策略时，要使顾客感到推销员的确是自己的好参谋，是真心为自己服务的，从而产生强烈的信任感，愉快地成交。

（3）诱导性策略，又称“诱发-满足”策略。即推销人员运用能刺激顾客某种需求的说服方法，诱导顾客采取购买行动的一种推销策略。这种策略要求推销人员能唤起顾客的潜在需求，推销员要先设计出鼓动性、诱惑性强的购买建议，诱发顾客产生某方面的需求，并激起顾客迫切要求实现这种需求的强烈动机，然后抓住时机向顾客介绍商品的效用，说明所推销的商品正好能满足这种需求，从而诱导顾客购买。

四、人员推销的技巧

推销人员在推销过程中，应注意运用适当的技巧。

1. 建立和谐的洽谈气氛

推销人员与顾客洽谈，首先应给顾客一个良好的印象，注意自己的仪表、服装，同时还应该懂礼貌、有教养，做到稳重而不呆板、活泼而不轻浮、谦逊而不自卑、直率而不鲁莽、敏捷而不冒失。

2. 开谈的技巧

在开始洽谈阶段，推销人员应巧妙地把谈话转入正题，做到自然、轻松、适时。可采取以关心的方式入题，以赞誉的方式入题，以请教的方式入题，或以夸耀的方式入题，顺利地提出洽谈的内容，以引起顾客的注意和兴趣。

3. 排除推销障碍的技巧

在推销活动中，如果不能有效地排除和克服所遇到的障碍，将会功亏一篑。因此，要掌握排除推销障碍的技巧：①排除顾客异议障碍。如果发现顾客欲言又止，推销人员应自己少说话，直截了当地请顾客充分发表意见，以自由问答的方式真诚地同顾客交换意见和看法。对于顾客一时难以纠正的偏见和成见，可以将话题转移；对于恶意的反对意见，可以“装聋作哑”，或用适当语言敷衍过去。②排除价格障碍。对高价商品，应充分介绍和展示特色，使顾客感到货真价实；对低价商品，介绍定价低的原因，使顾客感到物美价廉。③排除习惯势力障碍。实事求是地介绍顾客不太熟悉的商品，并将其与他们已经习惯购买的商品相比较，让顾客乐于接受新产品；还可通过相关群体的影响，使顾客接受新的消费观念。

五、人员推销的步骤

不同的推销方式可能会有不同的推销工作步骤，通常情况下，人员推销一般包括以下七个相互关联又有一定独立性的工作步骤。

1. 寻找顾客，是推销工作的第一步

寻找潜在顾客有很多途径，可以通过现有顾客的介绍，以及其他销售人员介绍、查找工商名录、互联网渠道等寻找潜在顾客。

2. 事前准备

在走出去推销之前，推销人员必须知己知彼，掌握三方面的知识：

（1）产品知识——关于本企业、本企业产品的特点、用途、功能等各方面的情况。

（2）顾客知识——包括潜在顾客的个人情况，所在企业的情况，具体用户的生产、技术、资金情况，用户的需要，购买决策者的性格特点等。

（3）竞争者知识——竞争者的能力、地位和他们的产品特点。同时，还要准备好样品、说明材料，选定接近顾客的方式、访问时间、应变语言等。

3. 接近

即开始登门访问，与潜在客户开始面对面交谈。这一阶段推销员要注意：

（1）给顾客一个好印象，并引起顾客的注意。因而，穿着、举止、言谈、自信而友好的态度都是必不可少的。

（2）验证在准备阶段所准备的全部情况。

（3）为后面的谈话做好准备。在接近时，注意使自己有一个正确的心态：友好，自信。友好：自己与对方是进行利益交换，是互惠互利的交换；自信：你不是低人一等求别人，你的产品是能经得起考验的。

4. 介绍

这是推销过程中的重要一步。任何产品都可以也必须用某种方法进行介绍。即使那些无形产品（如保险，金融，投资业务），也可以采用图形、坐标图、小册子等形式加以说明。介绍要注意通过顾客的视、听、触摸等感官向顾客传递信息，其中视觉是最重要的。在介绍产品时，要特别注意说明该产品可能给顾客带来的利益，要注意倾听对方的发言，以判断顾客的真实意图。

5. 处理异议，即克服障碍

推销人员应随时准备处理不同意见。顾客在听取介绍的过程中，总会提出一些异议，如怀疑产品的价值，不喜欢交易的条件。这就需要推销员应当具有与持不同意见的买方洽谈的语言能力和技巧，能解释、协商，随时有应对否定意见的措施和论据，但不要争辩。

6. 达成交易

达成交易即推销人员要求对方采取行动，订货购买阶段。

有经验的推销人员认为，接近和成交是推销过程中两个最困难的步骤。在洽谈、协商过程中，推销人员要随时给予对方能够成交的机会。有些买主不需要全面的介绍，介绍过程中如发现顾客表现出愿意购买的意图，应立即抓住时机成交。在这个阶段，推销人员还可以提供一些优惠条件，以尽快促成交易。

7. 售后追踪

达成交易不是推销的结束，而是下一轮推销的起点。如果推销人员希望顾客满意并重复购买，希望他们传播企业的好名声，则必须坚持售后追踪。售后追踪访问调查的直接目的是了解顾客是否满意已经购买的产品，发现可能产生的各种问题，表示推销人员的诚意和关心；另外一个重要的目的，是促使顾客传播企业及产品的好名声，听取顾客的改进建议。

六、人员推销的组织

1. 推销人员的规模

合理地确定推销人员的规模，是人员推销管理的首要问题，确定推销人员规模的方法有两种：

（1）销售能力分析法。通过测量每个推销人员在不同范围、不同市场潜力区域内的推销能力，计算在各种可能的推销人员规模下，企业的总销售额及投资收益率，以确定推销人员的规模。

公司总销售额＝每人销售额×推销人员数目

投资收益率＝（销售收入－销售成本）/投资额

（2）推销人员工作负荷量分析法。根据每个推销人员的平均工作量及企业所需拜访的客户数目来确定推销人员的规模。假设企业每年需进行5万次登门推销，平均每个推销员年均登门访问1000次，则该企业需50名推销员。

2. 推销人员的组织结构

（1）区域结构。将企业的目标市场分成若干个区域，让每个推销人员负责一定区域内的全部推销业务，并定出销售指标。采用这种结构有利于考查推销人员的工作绩效，激励其工作积极性；有利于推销人员与顾客建立良好的人际关系；有利于节约交通费用。

（2）产品型结构。将企业的产品分成若干类，每一个推销员（或推销组）负责推销其中的一类或几类产品。这种结构适用于产品类型较多并且技术性较强、产品间缺少关联的情况。

（3）顾客型结构。按照目标客户的不同类型（如所属行业、规模大小、新老客户等）组织推销人员，即每个推销员（或组）负责向同一类顾客进行推销活动。采用这种结构有利于推销人员更加了解同类顾客的需求特点。

（4）综合型结构。综合考虑区域、产品和顾客等因素来组成推销人员队伍。采用这种结构时，每个推销员的任务都比较复杂。

3. 推销人员的选拔

推销人员主要有两个来源：

（1）从企业内部选拔。即把企业内品行端正、业务能力较强的人员选拔到推销部工作。

（2）对外公开招聘。即经过严格的考试，择优录用。选拔推销人员，要通过面试和笔试，了解其工作态度、语言表达能力、仪表风度、反应速度、理解能力、分析能力、应变能力以及知识的深度和广度等。

4. 推销人员的培训

主要的方法有：

（1）课堂教学。由推销专家或有丰富经验的推销人员采用讲授的形式传授知识。

（2）模拟实验。由受训人员亲自参与具有一定真实感的实验，如扮演训练、实例训练、比赛训练等。

（3）现场训练。即在实际工作岗位上培训。当新来的推销人员接受了一定的课堂教学后，即可安排在工作岗位上训练，由有经验的人员带上几周，然后逐渐放手，使其独立工作。

培训内容包括企业、产品、市场、法律等多方面的知识和技能，要使推销人员不但成为推销专家，而且成为本行业技术上的内行。

5. 推销人员的激励与考核

企业对推销人员的激励，通常是通过推销系列指标和竞赛等激励手段实现的。推销系列指标主要包括产品推销量（额）、一年内访问顾客的次数、每月访问新顾客的次数、订货年平均比重的增加额；减少旅途时间的百分比等。考核推销人员的工作绩效，主要是审查定期报告和进行多因素综合评估。在考核时必须将多种因素综合起来加以考虑，尽可能做到公平合理，符合客观实际。

任务 3　国际市场广告策略

“商品如果不做广告，就好像一个少女在黑暗中向你暗送秋波。”西方流行的这句名言充分体现了广告在营销中的独特地位。

一、广告的含义和功能

（一）广告的含义

广告是广告主以付费的方式，通过一定的媒体有计划地向公众传递有关商品、劳务和其他信息，借以影响受众的态度，进而诱发或说服其采取购买行动的一种大众传播活动。

从以上定义可以看出，广告主要具有以下特点：①广告是一种有计划、有目的的活动；②广告的主体是广告主，客体是消费者或用户；③广告的内容是商品或劳务的有关信息；④广告的手段是借助广告媒体直接或间接传递信息；⑤广告的目的是促进产品销售或树立良好的企业形象。

（二）广告的功能

在当代社会，广告既是一种重要的促销手段，又是一种重要的文化现象。广告对企业、消费者和社会都具有重要作用。

1. 广告对企业的作用

（1）传播信息，沟通产销。广告对企业的首要功能是沟通产销关系。所以，一个企业不善于做广告，就好像在黑暗中向情人暗送秋波。

（2）降低成本，促进销售。从绝对成本的角度看，上述四种促销方式中广告的成本是最高的，但如果从相对成本的角度看，因为广告的大众化程度高，广告的成本又是比较低的。

（3）塑造形象。广告是塑造企业形象的重要手段。

2. 对消费者的作用

（1）指导消费。广告是消费者最重要的商业信息来源。可以说，在现代社会，面对琳琅满目的商品，如果离开了广告，消费者将无所适从。

（2）刺激需求。广告的一个重要功能就是刺激消费者的购买欲望，促使消费者对商品产生强烈的购买冲动。

（3）培养消费观念。广告引导着消费潮流，促使消费者树立科学的消费观念。

3. 对社会的作用

（1）美化环境，丰富生活。路牌广告、POP广告、霓虹灯广告等，优化了城市形象，使都市的夜晚变得星光灿烂，绚丽多姿。因此，广告被称为现代城市的脸。

（2）影响意识形态，改变道德观念。广告对社会的价值观念、文化传承都具有非常重要的影响。

二、广告的特点

（一）广告传播效果的特点

1. 传播面广

广告是借助大众媒体传播信息的，它的公众性和普及性赋予广告突出的“广而告之”的优点。广告主可以通过电视、报纸、广播、杂志等大众传媒在短期内迅速地将其信息告之众多的目标消费者和社会公众，这是人员推销等其他促销方式方法与之无法比拟的。

2. 传递速度快

广告是利用大众媒体传递信息的，大众传媒是一种迅捷的信息传播途径。它能使广告主发出的信息在很短的时间内传达给目标消费者。因此，在现代信息化社会，它是一种富有效率的促销方式。

3. 表现力强

广告是一种富有表现力的信息传递方式。它可以借助各种艺术形式、手段与技巧，提供将一个企业及其产品感情化、性格化、戏剧化的表现机会，增大其说服力与吸引力。

（二）广告费用支出具有投资的特点

广告费用作为一种投入，产出的是增加了销售利润。广告产出的效益虽不是直接的，但广告促进了销售，在销售扩大带来利润扩大的过程中广告虽没有直接带来利润，但广告起了重要的作用。广告效果有时产生的虽不是即时效应，但却是一种积累效应。

三、广告媒体的选择

为了正确地选择各种广告媒体，实现广告目标，企业在选择媒体之前，必须对媒体的接触度、频率和效果做出决策。接触度是企业必须在一定的时期内使多少人接触广告。频率决策是企业决定在一定时间内，平均使每人接触多少次广告，过多费用太高，过少又难以加深记忆。效果决策是指企业决定广告显露的效果。

1. 广告媒体的种类

广告媒体的种类很多，主要包括报纸、电视、直接邮寄、广播、杂志、户外广告等。各种媒体接触的听（观）众不同，影响力不同，广告效果也不同，为了实现广告的接触度、频率和效果等目标，应了解各类媒体的主要优缺点，以选择适当的广告媒体。

（1）报纸灵活性高，迅速及时，成本低，地理选择性好、可信度高。主要局限是保存性较差，内容庞杂，易分散注意力，清晰度也较差。

（2）电视是能够把形象、声音与动作结合起来的媒介，能够较好地吸引观众的注意力，在短时间内给人留下深刻的印象，主要局限是成本高，时间短，对象缺乏可选性。

（3）广播传播迅速及时，不受场所限制，成本较低。主要局限是速度快不易记忆，无处查阅，没有视觉上的刺激，不易加深印象。

（4）期刊针对对象明确，收效好。保存率高，阅读率也较好，采用彩色印刷有利于吸引读者注意。局限性是传递信息的延迟性较大。读者也有一定局限。

（5）户外媒体的地理位置选择好，利用各种美术、造型等艺术手段，使广告鲜明、醒目、美观、简明，容易记忆。局限是受空间限制，复杂的内容无法表达。

（6）邮寄媒体针对性明确，选择性好，迅速及时，但不易生动化和形象化，广告比较呆板，所涉及的范围也有限。

（7）互联网媒体具有强烈的交互性与感官性、传播范围广、时效性灵活、目标明确、效果可测等优点，但是网络管理法规尚不健全。

2. 选择媒体时应考虑的因素

（1）目标市场接触媒体的习惯。例如，对老年顾客来说，电视广告的效果最好；而对于青年人，互联网的效果最好。

（2）产品种类。例如，为女士服装做广告，选择互联网、彩色印刷杂志广告很有吸引力。

（3）广告信息。选择何种媒介还取决于广告信息本身。例如，复杂的技术信息在广播和电视中都难以说情，而选择专业杂志、互联网和邮寄广告较为理想。

（4）成本费用。电视广告成本很高，而广播、报纸相对成本较低。

四、广告配合产品生命周期的策略

根据产品生命周期的原理，广告可分为三种基本类型；告知性广告、选择性广告和提示性广告。每种类型的广告目标、广告战略、策略和广告对象都有所不同。

1. 告知性广告

适用于产品生命周期的导入期和成长期前期。这个阶段，消费者对产品的质量、功能、特色、价格等情况均不甚了解，因此，广告目标主要是向消费者灌输某种消费观念，介绍商品知识，提高品牌的知名度和可信度，在消费者认同的基础上诱发他们的购买欲望。

2. 选择性广告

适用于产品生命周期成长期后期和成熟期。广告宣传的重点放在创立名牌，提高声誉，加强选择性需求方面。在激烈的市场竞争中加强广告宣传，形成产品生命周期中的第二个广告高潮。

3. 提示性广告

适用于产品生命周期的衰退期（某些成熟期持续很久的产品，如“可口可乐”，也可用提示性广告）。广告宣传的重点放在维护产品市场，延缓产品生命周期的变化，保持产品销售量。为此，多采用“提示性”的广告策略，以长期、间隔、定时发布广告的方式，及时唤起消费者注意，巩固习惯性购买。

五、广告促销方案的制定

企业的广告决策，一般包括五个重要的步骤，简称“5M”。

1. 确定广告目标（Mission）

企业广告决策的第一步是确定广告目标。广告目标是企业通过广告活动要达到的目的，其实质就是要在特定的时间对特定的目标受众完成特定内容的信息传播，并获得目标受众的预期反应。企业的广告目标取决于企业的整体营销目标。

2. 确定广告预算（Money）

广告目标确定后，企业必须确定广告预算。广告预算是否合理对企业是一个至关重要的问题。预算太少，广告目标不能实现；预算太多，又造成浪费，有时甚至决定企业的命运。

确定广告预算的方法，主要有量力支出法、销售额百分比法、目标任务法和竞争对等法。企业在确定广告预算时必须充分考虑以下因素：

（1）产品生命周期。产品在导入期和成长期前期的广告预算应该一般较高，在成熟期和衰退期的广告预算一般较低。

（2）市场占有率的高低。市场占有率越高，广告预算的绝对额越高，但面向广大消费者的产品的人均广告费用却比较低；反之，市场占有率越低的产品广告预算的绝对额也较低，但人均广告费并不低。

（3）竞争的激烈程度。广告预算的多少与竞争激烈程度的强弱成正比。

（4）广告频率的高低。广告频率的高低与广告预算的多少成正比。

（5）产品的差异性。高度同质性的产品，消费者不管购买哪家企业生产的都一样，广告的效果不明显，广告预算低；高度差异性的产品，因为具有一定的垄断性，不做广告也会取得较好的销售效果。而具有一定的差异性，但这种差异又不足以达到垄断地位的产品，因为市场竞争激烈，广告预算反而比较多。

3. 确定广告信息（Message）

广告的效果并不主要取决于企业投入的广告经费，关键在于广告的主题和创意。广告主题决定广告表现的内容，广告创意决定广告表现的形式和风格。只有广告内容迎合目标受众的需求，广告表现具有独特性，广告才能引人注意，并给目标受众带来美好的联想，并促进销售。

广告的信息决策一般包括3个步骤：

（1）确定广告的主题。广告主题是广告所要表达的中心思想。广告主题应当显示产品的主要优点和用途以吸引消费者。对于同一类商品，可以从不同角度提炼不同的广告主题，以满足不同消费者的需要和同一消费者的不同需要。

广告信息的产生，可以通过对顾客、中间商、有关专家甚至竞争对手的调查获得创意。西方的营销专家认为消费者购买商品时期望着从中获得四种不同的利益：理性的、感性的、社会的和自我实现的。产品使用者从用后效果的感受、使用中的感受和附加效用的感受三种途径中实现这些满足。

（2）广告信息的评估与选择。一个好的广告总是集中于一个中心的促销主题，而不必涉及太多的产品信息。“农夫山泉有点甜”，就以异常简洁的信息在受众中留下深刻的印象。如果广告信息过多过杂，消费者往往不知所云。

（3）信息的表达。广告信息的效果不仅取决于“说什么”，更在于怎么说，即广告信息的表达。广告信息表现的手段包括语言手段和非语言手段。

语言在广告中的作用是其他任何手段所不及的，因为语言可以准确、精练、完整、扼要地传达广告信息。非语言就是语言以外的、可以传递信息的一切手段，主要包括构图、色彩、音响、体态语等。进行广告表现，要做到图文并茂，善于根据不同产品的不同广告定位，把语言手段和非语言手段有机地结合起来。

同步案例

世界经典广告语

雀巢咖啡：味道好极了

M&M巧克力：只溶在口，不溶在手

百事可乐：新一代的选择

大众甲壳虫汽车：想想还是小的好

耐克：Just do it

同步思考

你还知道哪些深入人心的广告语？

4. 选择广告媒体（Media）

广告表现的结果就是广告作品。广告作品只有通过恰当的广告媒体投放才能实现广告传播的目标。

广播、电视、报纸和杂志是传统的四大大众传播媒体，互联网被称为第五大大众媒体。除大众传播媒体以外，还有招牌、墙体等户外媒体，车身、车站等交通媒体，信函、传单等直接媒体等众多种类。

广告媒体的选择，主要依据下列因素进行：

（1）产品的特征。一般生产资料适合选择专业性的报纸、杂志、产品说明书；而生活资料则适合选择生动形象、感染力强的电视媒体、互联网和印刷精美的彩色杂志等媒体。

（2）目标市场的特征。其一，目标市场的范围。全国性市场适合选择全国性媒体，如中央电视台、《经济日报》等；区域性市场适合选择地区性媒体，如《广州日报》、广州电视台等；其二，目标市场的地理区域。农村市场需要选择适合农民的媒体，如《南方农村报》等；城市市场则适合选择都市类媒体，如《南方都市报》等；其三，目标市场的媒体习惯。每种媒体都有自己独特的定位，每类消费者也都有自己的媒体习惯。所以，媒体选择要有针对性。

（3）广告目标。以扩大市场销售额为目的的广告应选择时效性快、表现性强、针对性强的媒体；树立形象的广告则适合选择覆盖面广、有效期长的媒体。

（4）广告信息的特征。情感诉求的广告适合选择广播、电视等媒体；理性诉求的广告适合选择报纸、杂志等印刷类媒体。

（5）竞争对手的媒体使用情况。一般情况下，应尽可能避免与竞争对手选择同一种媒体，特别是同种媒体的同一时段或同一版面。如果中国移动和中国联通的广告登在同一种报纸的同一版面上，或者在电视的同一时段投放，效果就可能大打折扣。

（6）广告媒体的特征。各类广告媒体都有各自的广告适应性，如电视的优势是生动形象，时效性强，多手段传播，但不易保存，费用高；报纸价格便宜，易保存，但不生动等。选择广告媒体一定要对各类媒体的广告属性进行充分的把握。

（7）国家广告法规。广告法规关于广告媒体的规定是选择广告媒体的重要依据。

5. 评估广告效果（Measurement）

广告的效果主要体现在三方面，即广告的传播效果、广告的经济效果和广告的社会效果。广告的传播效果是前提和基础，广告的经济效果是广告效果的核心和关键，企业的广告活动也不能忽视对社会风气和价值观念的影响。

（1）广告传播效果的评估。主要评估广告是否将信息有效地传递给目标受众。这种评估传播前和传播后都应进行。传播前，既可采用专家意见综合法，由专家对广告作品进行评定；也可以采用消费者评判法，聘请消费者对广告作品从吸引力、易读性、好感度、认知力、感染力和号召力等方面进行评分。传播后，可再邀请一些目标消费者，向他们了解对广告的阅读率或视听率，对广告的回忆状况等。

（2）广告经济效果的评估。经济效果是广告的核心效果。广告的经济效果，主要测定广告所引起的产品销售额及利润的变化状况。测定广告的经济效果，一般可以采用比较的方法。在其他影响销售的因素一定的情况下，比较广告后和广告前销售额的变化；或者其他条件基本相同的甲和乙两个地区，在甲地做广告而在乙地不做广告，然后比较销售额的差别，以此判断广告的经济效果等。

（3）广告的社会效果的评估。主要评定广告的合法性以及广告对社会文化价值观念的影响。一般可以通过专家意见法和消费者评判法进行。

任务4 国际市场营业推广策略

营业推广是一种适宜于短期推销的促销方法，是企业为鼓励购买、销售商品和劳务而采取的除广告、公关和人员推销之外的所有企业营销活动的总称。

营业推广可以有效地加速新产品进入市场的过程；有效地抵御和击败竞争者的促销活动；有效地刺激购买者购买和向购买者灌输对本企业有利的意识；有力地影响中间商，特别是零售商的营销活动。

一、营业推广的特点

1. 营业推广促销效果显著

在开展营业推广活动中，可选用的方式多种多样。一般来说，只要能选择合理的营业推广方式，就会很快地收到明显的增销效果，而不像广告和公共关系那样需要一个较长的时期才能见效。因此，营业推广适合于在一定时期、一定任务的短期性的促销活动中使用。

2. 营业推广是一种辅助性促销方式

人员推销、广告和公关都是常规性的促销方式，而多数营业推广方式则是非正规性和非经常性的，只能是它们的补充方式。亦即，使用营业推广方式开展促销活动，虽能在短期内取得明显的效果，但它一般不能单独使用，常常配合其他促销方式使用。营业推广方式的运用能使与其配合的促销方式更好地发挥作用。

3. 营业推广有贬低产品之意

采用营业推广方式促销，似乎迫使顾客产生“机会难得、失不再来”之感，进而能打破消费者需求动机的衰变和购买行为的惰性。不过，营业推广的一些做法也常使顾客认为卖者有急于抛售的意图。若频繁使用或使用不当，往往会引起顾客对产品质量和价格的怀疑。因此，企业在开展营业推广活动时，要注意选择恰当的方式和时机。

二、营业推广的作用

1. 可以吸引消费者购买

这是营业推广的首要目的，尤其是在推出新产品或吸引新顾客方面，由于营业推广的刺激比较强，较易吸引顾客的注意力，使顾客在了解产品的基础上采取购买行为，也可能使顾客追求某些方面的优惠而使用产品。

2. 可以奖励品牌忠实者

因为营业推广的很多手段，譬如销售奖励、赠券等通常都附带价格上的让步，其直接受惠者大多是经常使用本品牌产品的顾客，从而使他们更乐于购买和使用本企业产品，以巩固企业的市场占有率。

3. 可以实现企业营销目标

这是企业的最终目的。营业推广实际上是企业让利于购买者，它可以使广告宣传的效果得到有力的增强，破坏消费者对其他企业产品的品牌忠实度，从而达到本企业产品销售的目的。

营业推广也有不足之处：

（1）影响面较小。它只是广告和人员销售的一种辅助的促销方式。

（2）刺激强烈，但时效较短。它是企业为创造声势获取快速反应的一种短暂促销方式。

（3）顾客容易产生疑虑。过分渲染或长期频繁使用，容易使顾客对卖者产生疑虑，反而对产品或价格的真实性产生怀疑。

三、营业推广的对象

企业营业推广的对象主要有四类：消费者、中间商、制造商和推销人员。

1. 对消费者的营业推广

对消费者营业推广的目的主要是鼓励多买，吸引新的顾客试用，争夺其他品牌的顾客等。

（1）赠送促销。向消费者赠送样品或试用品，赠送样品是介绍新产品最有效的方法，缺点是费用高。样品可以选择在商店或闹市区散发，或在其他产品中附送，也可以公开广告赠送，或入户派送。

（2）折价券。在购买某种商品时，持券可以免付一定的金额。折价券可以通过广告或直邮的方式发送。

（3）包装促销。以较优惠的价格提供组合包装和搭配包装的产品。

（4）抽奖促销。顾客购买一定的产品之后可获得抽奖券，凭券进行抽奖获得奖品或奖金，抽奖可以有各种形式。

（5）现场演示。企业派促销员在销售现场演示本企业的产品，向消费者介绍产品的特点、用途和使用方法等。

（6）联合推广。企业与零售商联合促销，将一些能显示企业优势和特征的产品在商场集中陈列，边展销边销售。

（7）参与促销。通过消费者参与各种促销活动，如技能竞赛、知识比赛等活动，能获取企业的奖励。

（8）会议促销。各类展销会、博览会、业务洽谈会期间的各种现场产品介绍、推广和销售活动。

（9）样品试用。样品试用是所有营业推广手段中成本最高，但同时也是最适宜于新产品推介的一种手段。样品试用是让消费者免费尝试，借此培养他们使用该产品的习惯。样品试用应在广告活动的支持下进行，而且也只适用于小包装、购买频率高的产品。样品试用成功与否在很大程度上取决于产品本身的品质。优质能带来极好的声誉，并把一个非使用者一下子变成一个本产品忠诚的消费者。

样品不但可以采用邮寄、上门派送或店内人员分发的方法，还可以设计成小包装、少分量的样品进行赠送。

（10）设置特价品。以低于正常价格的优惠价格优待消费者，或在产品包装上特别标明，或采用特价方式推广。

（11）奖品。奖品是为了刺激消费者购买某一种产品而以赠送或低价的形式提供给消费者的物品。奖励会对购买行为产生影响，而在促使消费者购买非必需品方面的功效往往更大。奖励的目的在于提高产品形象，赢得美誉，扩大顾客基数，产生近期销售。

另外，有些生产商会采用套装赠送的方式，诸如剃须刀与一包刀片，牙膏与一把牙刷，或价格优惠的二合一套装。要想达到最佳效果，套装的产品最好彼此相关。套装赠送也属于奖品式营业推广。

（12）商业印花。购买一定金额的产品，送印花一张，累积后可兑换奖品或赠品。

2. 对中间商的营业推广

与销售直接有关的中间商主要是批发商、代理商和零售商。对中间商的营业推广的目的主要是鼓励他们大量进货，增加储存，特别是季节性产品；争取建立固定产销关系等。

（1）批发回扣。企业为争取批发商或零售商多购进自己的产品，在某一时期内给经销本企业产品的批发商或零售商加大回扣比例。

（2）推广津贴。企业为促使中间商购进企业产品并帮助企业推销产品，可以支付给中间商一定的推广津贴。

（3）销售竞赛。根据各个中间商销售本企业产品的实绩，分别给优胜者以不同的奖励，如现金奖、实物奖、免费旅游、度假奖等，以起到激励的作用。

（4）扶持零售商。生产商对零售商专柜的装潢予以资助，提供POP广告，以强化零售网络，促使销售额增加；可派遣厂方信息员或代培销售人员。生产商这样做的目的是提高中间商推销本企业产品的积极性和能力。

（5）货位津贴。即生产商为获得新产品占有货架或地面位置的特权而支付的费用，价格不等。

（6）贸易折扣。生产商与中间商之间设定某一幅度的贸易折扣，由生产商向中间商提供短期折扣或资金上的优惠条件。一般来说，生产商必须给自己所有的中间商提供相同的贸易折扣。经销商一般通过短期减价或“特卖”的形式将这部分折扣转让给消费者。

（7）陈列津贴。即店铺为生产商腾地方和安装陈列品的费用。店内陈列包括柜台陈列、落地陈列、货架陈列和特制陈列架。这些物件都是为促销产品而经专业设计的宣传载体，零售商拿去就能用。

（8）回购津贴。在推出新产品时，生产商有时会向零售商提供回购津贴，购回尚未售出的旧产品。为了促使零售商经销自己的产品，有些生产商甚至回购竞争对手的存货。

（9）广告津贴。生产商常常给零售商补贴广告的全部费用或部分费用作为广告津贴。一般来说，消费用品的广告津贴比工业用品的广告津贴更为常见，主要是大型生产商提供的。不过，有些小企业对经销量大的客户也提供这种优惠。

（10）合作广告。合作广告指全国性生产商向自己的中间商补偿他们在经销区域内为厂家的产品或标志做广告所支付的广告费用。生产商一般根据中间商的销售量来决定补贴额。有时，为了推出新产品，宣传某一品种或迎战竞争对手，生产商还会采取特别的合作方式。与广告津贴不同的是，合作广告一般要求中间商交验广告发票和广告发布证据。另外，许多生产商会给中间商提供现成的广告用品，如广告图片、广告样带等。为了保证自己产品的形象，有些广告主坚持要求中间商使用由他们提供的广告物件。

（11）奖励与竞赛。为了使中间商达到特定的销售目标或储备某种产品，生产商会给他们提供奖励或礼品。

（12）中间商聚会。多数生产商会举办中间商聚会来推介新产品，公布营业推广方案或展示新的广告策略，有时还举办销售和服务培训班。中间商聚会完全可以成为生产商有力的营业推广工具。

3. 对制造商的营业推广

制造商采购商品和劳务的最终目的是获得盈利，而不是为了自己消费。因此，对制造商的营业推广主要是告之他们采购本企业产品能为其带来的实际利益，即价值增值作用。

对制造商的营业推广措施主要有：服务促销、展销、业务会议、红利提成、互惠促销、折扣促销、赠品促销等。

4. 对推销人员的营业推广

目的主要是鼓励推销人员大力推销新产品，开拓新市场，发现潜在顾客，尤其是推销过令积压产品等。对推销人员可采用物质或精神奖励和开展竞赛等措施。

一般可采用的方法有：销售竞赛、免费提供人员培训、技术指导等形式。

主要以前途、收入或荣誉等作为诱因，激发推销人员努力创造业绩。这种诱导的方法叫作推销奖金，又叫提成。例如，鞋子销售人员可能向顾客推荐某种鞋油或其他利润含量高的产品，每售出一件，他们便可得到一定的提成。

四、营业推广的形式

针对不同的对象，营业推广有不同的形式，主要介绍以下几种。

1. 服务促销

通过周到的服务，使顾客得到实惠，在互相信任的基础上长期开展交易活动。主要的服务形式有：售前服务、开架服务、订购服务、加工服务、送货服务、售后服务、维修服务、供应零配件服务、培训服务、代办托运服务、函购邮寄服务、保险服务、咨询信息服务和信贷服务等。

2. 租赁与互惠贸易

生产经营房屋、设备、机器等商品的企业，把商品让渡给买方使用，将其价值分期收回，买方得到固定资产的支配权和使用权，组织生产经营，将提取的折旧逐渐地偿还卖方。这种租赁有助于解决某些机器、设备，特别是价值高的大型设备“用户买不起，卖主卖不掉”的供求矛盾。互惠贸易是指交易中的任何一方，既是买主，又是卖主，双方互相购买对方的产品，都不用花任何促销费用而取得促销成果。这种互通有无的交易，能促成稳定的经济联合，发展成“三角形”“多边形”的互惠交易。

3. 订货会与展销会

订货会是以产品实物吸引顾客购买的一种有效形式，可以由一家企业举办，也可以由多家企业联办。订货会的主要交易方式有：期货交易、现货交易、易货交易、以进带出贸易、样品订购交易、补偿贸易等。

展销会也是营业推广的有效形式，通过展销会可起到“以新带旧”“以畅带滞”的作用，有助于企业缓和或消除积压，使库存结构趋于合理化。展销会的主要类型有：以名优产品为龙头的展销会、季节性商品展销会、新产品展销会、区域性产品展销会等。

4. 折扣促销

企业为了鼓励中间商更多地经营本企业产品，对于提前支付货款或购货数量较多的客户，在价格方面给予种种优惠，包括批量折扣、现金折扣、特种价格促销、类别顾客折扣、价格保证等。这些办法都能促成中间商大批量购进，并有助于促进购销双方长期友好合作关系。

5. 物质和精神奖励

企业为了对推销成绩优异的本企业推销人员进行鼓励，充分发挥他们的主动性、积极性和创造性，可采取各种物质奖励和精神奖励的形式，激励推销人员为企业的促销做更大的努力。

6. 竞赛与演示促销

企业根据目标市场的特点，组织各种形式的竞赛，以刺激和鼓励批发商、零售商、代理商、推销人员努力推销本企业产品，引导和鼓励消费者购买本企业产品，树立良好的企业形象。对消费者举办的竞赛可以采取：购物竞赛、购物抽奖、猜谜比赛、知识竞赛、“寄名”抽奖、游艺比赛等。

演示促销是指在销售现场作商品的使用表演，提供实例证明，使购买者对商品的效能产生信任感，或激起冲动性的购买。演示促销包括定点演示、流动演示、模特演示、工艺演示等。

7. 赠品促销

通过赠送低价商品或免费服务，促使消费者产生立即购买的行动。在做出赠品决策时，要考虑商品的正常销售量和居民的消费量，要把目标放在提高企业的市场占有率上。赠品的方式应该灵活多样，不能千篇一律。

8. 优惠券

企业对合作者、长期顾客、对本企业做过贡献的或社会影响较大的顾客，提供一种可享受优惠的证明，以此来联络感情，开拓潜在市场；或者在一定时期集中优惠销售，以扩大企业或产品的知名度和影响力。

同步案例

1起挺你，尽情生活

2020年11月10日，由红星美凯龙独家冠名的2020“天猫双11狂欢夜”为大众奉献了一场精彩绝伦的视听盛宴。

1起挺你大狂欢，创新升级点亮美好未来

贴合2020年的大背景环境，“天猫双11狂欢夜”以“1起挺你，尽情生活”为主题，设立“坚定梦想我站你”“享受此刻我陪你”“突破界限我赞你”“拥抱未来我挺你”四个篇章，通过搭建一个充满科技、奇幻、浪漫之感的“未来市集”向大众传递用全新姿态拥抱未来的信心。

晚会采用全球首个双直播系统和大屏小屏全方位全平台联合直播形式，不仅实现全景舞台和爱豆直拍随心切换，还满足用户随时随地看晚会，边看晚会边“剁手”的需求。

1元购红包雨，多元玩法助力品牌增量

“天猫双11狂欢夜”在升级“边看边买”的潮流生活方式的同时，也让众多品牌在狂欢中实现品效双收。晚会上，除了主持人口播、Logo露出等基础品牌权益外，贯穿全场的近20轮“摇一摇一元购”、千万红包雨、清空购物车以及“天猫唱品团”送福利等花式玩法让总冠名品牌红星美凯龙、特约赞助品牌香飘飘、行业赞助品牌安慕希、指定产品海澜之家出尽风头。

当晚，“天猫双11狂欢夜”总冠名品牌红星美凯龙成为舞台上的“绝对C位”。主持人的高频口播打造品牌记忆点，道具植入、品唱团定制节目、互动玩法提升全民购物体验。

晚会期间，第三季《脱口秀大会》冠军王勉的solo表演以及和说唱女王VAVA搭档表演的两段唱品团节目以演+唱的形式，表现出红星美凯龙对于提高国民居家生活品位的重要意义，将“红星美凯龙甄选全球设计尖货”这一slogan内容化、生活化地演绎，洞察入微，引发观众共鸣，对“选装修，买家具，都在红星美凯龙”这一信息有了更深刻的理解。

从嘉宾阵容到晚会主题，从舞美视觉到互动玩法，“天猫双11狂欢夜”都以极致体验刷新大众对“电商晚会”的认知，“边看边买”的购物体验让用户开心，高曝光高转化的效果让品牌满意。毫无疑问，“天猫双11狂欢夜”已经成为品牌品效双收的不二之选，实力领跑行业。

中华营销网：https://www.cyingxiao.com/yenei/11131JR0201748.html。

同步思考

此案例中采用了哪些促销手段?

五、营业推广设计

1. 确定推广目标

营业推广目标的确定，就是要明确推广的对象是谁，要达到的目的是什么。只有知道推广的对象是谁，才能有针对性地制定具体的推广方案，例如：是以培育忠诚度为目的，还是以鼓励大批量购买为目的?

2. 选择推广工具

营业推广的方式方法很多，但如果使用不当，则可能适得其反。因此，选择合适的推广工具是取得营业推广效果的关键因素。企业一般要根据目标对象的接受习惯和产品特点，目标市场状况等来综合分析选择推广工具。

3. 推广的配合安排

营业推广要与营销沟通其他方式如广告、人员销售等整合起来，相互配合，共同使用，从而形成营销推广期间的更大声势，取得单项推广活动达不到的效果。

4. 确定推广时机

营业推广的市场时机选择很重要，如季节性产品、节日、礼仪产品，必须在季前节前做营业推广，否则就会错过时机。

5. 确定推广期限

即营业推广活动持续时间的长短。推广期限要恰当，过长，消费者新鲜感丧失，产生不信任感；过短，一些消费者还来不及接受营业推广的实惠。

任务5 国际市场公共关系策略

企业在公众心目中的形象，影响着企业营销目标的实现，如何利用公共关系促进产品的销售，是现代企业必须重视的问题。

一、公共关系的要素及特征

从营销的角度讲，公共关系是企业利用各种传播手段，沟通内外部关系，塑造良好形象，为企业的生存和发展创造良好环境的经营管理艺术。

（一）公共关系的要素

公共关系的构成要素分别是社会组织、传播和公众，它们分别作为公共关系的主体、中介和客体相互依存。

1. 社会组织

社会组织是公共关系的主体，它是指执行一定社会职能、实现特定的社会目标，构成一个独立单位的社会群体。在营销中，公共关系的主体就是企业。

社会组织的特点有：群体性、导向性、系统性、协作性、变动性、稳定性。人们组合成为组织必定是为了完成某种共同目标，但目标的存在方式又各不相同，这就决定了社会组织必然具有多种类型：营利性组织、非营利性组织、互利性组织、公益性组织等。

2. 公众

公众是公共关系的客体。公众是面临相同问题并对组织的生存和发展有着现实或潜在利益关系和影响力的个体、群体和社会组织的总和。企业在经营和管理中必须注意处理好与员工、顾客、媒体、社区、政府、金融等各类公众的关系，为自己创造良好和谐的内外环境。

公众与组织之间必须存在着相互影响和相互作用。公众的特点有：群体性、同质性、变化性、相关性。常见的公众分类方法有：

（1）根据公众与组织的所属关系分类，可将公众分为内部公众与外部公众。员工是组织直接面对而最接近的公众，是组织赖以生存与发展的细胞，是组织内部公众的主体。一般来说，在组织的外部公众中，消费者公众、传播媒介公众、社区公众、政府公众等对组织的发展尤为重要。

（2）根据公众与组织发生关系的时序特征分类，可把公众分为非公众、潜在公众、知晓公众、行动公众。

（3）根据公众对组织的重要性程度分类，可以把公众划分为首要公众、边缘公众和次要公众。

（4）根据公众对组织的态度分类，可将其分为顺意公众、逆意公众和独立公众。对于公共关系工作人员来说，顺意公众是组织的基本依靠对象，逆意公众是组织急需转化对象，独立公众是组织值得争取的对象。

3. 社会组织与公众之间需要传播和沟通

传播是社会组织利用各种媒体，将信息或观点有计划地与公众进行交流的沟通过程。社会组织开展公关活动的过程实际上就是传播沟通的过程。

（二）公共关系的特征

公共关系是社会关系的一种表现形态，科学形态的公共关系与其他任何关系都不同，有其独特的性质，了解这些特征有助于我们加深对公共关系概念的理解。

1. 情感性

公共关系是一种创造美好形象的艺术，它强调的是成功的人和环境、和谐的人事气氛、最佳的社会舆论，以赢得社会各界的了解、信任、好感与合作。我国古人办事讲究“天时、地利、人和”，把“人和”作为事业成功的重要条件。公共关系就是要追求“人和”的境界，为组织的生存、发展或个人的活动创造最佳的软环境。

2. 双向性

公共关系是以真实为基础的双向沟通，而不是单向的公众传达或对公众舆论进行调查、监控，它是主体与公众之间的双向信息系统。组织一方面要吸取人情民意以调整决策，改善自身；另一方面又要对外传播，使公众认识和了解自己，达成有效的双向意见沟通。

3. 广泛性

公共关系的广泛性包含两层意思：一层意思是公共关系存在于主体的任何行为和过程中，即公共关系无处不在，无时不在，贯穿于主体的整个生存和发展过程中；另一层意思指的是其公众的广泛性。因为公共关系的对象可以是任何个人、群体和组织，既可以是已经与主体发生关系的任何公众，也可以是将要或有可能发生关系的任何暂时无关的人们。

4. 整体性

公共关系的宗旨是使公众全面地了解自己，从而建立起自己的声誉和知名度。它侧重于一个组织机构或个人在社会中的竞争地位和整体形象，以使人们对自己产生整体性的认识。它并不是要单纯地传递信息，宣传自己的地位和社会威望，而是要使人们对自己各方面都要有所了解。

5. 长期性

公共关系的实践告诉我们，不能把公共关系人员当作“救火队”，而应把他们当作“常备军”。公共关系的管理职能应该是经常性与计划性的，这就是说公共关系不是水龙头，想开就开，想关就关，它是一种长期性的工作。

二、公共关系的作用

1. 对社会组织的作用

公共关系是社会组织倡导和发展起来的，对组织的作用主要体现在以下几个方面：

（1）收集信息，检测环境。社会组织要运行得当，就必须正确地了解自己，了解自己运行的现实环境，尤其是现实环境中的公众。而通过公关获取大量信息，是了解自己与环境及其关系的最有效手段。

（2）输出信息，扬名立善。现代社会中尽管社会组织的目标各不相同，但在目标的实现过程中有一点是相同的，就是公众了解自己。公众越了解自己，目标就越容易实现，而公众了解自己的最好途径就是输出信息，提高组织的知名度和美誉度。组织要想发展壮大，一方面要保证产品或劳务的质量；另一方面也要做好宣传工作，即公众认可组织的产品或劳务。外部公共关系是塑造组织形象的重要环节，名牌战略及名牌效应、名流关系及名流效应就是最好的验证。

（3）协调关系，增进合作。公共关系是“内求团结、外求发展”的一门艺术，其重要职能就是通过协调使一个组织中的所有部门的活动和谐化，使组织与环境相适应。

（4）咨询建议，参与决策。社会组织的运行是在决策的指导下进行的，决策的可行与否及可行度的大小，均取决于决策者的选择，而选择的根据则在于对信息量的掌握程度。公关部是公众向组织反馈信息的中间环节，收集到的信息都是来自社会各方面的与组织有关的真实信息，将信息有选择、有分析地传递给组织的决策者，为决策者的选择提供服务。

（5）危机管理，处理突发事件。组织所处的环境可分为已知和未知两部分，而未知部分又必然会带来组织运营、发展中的某种不确定性。当这种不确定性在短时间内变为现实时，就会发生种种管理人员未曾预料到的事件，即所谓“突发事件”。由于这类事件具有突然性、变化快、影响大、处理难度大、余波长等特点，因此，组织的管理者时刻都要有危机管理意识。公共关系在危机管理中的作用体现在：事先预报，避免发生；提前准备，减少损失；紧急关头，稳定人心；做好善后，挽回损失。

2. 对社会的作用

公共关系对社会组织起作用的同时，也促使了社会环境的优化，促进了社会的和谐，主要体现在以下几个方面：

（1）促使社会互动环境的优化。社会互动是指社会上人与人、群体与群体之间的交往和相互作用。公共关系涉及群体与群体、群体与个人以及社会人与人之间的互动，它通过沟通社会信息、协调社会行为、净化社会风气来实现对社会互动环境的优化。

（2）促使社会心理环境的优化。公共关系提倡人们通过交往摆脱孤独和隔阂、恐惧和忧虑，从而促使社会心理环境优化。

（3）促使社会经济环境优化。公关倡导公平竞争，使营利性组织争取最好的经济效益，从而带动整个社会经济的繁荣。

（4）促使社会政治环境优化。通过建立民主政治，树立“民本位”思想，增强社会管理人员的公仆意识和人民群众的主人翁意识，满足人民群众参与社会公共事务决策和管理的愿望。

3. 对个人的作用

公共关系对个人的作用主要体现在以下几个方面：

（1）促使个人观念的更新。公共关系是塑造组织形象的艺术，组织的形象与个人的形象是分不开的。它灌输给每个人有关形象的意识，在注重组织形象的同时也必须注重个人的形象；公关强调“顾客第一”“公众至上”，以尊重公众的意愿、满足公众的需求为己任，培养人们强烈的尊重他人意识；公关工作广结人缘，沟通信息，带给人们一种现代交际观念；公关谋求组织与公众之间的合作，表现出强烈的合作意识，并把这种合作意识灌输给每一个人。

（2）促使个人能力的提高。为了树立组织的形象，公关部常以独特新颖、出奇制胜的专题活动吸引公众，这种创造性的活动需要富有创造能力的人来胜任，在工作中培养了人的创造能力；

公关活动常常要和各种人、各种矛盾、冲突打交道，要处理各种突发事件，要适应不断变化的公众和环境，因而促使个人交际能力、自我调节能力、应变能力的提高。

三、公共关系的主要方法

1. 利用新闻媒介

由新闻媒介提供的宣传报道对企业来说是一种免费广告，它能给企业带来许多好处。首先，它比广告创造更大的新闻价值，有时甚至是一种轰动效应，而且能鼓舞企业内部的士气和信心，一个企业或者产品能作为新闻报道而受到赞扬，无疑是一种有力的激励。其次，宣传报道比广告更具有可信性，使消费者在心理上感到客观和真实。

2. 参与社会活动

企业在从事生产经营活动的同时，一方面应积极参与社会活动，在社会活动中体现自己的社会责任，赢得社会公众的理解和信任，充分表现企业作为社会的一个成员应尽的责任和义务；另一方面应结交社会各界朋友，建立起广泛和良好的人际关系。

3. 组织宣传展览

在公共关系活动中，企业可以印发各种宣传材料，如介绍企业的小册子、业务通讯、图片画册、音像资料等，还可以举办形式多样的展览会、报告会、纪念会及有奖竞赛等，通过这些活动使社会公众了解企业的历史、业绩、名优产品、优秀人物、发展的前景，从而达到树立企业形象的目的。

4. 进行咨询和游说

咨询主要是向管理人员提供有关的公众意见，主要是企业定位与形象等方面的劝告和建议，也可包括回答和处理顾客的问题、抱怨和投诉。游说的对象主要是立法机构和政府官员。与他们打交道的目的是在一定范围内防止不利于本企业的法令、规定的颁布实施，或为了促使有利于本企业的法令、规定的颁布实施。

5. 企业形象识别

为了树立良好的企业形象，许多企业导入CIS战略，取得了巨大成功。

所谓 CIS即企业形象识别，是指通过改变企业形象，吸引外界的注意，从而改进业绩，达到预期目标的一种经营战略。

四、公共关系的实施步骤

公共关系在实施中必须遵循一定的程序，主要包括确定目标、选择方法、实施计划和评价效果四个相互衔接的步骤。

1. 确定目标

在调查研究的基础上，根据社会公众对企业的了解和意见来具体确定公共关系目标。公共关系主要是利用信息沟通的原理和方法来进行活动的，因此，不同时期公共关系的具体目标是不相同的。

2. 选择方法

正确的方法是实现目标的保证，上面所介绍的各种方法都具有一定的针对性，有不同的适用范围，有的主要是增进企业目标公众的支持与理解，有的主要是提高企业知名度，有的主要是促进产品销售。企业应根据总目标的要求和具体情况选择公共关系的方法。

3. 实施计划

对企业来说开展公共关系活动存在着许多不确定因素，较难控制，困难也较大。为了保证公共关系计划的实现，首先要有组织的保证，明确公共关系部门的职责；其次要提高公共关系人员的素质；再次要坚持以诚取信的原则；最后要善于抓住机遇。

4. 评价效果

对公共关系活动效果的评价往往是比较困难的。因为其一，传播信息的成效是一个潜移默化的过程，很难以具体的数据反映出来；其二，公共关系往往是配合着其他营销活动一起进行的，其收效也难单独列出，但人们观念和态度上的转变总会在行为中体现出来。

五、公关与广告

一般情况下，人们提到的广告大都指商业广告，即广告主为了扩大销售、获取盈利，以付钱的方式利用各种传播媒介向目标市场的广大公众传播商品或服务的经济活动。开展公共关系无疑要运用广告这种重要的传播形式，但广告不等于公共关系，它们之间既有联系又有区别。

（一）公共关系与广告的联系

二者都具有依靠传播媒介传播信息的特征。因此，从某种意义上来说，广告在不同程度上起着扩大组织影响、建树组织形象的作用。

（二）公共关系与广告的区别

1. 传播目标不同

公共关系的目标是赢得公众的信赖、好感、合作与支持，树立良好的整体形象，“让别人喜欢我”；广告的目标是激发人们的购买欲望，对产品产生好感，“让别人买我”。

2. 传播原则不同

广告的信息传播原则是引人注目。只有引人注目的广告，才能使企业的产品和服务广为人知，激发人们的购买欲望，最终达到扩大销售和服务的目的。公共关系传播的首要原则是真实可信，其传播的信息应当是真实的、可信的，绝不能有任何虚假。当然，公共关系信息传播也要讲究引人注目，但“引人注目”是从属于真实性，是为真实性服务的。

3. 传播方式不同

广告为了引人注目，可以采用各种传播方式，包括新闻的、文学的及艺术的传播方式，可以采用虚构的乃至神话的夸张手法，以激起人们的兴趣，加速人们的购买欲望。但公共关系的传播方式，最重要的是靠事实说话，其信息传播手段主要是新闻传播的手段，如新闻稿、新闻发布会、报纸、杂志等。这些传播手段的特点是：靠信息的真实性、客观性及其内在的新闻价值说话，认为成功的关键不在于当事人运用什么哗众取宠、耸人听闻的表现手法，而在于善于选择适当的时机、采用适当的形式，通过适当的媒介，把适当的信息及时、准确地传递给目标公众。

4. 传播周期不同

通常来说，广告的传播周期是短暂的，短则十天半月，长则数月一年，一般不会太长。相对来说，公共关系的传播周期则是长期的，其任务主要是树立整个企业的信誉和形象，急功近利的方式是很难奏效的。

5. 所处地位不同

一般来说，广告在经营管理的全局中所处的地位是局部性的，其成败好坏，对全局没有决定性的影响，但公共关系工作却不同，它在经营管理中处于全局性的地位，贯穿经营管理的全过程。公共关系工作的好坏，决定着整个企业的信誉、形象，决定着整个企业的生死存亡。

6. 效果不同

一般来说，广告的效果是直接的、可测的，其经济效果是显而易见的，对某项广告而言，其效果也往往是局部的，只影响到某个产品或某项服务的销路。因此，广告的效果又是局部性的、战术性的。而公共关系的效果则是战略性的、全局性的。一旦确立了正确的公共关系思想，并开展了成功的公共关系工作，企业就能在外界建立起良好的信誉和形象，使组织受益无穷，而且社会各界也会因此受益不浅。成功的公共关系所取得的效益，应该是包括政治、经济、社会等各方面效益的社会整体效益。一般来说，这样的整体效益是难以通过利润的尺度来直接衡量的。

国货之光 · 品牌出海营销实践

茅台海外营销，传播中国品牌文化

2020年5月，茅台持续贯彻落实“文化茅台”海外建设策略，将茅台品牌蕴藏的深刻文化内涵、数千年传承的匠心精神、与时俱进的创新意识，以及时下贵州茅台镇的秀美风景搬上Facebook、Twitter、Instagram等海外社交媒体平台，让海外网友“云赏”茅台风韵，感受中国酱香佳酿的无限魅力。

茅台更换了各大新媒体平台的coverphoto。图片将淡青色作为主要色调，用花枝、喜鹊、渔船、山水等经典中式元素营造出丰富的远近景层次，以此体现贵州茅台镇在春夏交替时节的山水美景，带领海外网友在视觉的享受之中，品读“文化茅台”的深刻内涵。

茅台特别筹划的“素食中国”系列帖文，将众多易于被海外大众接受、烹饪方式较为简单的中国美食分享给广大“茅粉”，让他们足不出户便可享受中国酱香佳酿与美食相搭配所带来的绝妙味蕾体验。

茅台海外宣传片——品质篇

此外，茅台将“树立负责任的大企业形象”作为重点，在海外新媒体平台推出“适度饮酒”系列贴文，敬告爱酒人士注意出行安全。此外，茅台还推出了Stay Home系列帖文，号召海外粉丝享受居家生活，用茅台美酒为生活增添乐趣。

此类系列贴文的推出，不仅让茅台的国际影响力和美誉度得到了进一步提升，还助力着中国“负责任的大国形象”在海外友人心中的塑造与巩固。

到2020年5月，茅台Facebook主页累计粉丝量达139万人，获取互动超过2万次，曝光量超过10万次，茅台海外媒体平台数据呈现出的平稳向好态势，表明茅台正承载着中华文化，通过各大社交媒体平台走向更加广泛的海外人群。

在茅台品牌承载中华文化走出国门的过程之中，Facebook、Twitter、YouTube等海外新媒体平台扮演着至关重要的角色，成为“中国制造”展示高端品质及深刻文化内涵的舞台。未来，茅台仍将以“文化茅台”为核心，积极利用各方渠道，推动茅台品牌的国际化与民族品牌对外形象的树立，以文化为品牌赋能，让茅台成为“中国制造”与民族品牌的代名词，为中国民族企业出海打造经典案例。

资料来源：https://baijiahao.baidu.com/s?id=1670020081147664133&wfr=spider&for=pc。

项目要点

国际市场促销是指企业在国际市场上应用各种沟通方式和手段向顾客传递产品或服务信息及企业信息，实现双向沟通，使顾客对企业及其产品产生兴趣、好感与信任，进而做出购买决策的活动，其实质是一种信息沟通活动。国际市场促销活动的基本方式包括国际市场人员推销、国际广告、国际市场营业推广和国际公共关系，其中国际广告、国际市场营业推广和国际公共关系又统称为非人员推销。

人员推销、广告宣传、营业推广、公共关系是国际市场营销的重要手段。人员推销要求推销人员熟悉其业务所在国的文化。对推销过程中的各个过程的行为也必须做适当的调整，以符合各国市场的要求。营业推广活动必须服从各国的法律法规。任何设计失误的营业推广活动都会引起不利的新闻报道。企业传播和沟通方案的设计必须用以培养良好的信誉，提供准确及时的信息，尤其是在出现危机时。

项目实训与测评

◎ 项目实训

一、实训目的

加深学生对本项目知识的掌握，国际市场其他营销方式的灵活掌握和开发学生在市场运作方面的灵活性、创造性。

二、实训内容

你现在是重庆一家机床公司的销售员。该公司一直生产一种小型车床，因为这种小型车床特别适合一些小型乡镇企业加工精度要求不太高的产品，加之价格也便宜，在国内的销售一直不错。然而，几年间，国内对这种小型车床的需求量已经接近饱和，唯一的出路就是打开海外市场。

要打开海外市场，需要大量的资金，而这家公司当时连发给职工工资都困难，无力做广告。此时正值年底，次年的生产怎样安排？这时，销售主管要你拿出海外销售的企划案，并且要求你充分利用互联网的优势，尝试利用名录邮寄产品的方法。

你该如何做这个企划案？

三、实训步骤

1. 根据学生特点，把全班同学分成若干组，每组分别负责不同职责。

2. 组织学生调查这种小型车床的国内和国际市场行情，写出调查报告。

3. 组织学生对比各种不同的营销方式，提出各自的企划案。

4. 通过将各种企划案与利用网络和邮寄产品广告的方式进行对比，找出这种方式的优势和特点。

◎ 项目测评

一、单项选择题

1. 促销活动的首要任务是（　　）。

A. 介绍商品　　B. 劝说消费者　　C. 传递信息　　D. 广而告之

2. 大规模促销的最主要渠道是（　　）。

A. 直接推销　　B. 广告　　C. 公关　　D. 营业推广

3. 两种最主要的促销方式是（　　）。

A. 人员推广和广告　　B. 人员推广和公关

C. 公关和广告　　D. 广告和营业推广

4. 产品处于成长期和成熟阶段所采用的策略一般是（　　）。

A. 告知性广告策略　　B. 提醒性广告策略

C. 维持性广告策略　　D. 说服性广告策略

5. 针对组织客户推销的促销方式是（　　）。

A. 人员推广　　B. 公关　　C. 广告　　D. 营业推广

6. 下列不仅是一种促销手段，而且还具有管理职能的是（　　）。

A. 商业广告　　B. 营业推广　　C. 公关　　D. 人员推广

二、多项选择题

1. 一个经过精心设计的促销组合包括（　　）。

A. 市场调查　　B. 广告宣传　　C. 人员推销

D. 营业推广　　E. 公共关系

2. 国际促销的作用有（　　）。

A. 提供信息情报　　B. 扩大产品需求　　C. 突出产品特点，建立产品形象

D. 稳定销售　　E. 促进新产品开发

3. 广告定位策略主要包括（　　）。

A. 功效定位　　B. 品质定位　　C. 价格定位

D. 市场定位　　E. 心理印象和观念定位

4. 对中间商的营业推广包括（　　）。
A. 折扣券　　B. 附赠品　　C. 免费样品
D. 购买折让　　E. 分期付款
5. 国外推销员由（　　）组成。
A. 推销经理　　B. 推销员　　C. 中间商
D. 服务维修员　　E. 公关人员
6. 国际媒体主要有（　　）。
A. 杂志　　B. 在几个国家发行的报纸
C. 国际商业广播和电视　　D. 国际网络　　E. 电话

三、简答题

1. 国际促销与国内促销有什么不同？
2. 国际促销策略的决策有哪些？
3. 国际营销人员除具备国内推销人员的素质外还应具备哪些素质？

四、论述题

试述产品不同生命周期阶段的广告策略。

五、案例分析题

Prada牵手短视频平台，撬动中国年轻人市场

通过线上短视频平台种草并购买喜爱的商品，已成为年轻消费群体日常购物的一部分。Prada也因为抓住了新一代消费者的购物习惯，熬过疫情带来的市场低谷期。2021年集团销售额大涨41%至33.66亿欧元，已恢复到疫情前的水平。这也意味着短视频与电商平台已是各行业品牌成功转型的关键。

当下，消费者逐渐形成新的购买习惯，短视频平台的崛起有一半的功劳。未来一定会有越来越多的头部品牌涌入短视频平台开店。这也意味着各行业品牌，的确需要紧随短视频领域变革的步伐。最终，为品牌与平台带来双赢。

资料来源：https://www.cyingxiao.com/yenei/031R32920222329.html，有删减。

问题

1. 与传统媒体相比较，短视频平台优势在哪里？
2. 此案例给了我们什么启示？

项目十　国际市场营销管理

项目目标

◎ 知识目标

1. 了解国际市场营销计划的含义和国际市场营销计划制订的程序
2. 了解国际营销组织的类型、特点，了解影响国际营销组织结构设计的因素

◎ 能力目标

能够根据企业实际与市场环境制订企业国际营销计划和构建企业的组织机构

◎ 素养目标

1. 具备大局观、国际化视野
2. 具备协作支持互信的团队精神

项目思维导图

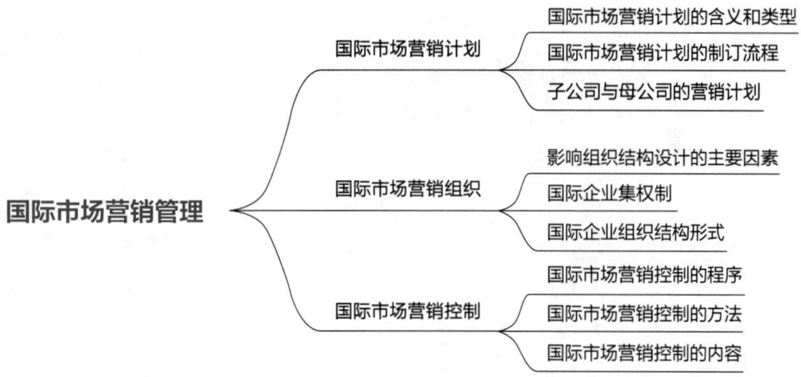

导入案例

快时尚电商SHEIN的海外“脱颖而出”之路

◎ 案例背景

SHEIN是世界上较大的时装公司之一，2012年成立于南京，主要采用直接面向消费者的商业模式，将所有中间商砍掉，渠道缩短，效率提升，构成极致性价比。目前SHEIN已扩展到为女性、男性和儿童提供服装，以及从家居用品到宠物用品的所有商品，但其核心业务仍然是销售针对18~35岁女性的服装。

这个低调而又“神秘”的品牌，是如何在海外脱颖而出的呢？

1. SHEIN把“快时尚”推向了史无前例的高度

大众对快时尚品牌的理解就是便宜、上新快、款式多，但是SHEIN的出现，把这三个维度推向了史无前例的高度。

（1）价格超低。打开SHEIN的官网会发现，一件衣服原价大概只要10美元，裙子只要20美元。在此基础上，SHEIN还会打个八九折。结算的时候，用上满减优惠、新人折扣等各种优惠券，一件衣服的最终到手价竟然低至3美元！

（2）比“快时尚”更快。ZARA作为快时尚行业标杆，它的上新速度是创过业界纪录的：一周上新2次，每年设计新品超过2.5万款。SHEIN不仅比ZARA上新速度更快——每天上新，而且数量也比ZARA多。从上新频率和上新数量上来看，SHEIN创造了“超快时尚”这一概念。

（3）款式奇多。SHEIN的衣服不仅便宜、上新快，款式也非常多，通过各种排列组合，SHEIN就能打造出上千款不同的衣服样式。

2. 强大的供应链体系

（1）超强供应链整合能力。SHEIN利用了国内供应链的优势，将设计打版、面料采购、生产加工、仓库管理、电商运营、物流配送等完整的供应链条都放在了中国。这一做法不仅加快了上新速度和库存周转率，更为重要的是优化了各个环节的成本空间。

（2）用户思维，设计款式。SHEIN通过技术手段来追踪用户喜欢什么。SHEIN公司有自己的一套追踪系统，可以从各类大小服装零售网站抓取产品，总结不同的颜色、款式和图案。SHEIN在设计环节通过人工和技术双追踪，减少原创设计的时间成本和价格成本，同时也精确追踪市场来设计生产市场上最需要的商品。

（3）高效打造爆款。没有门店、线上销售的SHEIN会根据线上用户反馈的实时数据，快速调整策略。SHEIN会把所有的款式优先在“多族裔”的美国市场进行测试，以拿到最全、最精准的用户反馈；之后，再根据不同人群的反馈效果，制定欧洲、澳大利亚、中东等市场的推广策略。

3. SHEIN海外营销增长策略

（1）“网红经济”海外再复制。

①KOC（关键意见消费者）网红营销。SHEIN早在2011年，就开始利用网红推广市场。

品牌选择规模较小、影响力较大的KOC来获得更大的曝光量。这些KOC在海外主流社交媒体平台比如YouTube、Instagram、Tik ToK（海外版抖音）、Facebook讲述自己的购买和穿搭经历，以此吸引更多的消费者。

② 直播带货。通过在Instagram、YouTube或者官网上发布各种主题的直播活动，将流量吸引到SHEIN App上，主动拉近品牌与消费者的距离，抓住用户的注意力，挖掘私域流量的潜力，从而实现了低成本获客。

SHEIN直播带货

（2）品牌本土化运营。

①建立独立网站。SHEIN从一开始就建立了独立网站，也建立了外国用户通往品牌的最快路径。同时，独立网站的运营有助于品牌化和统一调性，测品成本低；也可以在官网上搜集用户的一手数据，建立自己的数据库。将多渠道进入官网的流量转入私域流量，更有利于日后进一步做用户运营。

②社交媒体。SHEIN的社交媒体是品牌推广的一大阵地。第一，用矩阵化的方式做账号。一个大号带多个小号，相互引流。第二，针对不同的国家和地区，都有相对更本土化的风格。第三，对于不同的品类设立专门的账号，分享垂直化内容。第四，利用社交媒体上的标签功能，促进UGC优质内容的产出。

◎ 案例启示

SHEIN的成功故事，是一个中国服装品牌借助互联网和中国强大的供应链体系，借助DTC直营模式，把商品以批发市场级别的价格，送到世界市场的故事。

SHEIN及时把握市场契机，敢于尝试新方法，开拓新市场，挖掘潜在的商机。同时，也提高自身的供应链管理体系、供应产品质量、网站运营能力等，紧紧抓住消费者需求，凭借其出色的市场推广能力以及物美价廉的商品迅速赢得了海外消费者的喜爱，成为一家出色的跨国电商企业。

资料来源：https://kuamarketer.com/archives/10449.html，https://baijiahao.baidu.com/s?id=1685568902847767296&wfr=spider&for=pc和https://www.xianjichina.com/news/details_268763.html，有删改。

项目知识

计划、组织与控制是国际营销管理的三大基本内容。对于企业来说，在复杂多变的国际市场营销环境下，为了使企业的营销活动不断适应变化的国际市场，特别需要一个目标明确、步骤详细且有效的战略规划和战术计划，来促进企业内部可控因素与外部环境的平衡，并能指明企业的国际营销目标和营销行为。

国际营销控制的目的是使企业的营销活动达到预期的目标和计划，国际营销组织是计划和控制的基础，计划能确定控制的方向，控制能保障计划的有效执行和实施。企业通过国际营销管理手段，使国际市场营销的各要素得到整体化和实效化的组合应用，并使国际营销活动能够有效地运行。

任务1 国际市场营销计划

一、国际市场营销计划的含义和类型

（一）国际市场营销计划的含义

国际市场营销计划是指国际企业或跨国公司对未来经营活动的设计与决策。企业通过国际市场营销计划确定预期的营销目标，并在收集、整理、分析资料和预测成本的前提下，规划实现其目标的步骤、措施和具体要求。

（二）国际市场营销计划的类型

从期限来看，国际市场营销计划可分为短期计划和长期计划。短期计划又叫经营计划，执行期限一般为1年。长期计划又叫战略计划，执行期限一般为3~5年，甚至更长。

从制订和执行主体来看，国际市场营销计划可分为总（母）公司计划和分（子）公司计划。通常，母公司偏重于战略规划，子公司偏重于经营计划。战略规划的目的是决定营销目标和基本战略，经营计划的目的是将这些目标和战略辅助实践。如果公司在国际上推行的是标准化战略，那么就需要制定出一套统一的营销策略和步骤，然后用以指导各目标市场的营销活动。如果实行的是差异化战略，则须针对某个具体国家的目标市场制订市场营销的计划和方案。

二、国际市场营销计划的制订流程

国际市场营销计划的制订流程主要包括确定任务、情况分析、确定企业目标、提出方案、评价和选择方案、预算和计划的实施与控制，如图10-1所示。

1．确定任务

由企业营销决策者根据战略计划的要求和前期执行计划的情况，并结合企业当前内部和外部环境要求，提出下一年度或更长一段时期企业的市场营销任务。

图10-1 国际市场营销计划的制订流程

2. 情况分析

企业通常在情况分析的基础上来制订其国际市场营销计划。通过环境分析，企业能发现其在前期执行国际市场营销计划中的不足之处，并加以弥补和完善；从预测今后市场的机遇和威胁中，充分利用自身优势来获取竞争力。

3. 确定企业目标

确定企业目标是企业国际市场营销计划的一个重要环节，另一个重要环节就是为了达到这些目标企业应采取何种措施。实现目标需由特定的工具和方案组成。如某企业的目标是提高产品在某一个国际市场的市场占有率，但它并不使用价格竞争来达到目标，而是通过品质的提升和有力的促销来实现。企业所制订的运营计划必须列出实现目标所必需的工具、技术，所需的预算费用等。

4. 提出方案

企业在确定了目标之后，接下来企业决策者应为实现企业整体目标构建一套完整的策略方案。为防止思路过于狭窄，企业决策者应列出多个可行方案以供选择。

5. 评价和选择方案

对方案进行评价和选择的目的是对已提出的方案进行对比分析，最终选择出最合理的方案。

6. 预算

企业通过目标的制定和方案的确定之后，决策者应能列出合理方案的费用预算表，其基本内容应包括预估的产品销量、价格、生产成本、营销费用等。

7. 计划的实施与控制

当计划确定之后，企业的各职能部门就可以按照计划的要求实施。在实施过程中，可将年度计划细分为季度、月度计划，便于企业决策者在较短时间内检查各部门实施计划的进展、效果和及时发现存在的问题，从而控制计划的实施。

三、母公司与子公司的营销计划

国际营销计划和战略的制定应包括总公司和子公司或分公司两个层次的营销管理计划活动。

（一）子公司营销计划的制订

国际企业海外子公司或分公司的营销计划编制应包括战略计划和短期经营计划两个层次。

1. 子公司的经营计划

国际化程度不同的国际企业，其子公司的主要营销计划独立性不同，制订的短期经营计划内容和范围也不同。海外投资少，子公司少且规模小，未能实现全球一体化经营的国际企业，其海外子公司的经营计划具有较强的独立性。若海外投资大，子公司分布在世界各国，实现全球一体化的大型跨国公司，其海外子公司在制订经营计划时，必须充分考虑与总公司及海外其他子公司在业务层面的衔接，即大型跨国公司的海外子公司无法独立制订和执行经营计划。

总公司的指示和命令在子公司制订其经营计划过程中起着十分重要的作用。从经营计划制订的流程来看，子公司的经营目标是其经营计划的中心，且此目标须服从于总公司的整体经营使命与目标。同时，总公司应为子公司经营计划的制订提供大量可靠信息。子公司的经营计划编制流程如图10-2所示。

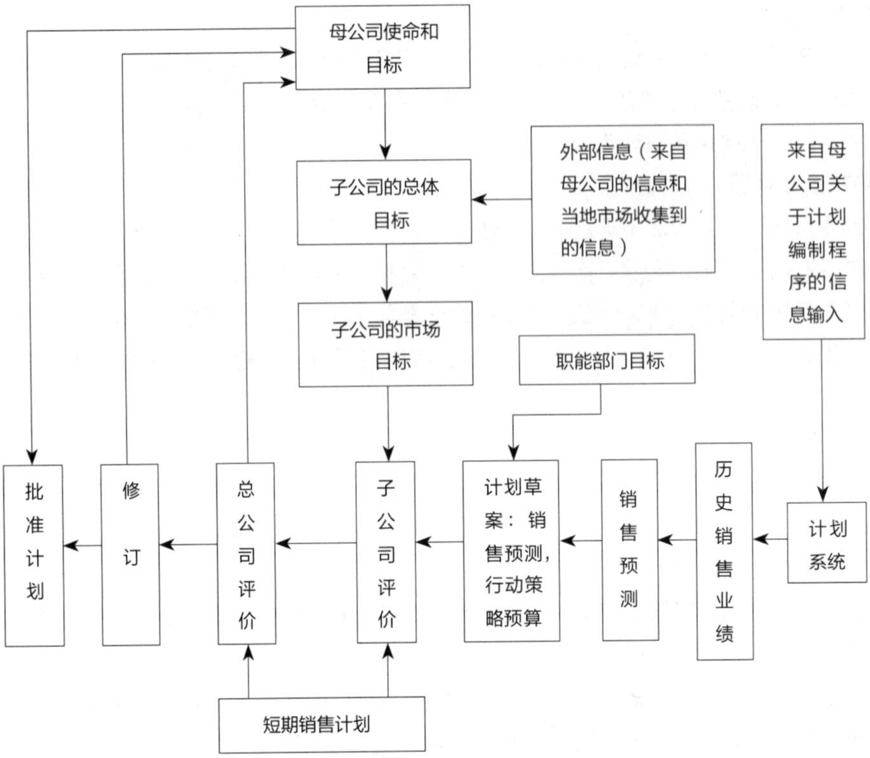

图10-2 子公司经营计划的编制流程图

其中，销售计划是子公司经营计划的核心内容，销售预测必须由企业会同财务、生产、营销、人事、调研部门共同完成。经营计划一旦通过子公司审查，便得以形成，下一步是递交总公司审查。此时总公司需对各子公司进行全盘考虑。

2. 子公司的战略计划

众多跨国分公司在国际营销实践过程中很少制订营销战略计划，其原因主要有以下两点：

（1）战略规划需要一定的技术，而这种技术在海外子公司层次较缺乏。

（2）众多跨国分公司认为战略计划是总公司的事，不需要子公司参与其中。

通常情况下，由总公司制订的战略计划倾向于认为整个世界是同质的，这种观念容易导致企业为全球市场制定同样的战略方案。而各国市场的营销环境差异极大，子公司有必要根据当地国家的市场情况参与战略计划的制订。子公司的营销战略计划的制订始于消费者分析，在制订过程中要充分考虑各环境因素（社会、文化、技术、政治及法律法规、市场竞争等）的影响，以制订出不同的营销计划来满足不同购买者的需求。

子公司要制订有效的营销战略计划，需要设置适当的营销目标，培训计划专家，建立计划和沟通体系，并在计划制订的参与者中营造合作的氛围。所有这些行动的关键都在于总公司和子公司之间的充分合作。

（二）母公司营销计划的制订

在母公司，营销计划的制订主要包括指导、协调以及批准子公司的营销计划，并制订整个企业的战略计划。母公司对子公司营销计划的制订有如下重要作用：

（1）帮助子公司建立完善的计划作业系统。

（2）为子公司提供指导宗旨和有关环境分析的信息。

（3）帮助子公司设计营销目标。

（4）为子公司提供国际营销战略的战术技巧和诀窍。

国际营销母公司战略计划的制订流程如图10-3所示。

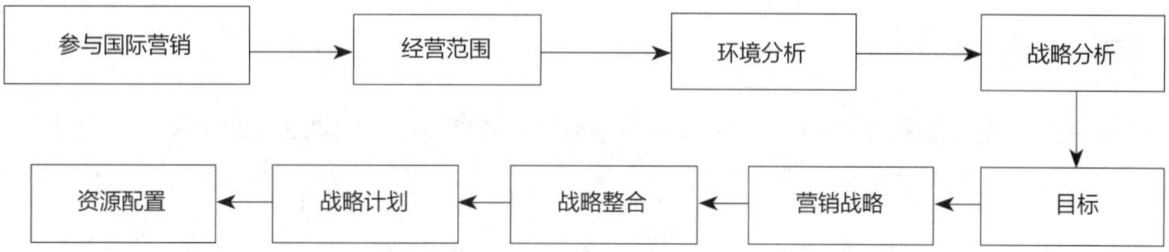

图10-3　母公司战略计划的制订流程图

国际营销母公司战略计划的制订过程始于企业对国际经营活动的参与。一个企业决定进入海外市场是以谋求长期利润的增长为目标。企业在决定是否参与国际市场经营战略时可以考虑企业的使命和目标、海外市场长期的机会和威胁、企业自身的优势和劣势、国内市场的机遇、企业进入国际市场的财务能力等因素。

任务2　国际市场营销组织

现代市场营销已不是企业某个部门单独能完成的行为，而是完善的市场营销组织的整体活动。

一、影响组织结构设计的主要因素

跨国公司需依据区域市场具体情况和产品属性及特征来设计组织机构，其目的是避免重复浪费和实现资源的优化整合。影响组织结构设计的主要因素有以下几个方面。

1. 企业规模的大小

企业规模主要要求企业了解自身国内市场容量和国外市场容量的总和及比例的大小。若企业的海外业务量较小，且在企业业务中所占比例不大，企业可以采用国际业务部的国际市场营销组织机构；但若企业的大部分业务来自海外子公司，企业可采取产品或区域式的结构。一般而言，企业规模越大，其市场营销组织结构就会越复杂。

2. 运营的市场数目和所处的市场环境

可以说海外市场数量的多少决定了企业海外营销的组织结构。海外市场越多，经营的市场范围、区域范围就越广，各国市场在经济、政治、文化、地理等各方面差异就越大，则在海外市场的管理模式及设计海外分公司的数目就不同。通常，对于差异性较大的海外市场，企业不宜对各地区的营销活动进行集中管理。

3．产品的特性和多样性

若企业经营的产品属同质产品，产品系列较少或产品的相关程度较高，则企业的国际市场营销组织结构的复杂性就较低，此时企业可采取相对集中的管理。例如，可口可乐公司的市场需求具有趋同性，则一般按地理区域来组织各自的营销活动。

除以上三个因素外，国外市场层次的多少、国际企业目标、企业国际化经验等也会影响企业的组织结构。

二、国际企业集权制

跨国企业所面临的基本问题是应该采用集权化还是分权化。跨国企业必须具备强有力的协调职能才能够提供和监督国际营销策略的执行。因此，组织结构的主要工作是调节集权制和分权制的分歧。

1．独立的组织形式

采取独立的组织形式的企业非常普遍，尤其是一些小型企业，但对于一些大规模的企业来说，都有自己独立的国际部门。

独立组织形式的优点是，既可以集中所有专业技能和国际经验，又能减少受到国内大型企业的挤压。同时，独立的国际企业对企业管理有潜在的作用，独立的国际部门能够站在国际市场的高度，而不是以个别生产部门的狭隘眼光来看待国际市场的某些问题。

但独立组织形式也有其缺点。当国际企业规模较小时，采用独立的企业组织形式有许多好处，但一旦国际企业壮大后，许多新问题便开始产生，国际部门可能会各自为政，各行其是。另外，独立组织形式也可能会导致资源的浪费，国际部门独立会分散企业的资源，阻碍公司全球利益的最大化。还有一个问题就是有关公司政策的问题。若国际部门较小时，它通常没有能力去影响公司的决策，但当国际部门壮大后，它通常希望控制整个国际企业。

2．全球性公司

全球性公司是一种在处理国内业务与国外业务的方式上没有差异的组织形态。在这种结构中，全球范围的经营决策权都集中在总部，而不分国内国外，注重投资决策的同时，也注重资源、人力、市场调研以及其他市场活动。

采用这种经营形式的国际企业的目标在于充分发挥国际化经营的优势，其优点在于既重视国内市场，又重视国际市场，哪个市场机遇更好、更有潜力，就往哪个市场投放更多资源，但潜在缺点是企业各部门的人员不一定都具备从事国际市场营销业务的经验和能力。全球性公司往往难以摆脱母公司所在国政治、社会文化、法律制度等方面的烙印，难免造成经营上的失误，使企业难以发挥预期的国际化经营优势，实现企业资源的全球性优化配置的目标。

三、国际企业组织结构形式

1．区域型组织结构

区域型组织结构的构建依据是以世界上的主要区域为主。许多企业采取此组织结构，例如一家出口公司由独立的国际事业部重组为全球性公司的组织形式时，总共在海外设立了4个业务上的区域子公司，分别针对欧洲市场、南美洲市场、东南亚市场和北美洲市场的业务。图10-4所示

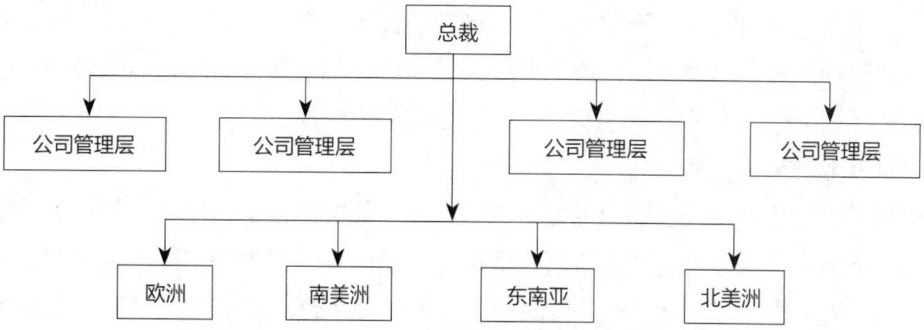

图10-4 区域型组织结构图

为一个区域型组织结构。

区域型组织结构非常普遍，其缺点是未能充分发挥产品及职能上的专业知识。若每个区域市场都需要设置专属该市场产品及职能的专业知识人员，则可能会导致无效率，尤其是地区主管远离总部时，其缺点显得尤为突出。

2. 产品型组织结构

若企业以产品为基础进行组织划分，就意味着其生产单位也需对全球营销负责。

这种类型的组织结构形态由许多部门所组成，即便是独立的国际事业部门，也可依据产品特性再加以划分。通常，若公司拥有数条关联性不大的产品线，则宜采用此种产品型组织结构，因为每一条产品线所需的营销工作完全不同，如图**10-5**所示。

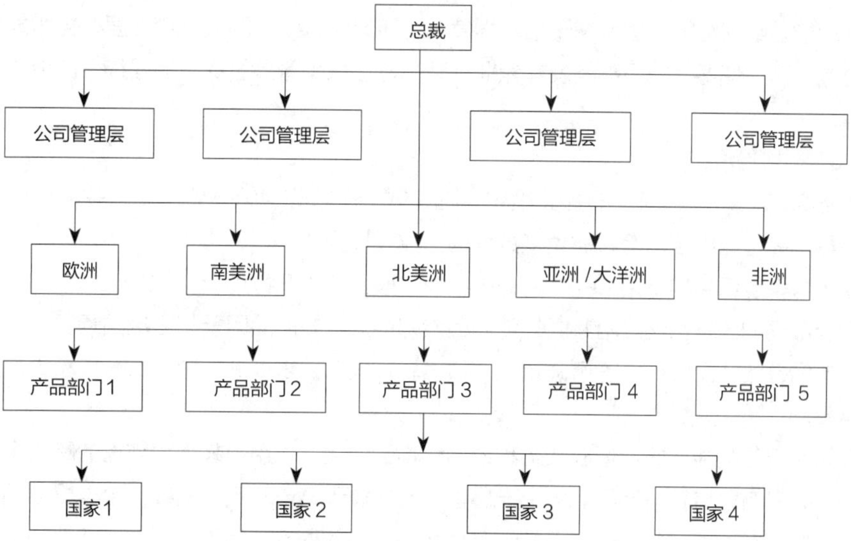

图10-5 产品型组织结构图

采用产品型组织结构的企业都比较有弹性。此结构有助于企业对各个产品系列给予足够的重视，防止企业忽略开发新产品和某些销量虽小但发展潜力巨大的产品。另外，此结构的显著特征是分权化，部门领导有很大的主动权，具有较高的积极性；且对国外市场环境的变化反应较快，增加新产品和减少老产品对企业整体活动影响不大。

产品型组织结构的局限性在于无法使企业各部门在国际市场上的步伐保持一致。若每个产品部门都采用自己的方式来运营管理，那企业将会遭受冲突和不便。同时，当国内市场的需求比国外市场的需求增长快时，许多国际性的交易机会容易被忽略掉。

3. 职能型组织结构

职能型组织结构是指组织各部门依据各自的职能，如按照营销、财务、生产等职能来划分。在所有的组织结构中，从管理的角度来看，职能型组织结构是最为简单的一种形式，它是根据管理的基本职能来组织国际企业在全球范围内的生产经营活动，如生产、销售、研发等职能，如图10-6所示。

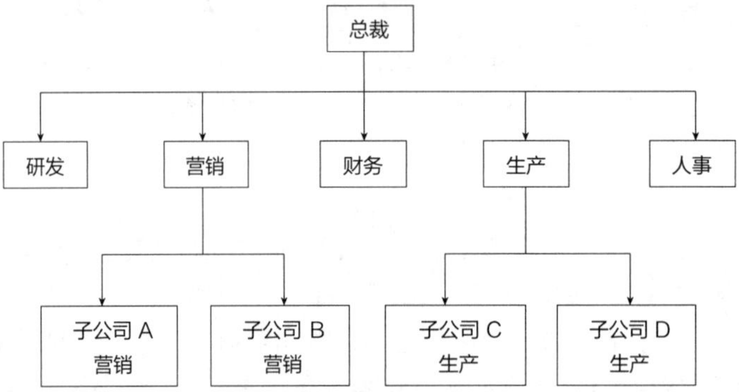

图10-6 职能型组织结构

这种职能型组织结构的优点在于集权程度高，可以通过企业的最高管理层对各职能部门进行统一的协调管理，使每个部门都能发挥专业优势；能够减少管理层次，加强统一的成本核算和利润考核等。

4. 矩阵型组织结构

20世纪60年代，一种新型的企业组织结构模式——矩阵组织开始出现，并很快取代区域型组织结构和产品型组织结构等，被大多数跨国企业所接受。

采用矩阵型组织结构（图10-7）的跨国企业一般具有以下特点：

各职能部门的经营活动对两方面的依赖因素都很大，如产品因素和区域因素。

企业的经营活动面临很大的不确定性，对信息处理的要求很高。企业对资本和人力资源的使用有严格限制。

矩阵型组织结构能更好地适应经济和政治环境的变化。采用矩阵组织结构的跨国企业既有产品管理部门，又有区域管理部门。一个产品管理部门负责某一特定产品线在全世界范围内的经营活动；一个区域管理部门负责在某一特定区域所有产品线的经营活动。因此，从这一层面来看，某一特定产品或区域市场的管理上，这两方面的因素都得到了充分考虑。但从另一方面来看，由于产品部门经理和区域部门经理的工作经验和工作重心不同，面对同一经营环境他们可能会做出不同的反应，从而导致矛盾和冲突。

总的来说，矩阵组织结构适用于那些需要快速适应环境变化的企业。企业倾向于随着国际业务的发展逐步过渡到矩阵组织结构，而不是一开始就采用这种形式。

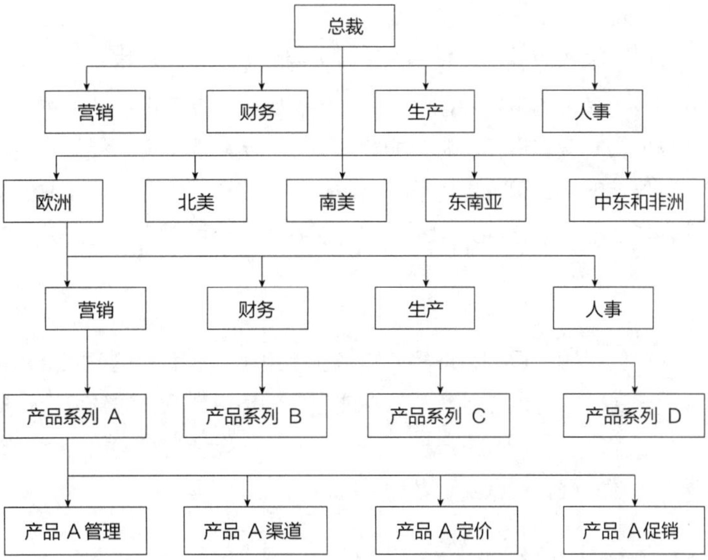

图10-7　矩阵型组织结构图

任务3　国际市场营销控制

为保证营销组织结构正常运转，营销计划能有效实施以及营销目标能最终实现，企业有必要对国际市场营销活动进行控制。国际市场营销控制是指针对营销计划执行过程的监督和评价，纠正计划执行过程中出现的偏差，旨在保证既定营销目标的实现。营销控制是国际营销管理的一个重要环节，实现国际营销的各项目标的关键在于能否有效地控制。

一、国际市场营销控制的程序

国际市场营销控制的基本程序分为4个步骤：确认目标、确定控制标准、绩效评估和纠正偏差。

1. 确认目标

在控制程序开始前，应明确企业目标，并将企业目标化解为具体指标，例如某个区域市场应占多大市场份额，应实现多少销售额，目标利润要达到多少等；也可以是一些软性指标，如提高产品知名度、开拓销售渠道、提升企业形象等。只有明确企业目标，才能制定公司的规范和标准。

2. 确定控制标准

通常情况下，企业在制订计划时就已经把控制标准考虑在内，应包括评估或判断营销计划完成的好与坏的标准是什么。控制标准是上级部门对下级部门或人员检查监督其计划执行情况以及判断其是否已完成营销计划的标准。另外，企业还应选择在特定环境中是采用财务类控制方法还是非财务类控制方法。

3. 绩效评估

绩效评估是根据已明确的控制标准对计划执行人员的工作进行检查和评价。在国际市场营销中，总公司对子公司或下属机构进行评估的方式主要有定期和非定期考核两种。通常总公司对子公司的检查通过建立报告制度来进行。总公司要求子公司定期提交经营结果报告或在制定重大决策时向总公司报告。报告的形式可以是电话、电子邮件、传真，也可以是正式的书面报告或会议报告。除了报告这种形式的考核方式外，总公司的控制人员还可以定期对子公司的营销工作进行实地考察。

4. 纠正偏差

纠正偏差即针对产生问题的原因采取相应措施加以纠正，从而保证营销目标和营销计划的实现。出现偏差的原因一是因营销计划制订得过高或因外部环境突变，导致既定目标无法实现，需重新修订营销计划；二是因子公司或下属机构执行不力，没能达到预期目标，此时企业应协助其寻找原因，及时调整经营策略，尽快实现预期目标。

二、国际市场营销控制的方法

1. 汇报

子公司的汇报内容、汇报性质和汇报次数是反馈系统中的关键因素。从总公司的立场出发，在国际报告系统中最常见的问题便是与决策无关的信息同时出现得太多而影响管理层做出正确的决策。另一个问题是信息获取滞后，使得管理层无法做出有效的反应。因此，一个有效率的报告系统有助于管理层整合国际业务。

2. 会议

子公司与总公司主管通过召开会议的方式来获取信息，且这种会议会为两者提供更多密切接触的机会。采用会议这种方式的最大局限性在于需要花费很多时间，其优点是会议时面对面利于沟通，可以减少误解。企业有必要经常召开会议，以便使管理者能够及时控制与管理当前业务。

3. 特殊的评估技术

除了定期的报告和会议之外，还可利用专业技术来进行营销绩效的考核和评估。最常用的是分销成本分析和营销审核。

分销成本分析是指通过分析各种不同营销方案的获利性来研究产品线、产品分销渠道、顾客或市场。通过分销渠道成本的分析，国际市场营销人员可以找出当前营销方案的缺陷，且为解决这些问题找出补救方法。

营销审核是指对所有的营销业务进行有条理的测试，通常需要由专家负责。这种营销审核由国际市场营销人员每隔数年对每个市场进行一次核查，可以增加管理人员对企业国外业务的了解，并可加以改进。

4. 评估

衡量子公司绩效的目的在于当子公司绩效偏离总公司制定的标准时，子公司能及时加以修正。因此，对企业来说，绩效不仅要能被衡量，同时还能被评估。总公司评价子公司绩效的方式有两种：一是根据各下属单位的标准和目标来审核；另一种是在各分支机构之间进行相互比较评价。这另种方法其实是互补的。

5. 计划

企业在计划的过程中建立营销目标，但更重要的是子公司需在计划中详细地制定出标准。计划的价值在于每个人都必须了解并使用企业的年度计划，因为它是企业经营的指南，是企业所有营销活动的基础。

6. 组织

企业组织的目的是要配合控制的实施，而组织结构则显示了权力来源和控制的层次，除了组织结构外，组织关系也是一种维持战略性控制的方法。凭借组织关系，总公司可以使用管理工具来帮助企业在不断变化的环境中维持控制。

7. 预算

企业可以通过预算来进行国际营销计划的控制，但这是一种非常消极的方式。虽然可以避免超额的支出，但却有可能导致实现不了企业目标。另外，若国外子公司的财务独立于总公司，则总公司将更加难以控制。

8. 相互依赖与共同利益

控制可分为威胁和引诱两种方法，但采用这两种方法会产生积极与消极的影响。消极的影响主要包括被解雇的压力，从而导致绩效下降。如果想获得良好的绩效，企业最好采用正面激励的方式。某些子公司的绩效激励来自其与总公司的依赖关系，子公司可以从总公司处获得不少利益，例如财务资源、工程和技术的援助、营销诀窍等。

9. 控制信息系统

企业制订计划、依据计划进行绩效评估，以及监督竞争环境与顾客环境的变化等，都需要信息来完成，并在分析信息的基础上做出相应的决策。控制信息系统有助于企业更进一步监控与交换全球的竞争信息，这对于企业制定营销战略具有重要意义和价值。

三、国际市场营销控制的内容

一般来说，国际市场营销控制所涉及的内容涵盖国际市场营销的各个方面，主要可以从以下几个方面来开展控制活动。

1. 销售额控制

对于企业来说，销售额的控制具有十分重要的意义。销售是企业经营活动的中心，销售额的大小反映了企业的经营发展规模。销售额的增长是企业经济效益提高的前提，因此，国际营销控制首先要对销售额进行控制。销售额控制主要可通过每周、每月或每季度的销售数字汇总，与预期目标进行比较，从而判断出各种因素对销售量的影响。

2. 价格控制

国际市场产品价格的控制标准较容易确定，因此，企业应主要将注意力集中在控制不同国别市场和销售产品的盈利状况上。也可以为各子公司规定一个价格范围，要求子公司根据这一标准来制定其在当地市场的价格或调整价格。

3. 产品控制

产品控制也非常重要，因为在竞争激烈的国际市场，产品质量的高低，款式是否新颖，功能是否多样，售前售后服务是否周到等，往往决定着企业的生存和发展问题。

4. 促销控制

促销控制主要是指通过对人员推销、广告、销售促进等促销活动方式的评估，明确影响上述活动的因素，并采取措施以提高促销活动的效率，确保各子公司的业务遵循总公司的统一国际营销目标。

5. 渠道控制

渠道控制主要是对中间商的控制和管理。通过对销售额、顾客意见调查、售后服务能力以及购买频率等方面的评估，及时纠正偏差。

6. 人员控制

人员控制是指对下属机构的经理人员的控制。人员控制包含的内容有：对聘任的经理人员必须进行严格考评，必须定期对下属机构经理的工作进行考核检查，并做出评价。同时奖惩严明，对工作积极、业绩好的经理人员给予奖励，工作不努力的人则给予必要的批评和警告。

7. 文化控制

文化控制是指通过长期的社会化过程形成一种符合管理者要求的公司和文化氛围，旨在达到团结员工，促进国际市场营销目标实现的一种管理方法。文化控制的具体措施包括采用统一的标识、管理理念和信条、广告词等来促进企业，特别是国际性企业在全球的统一形象。

思政点滴

走进青岛啤酒的国潮营销

作为北京2022年冬奥会官方赞助商的青岛啤酒营销动作不断，2021年4月青岛啤酒以“好”为创意中心，推出国潮主题“让世界看好中国”，打造“请看好”国潮新icon。

在上海时装周期间，青岛啤酒以时尚之名为中国叫好，发布了两款“请看好”系列潮服，包括复古冰箱包、请看好CP潮服等。同时配合此次活动主题，青岛啤酒发布了1903国潮看好罐——将青岛啤酒博物馆珍藏的老海报中的“好”字印在罐身，消费者可以在空白区写下心中期待的好，用青岛啤酒表达祝福。

随后更是推出《让世界看好中国》系列宣传广告，携手冬奥会冠军杨扬、阿勒泰地区行署共同发起一场名为“请看好”的《雪地宣言》，将一副《让世界看好中国》的巨画搬上了新疆阿勒泰地区，2.4平方千米的将军山雪场上，既致敬冬奥，又展示了中国的冰雪实力。

让世界看好中国

青岛啤酒的品牌之路，近年来在不断挖掘自身“中国制造”“百年经典”等品牌底蕴的基础上，与年轻人喜爱的国潮文化、民族精神相结合，一步步塑造了丰满而有深度的“百年国潮”IP，完成品牌年轻化转变升级。同时青岛啤酒也不忘紧跟时代潮流，逐步实现品牌升级，走向更广阔的国际化舞台。

国货之光·品牌出海营销实践

青啤数字赋能，推进高质量发展

青岛啤酒是最早进入国际市场的中国啤酒品牌，其产品销往世界100多个国家和地区，是世界第五大啤酒厂商。在国际市场，青岛啤酒着力强化更具国际化、互动化的品牌传播、推广与渠道创新，通过丰富产品线及一系列内容新颖、形式多样的品牌推广活动，巩固提升海外传统优势市场，拓展全球市场分销覆盖，2021年在全球疫情对消费市场形成严重影响的背景下，青岛啤酒实现海外市场销量同比增长11.2%。

2021年3月15日，达沃斯世界经济论坛发布最新“灯塔工厂”名单，青岛啤酒厂成功入选全球首家啤酒饮料行业“灯塔工厂”。青啤打造“灯塔工厂”不仅是一场制造变革，更是从商业模式，到产品研发模式、生产模式、质量管理模式和消费者服务的全方位变革，代表了青岛啤酒对工业互联网的深度实践。

1. 破圈者：重塑供应链百年工厂的“颠覆性”转型

数字技术的力量让青岛啤酒的供应链形成了“端到端”的闭环。

在研发环节，基于消费者的需求，通过赋码智能营销平台，运用青岛啤酒独创的

三解码产品研发模式，将消费端的需求量化为大数据，加快新品研发、测试、上市的速度。在生产管理环节上，基于销售大数据的研判，形成最优排产方案。订单需求导入、生产计划安排、生产执行、物流配送，均实现了以数字化转型为支撑的精准预测和精准匹配，做到了生产布局最优、系统成本最低、运营效率最高。在质量管理体系上，实现了啤酒生产、流通、售后的全生命周期数字化管理，产品通过GPS定位跟踪，通过条形码可追溯，不断提高产品质量的管理水平。在销售环节上，数字化技术能更好地洞察消费者的喜好，提高营销的精准性，从而提高消费者的满意度，为消费者创造更多的快乐。

2. 示范者：推动行业破局 数字赋能引领行业迭代发展

在全球工业4.0底色下，作为啤酒行业龙头，青岛啤酒积极顺应国家战略趋势，率先依靠科技创新走在了时代前列，成为行业示范者和引领者。

青岛啤酒在业内率先推出私人定制平台，实现了产品创新的全过程数字化以及订单进程可视化，满足了ToB商家企业、ToC终端消费者婚礼、生日、企业年会、庆功宴等多元场景下的个性化消费需求。平台上所有要素都围绕消费者发出的需求快速响应，构建从研发、排产、生产、供应到客户服务的全链条数字化转型。通过全供应链数字化赋能，打通“消费者、设计师、供应商、生产商、配送商”所有环节，实现了端到端的闭环。数字技术的应用，推动青啤私人定制产品从最初的一万箱起订、到三五百箱、再到5箱就能定制，交付周期从45天降至15~20天。

3. 先行者：构建数字化生态 以“智造”助力高质量发展

青岛啤酒数字化转型不是简单的技术驱动，而是一场价值链联动，是打造数字化产业生态的过程。在青啤打造的跨界融合的数字化产业生态中，有酒、有水、有食品、有饮料、有酒吧。通过快乐、健康、时尚三大业务板块的耦合互动，从而实现“由产品到场景的延伸，由行业到生态的拓展，由单赛道到多赛道的跨越，由传统制造业向工业互联网的转型”。

青岛啤酒作为早期品牌出海企业的代表，近年来，青岛啤酒沿着“一带一路”积极开拓海外新市场，已畅销全球100多个国家，成为全球知名的中国品牌之一。当数字时代来临，青岛啤酒驶入数字化转型快车道，推动从对消费者需求的极致捕捉，到对市场需求变化的快速反应，从商业模式，到产品研发模式、生产模式、质量管理模式和消费者服务的全方位变革。

资料来源：https://xw.qq.com/cmsid/20210406A046RL00?ivk_sa=1023197a，有改编。

项目要点

国际市场营销计划从期限来看，可分为短期计划和长期计划；从制订和执行主体来看，可分为总（母）公司计划和分（子）公司计划，其制订流程主要包括确定任务、情况分析、确定企业目标、提出方案、评价和选择方案、预算和计划的实施与控制。

国际营销计划和战略的制订应包括总公司和子公司或分公司两个层次的营销管理计划活动。子公司要制订有效的营销战略计划，需要设置适当的营销目标，培训计划专家，建立计划和沟通体系，并在计划制订的参与者中营造合作的氛围。母公司制订营销计划主要包括指导、协调以及批准子公司的营销计划，并制订整个企业的战略计划。

组织形式是否适合国际企业主要受到企业规模大小；运营市场数目和所处的环境；产品的特性和多样性；国际市场层次的多少；国际企业目标；企业国际化经验等因素的影响。

全球性企业所面临的基本问题是应采取集权化还是分权化，在组织结构设计上表现为是采用独立的组织形式还是建立全球性企业。一般情况下，国际企业的组织结构形式包括区域型组织结构、产品型组织结构、职能型组织结构和矩阵型组织结构。

国际市场营销控制是指针对营销计划执行过程的监督和评价，纠正计划执行过程中出现的偏差，旨在保证既定营销目标的实现，主要分为四个步骤：确认目标、确定控制标准、绩效评估和纠正偏差。

国际市场营销控制的方法主要有汇报、会议、特殊的评估技术、评估、计划、组织、预算、相互依赖与共同利益、控制信息系统等。控制的内容主要有销售额控制、价格控制、产品控制、促销控制、渠道控制、人员控制及文化控制等。

项目实训与测评

◎ 项目实训

一、实训目的

1. 培养学生综合分析企业国际营销战略的能力。
2. 培养学生使用理论分析问题，解决实际问题的能力，提高学生的学习兴趣。

二、实训内容

学生分组对国内知名企业的国际化营销战略进行分析，撰写分析报告。最后成果为书面报告和成果展示（PPT演示），对报告进行讲解。

三、实训步骤

1. 各小组分别选定国内某企业。
2. 收集该企业实施国际化战略的相关资料与信息。
3. 具体分析该企业的国际营销战略。
4. 针对该企业的国际营销战略，给出合理化建议。
5. 形成书面报告和建议书，用PPT进行成果展示。

◎ 项目测评

一、单项选择题

1. 计划、组织与（　　）是国际营销管理的三大基本内容。

A. 控制　　B. 策划

C. 预算　　D. 反馈

2.（　　）是指组织各部门依据营销、财务、生产等职能来进行划分。

A. 产品型组织结构　　B. 职能型组织结构

C. 区域型组织结构　　D. 矩阵型组织结构

3.（　　）是国际市场营销的重要环节。

A. 营销目标的制定　　B. 营销计划的制订

C. 利润的实现　　D. 控制

4. 以下哪一项不属于国际市场营销控制的内容（　　）。

A. 利润控制　　B. 人员控制

C. 促销控制　　D. 产品控制

5. 渠道控制是指对（　　）的控制和管理。

A. 消费者　　B. 供应商

C. 中间商　　D. 企业员工

6. 以下哪项不属于国际市场营销计划的类型（　　）。

A. 短期计划　　B. 长期计划

C. 子公司计划　　D. 年度计划

7. 国际营销母公司战略计划的制订过程始于（　　）。

A. 环境分析　　B. 战略分析

C. 营销战略　　D. 企业参与国际经营活动

二、多项选择题

1. 影响组织结构的主要因素有（　　）。

A. 企业规模的大小　　B. 运营的市场数目

C. 企业所处的环境　　D. 产品的特性和多样性

E. 竞争者的产品和价格

2. 国际企业的组织结构形式主要有（　　）。

A. 区域型组织结构　　B. 产品型组织结构

C. 职能型组织结构　　D. 矩阵型组织结构

3. 国际市场营销控制的方法有（　　）。

A. 汇报　　B. 会议　　C. 评估

D. 计划　　E. 预算

4. 国际市场营销控制的内容有（　　）。

A. 销售额控制　　B. 价格控制

C. 利润控制　　D. 渠道控制

E. 人员控制

5. 母公司对子公司营销计划的制订有（　　）作用。

A. 帮助子公司建立完善的计划作业系统

B. 为子公司提供指导宗旨和有关环境分析的信息

C. 帮助子公司设计营销目标

D. 为子公司提供国际营销战略的战术技巧和诀窍

三、简答题

1. 企业国际市场营销计划的制订包括哪些流程？
2. 如何理解国际区域型组织结构？
3. 简述国际营销控制的程序。
4. 简述国际市场营销控制的内容。

四、论述题

通过案例说明跨国公司选择国际营销组织结构时考虑的因素有哪些？

五、案例分析题

IBM如何玩转矩阵式组织结构

单一地按照区域地域、业务职能、客户群落、产品或产品系列等来划分部门，在企业里是非常普遍的现象，从前的IBM也不例外。“近七八年以来，IBM才真正做到了矩阵组织。”这也就是说，IBM公司把多种划分部门的方式有机地结合起来，其组织结构形成了“活着的”立体网路——多维矩阵。IBM既按地域分区，如亚太区、中国区、华南区等；又按产品体系划分事业部，如PC、伺服器、软体等事业部；既按照银行、电信、中小企业等行业划分；也有按销售、渠道、支援等不同的职能划分等，所有这些纵横交错的部门划分有机地结合为一体。

矩阵组织在增强企业产品或专案推广能力、市场渗透能力的同时，也存在它固有的弊端。显然，在矩阵组织当中，每个人都有不止一个老板，上上下下需要更多的沟通协调。在特定客户看来，IBM公司只有“唯一客户出口”，所有种类的产品都是一个销售员销售的；产品部门、行业部门花大气力进行产品、客户推广，但是，对于每一笔交易而言，往往又是由其所在区域的IBM员工最后完成。

在外界看来，IBM这架巨大的战车是稳步前进的，变化非常缓慢。对于基层的员工和比较高层的经理，这两头的变化相对比较小，比较稳定。中间层的经理人员差不多一两年就要变化工作，或者变化老板，变化下属，这样就促使整个组织不断地创新，不断地向前发展。矩阵组织结构是有机的，既能够保证稳定地发展，又能够保证组织内部的变化和创新。所以，IBM公司常常流传着一句话：换了谁也无所谓。

资料来源：http://www.360doc.com/content/16/0907/17/32324834_589116207.shtml，有删减。

问题

1. IBM矩阵式结构能为其带来哪些好处？
2. IBM是如何克服矩阵式组织结构带来的不足的？

参考文献

[1] 菲利普 · 科特勒. 营销管理：15版 [M]. 何佳讯，于洪彦，等译. 上海：上海人民出版社，2016.
[2] 菲利普 · 科特勒. 市场营销 [M]. 俞利军译. 北京：华夏出版社，2010.
[3] 加里 · 阿姆斯特朗，菲利普 · 科特勒. 市场营销学：12版 [M]. 赵占波，王紫薇，等译. 北京：清华大学出版社，2014.
[4] 迈克尔 · 波特. 竞争优势 [M]. 陈小悦译. 北京：华夏出版社，2005.
[5] 查尔斯 · W. L. 希尔. 国际商务：全球市场竞争：3版 [M]. 周健临译. 北京：中国人民大学出版社，2002.
[6] 索罗门. 市场营销学原理：4版 [M]. 何伟祥，熊荣生，等译. 北京：经济科学出版社，2005.
[7] 普赖德，等. 营销观念与战略 [M]. 梅清豪，等译. 北京：中国人民大学出版社，2005.
[8] 李志荣. 国际市场营销——理论与实务 [M]. 长春：东北财经大学出版社，2007.
[9] 闫国庆. 国际商务 [M]. 2版. 北京：清华大学出版社，2007.
[10] 冠小萱，王永萍. 国际市场营销学 [M]. 2版. 北京：首都经济贸易大学出版社，2005.
[11] 甘碧群. 市场营销学 [M]. 武汉：武汉大学出版社，2004.
[12] 符莎莉. 国际市场营销理论与实务 [M]. 北京：电子工业出版社，2005.
[13] 曾晓洋，胡维平. 市场营销学案例集（第二辑）[M]. 上海：上海财经大学出版社，2005.
[14] 郭国庆. 市场营销学通论 [M]. 3版. 北京：中国人民大学出版社，2005.
[15] 兰苓. 现代市场营销学 [M]. 北京：首都经济贸易大学出版社，2005.
[16] 钱旭潮. 市场营销管理：需求的创造和传递 [M]. 北京：机械工业出版社，2005.
[17] 宋思根. 市场调研 [M]. 北京：电子工业出版社，2008.
[18] 郭国庆. 营销思想史 [M]. 北京：中国人民大学出版社，2009.
[19] 陈文汉. 国际市场营销理论与实务 [M]. 北京：人民邮电出版社，2011.
[20] 邹海涛. 国际市场营销 [M]. 北京：中国铁道出版社，2011.
[21] 贺韧，彭礼，刘永焕. 国际市场营销理论与实务 [M]. 长春：东北师范大学出版社，2014.
[22] 张静中，许娟娟. 国际市场营销学 [M]. 北京：外语教学与研究出版社，2012.
[23] 董飞. 国际市场营销学 [M]. 北京：北京大学出版社，2013.
[24] 邓剑平，付强. 市场调查与预测——理论、实务、案例、实训 [M]. 北京：高等教育出版社，2015.
[25] 邱斌. 中外市场营销经典案例 [M]. 南京：南京大学出版社. 2015.
[26] 李湘滇. 国际市场营销项目教程 [M]. 北京：北京出版社，2016.